高等职业教育"互联网+"新形态一体化系列教材
高职高专院校汽车类专业技术技能型人才培养教材

汽车发动机机械系统检修

(含实训工单)

主　编　◎　金碧辉　侯志华　乐启清
副主编　◎　叶国骏　马　铮　唐　琼

华中科技大学出版社
http://www.hustp.com
中国·武汉

内 容 简 介

本书共分为9个项目,包括汽车发动机概述、曲柄连杆机构的构造与检修、配气机构的构造与检修、汽油发动机燃油供给系统的构造与检修、柴油发动机燃油供给系统的构造与检修、冷却系统的构造与检修、润滑系统的构造与检修、点火系统的构造与检修、启动系统的构造与检修。

本书可作为高职高专汽车检测与维修技术、汽车营销与服务等相关专业的教材,也可供汽车维修与检测技术人员使用和参考,还可以作为各类汽车维修培训班的培训教材。

图书在版编目(CIP)数据

汽车发动机机械系统检修:含实训工单/金碧辉,侯志华,乐启清主编.—武汉:华中科技大学出版社,2020.7
(2025.1重印)
ISBN 978-7-5680-2634-5

Ⅰ.①汽… Ⅱ.①金… ②侯… ③乐… Ⅲ.①汽车-发动机-机械系统-车辆修理-教材 Ⅳ.①U472.43

中国版本图书馆 CIP 数据核字(2020)第 116141 号

汽车发动机机械系统检修(含实训工单) 金碧辉 侯志华 乐启清 主编
Qiche Fadongji Jixie Xitong Jianxiu

策划编辑:	张　毅
责任编辑:	张　毅
封面设计:	孢　子
责任监印:	朱　玢
出版发行:	华中科技大学出版社(中国·武汉)　　电　话:(027)81321913
	武汉市东湖新技术开发区华工科技园　　邮　编:430223
录　　排:	华中科技大学惠友文印中心
印　　刷:	武汉市洪林印务有限公司
开　　本:	787mm×1092mm　1/16
印　　张:	15.5
字　　数:	417千字
版　　次:	2025年1月第1版第2次印刷
定　　价:	52.80元

本书若有印装质量问题,请向出版社营销中心调换
全国免费服务热线:400-6679-118　竭诚为您服务
版权所有　侵权必究

高等职业教育"互联网+"新形态一体化系列教材
高职高专院校汽车类专业技术技能型人才培养教材

编审委员会

顾 问（排名不分先后）

蒋炎坤　华中科技大学能源与动力工程学院教授，博士生导师
　　　　湖北省汽车工程学会副理事长
李春明　长春汽车工业高等专科学校校长
　　　　机械职业教育教学指导委员会汽车专指委主任委员
尹万建　湖南汽车工程职业学院副院长
　　　　机械职业教育教学指导委员会汽车专指委副主任委员
　　　　交通运输职业教育教学指导委员会汽车技术专指委委员
胡新意　东风汽车公司制造技术委员会主任委员，高级工程师
　　　　中国汽车工程学会制造分会秘书长

委 员（排名不分先后）

曾　鑫	代　洪	闫瑞涛	苏　忆	张克明	朱方来	高加泉	王青云	蔺宏良
张红伟	马金刚	吕　翔	王彦峰	吴云溪	赫英歧	陈生权	谢计红	丁礼灯
徐　涛	王贵槐	张　健	孙泽涛	许小明	贾桂林	刘凤波	宋广辉	刘伟涛
袁苗达	上官兵	易　杰	向达兵	罗文华	张红英	胡高社	解后循	孙锂婷
张四军	覃　群	赵文龙	叶智彪	涂金林	王　新	王贵槐	陈　凡	张得仓
孙新城	胡望波	刘新平	贺　剑	刘甫勇	阳文辉	杨运来	雷跃峰	陆孟雄
刘照军	龙志军	贾建波	高洪一	曹登华	李百华	王治平	熊其兴	张国豪
孟繁营	朱　磊	程洪涛	张荣贵	江　华	黄飞腾	王　琳	刘文胜	包科杰
李舒燕	宋艳慧	于洪兵	李远军	温炜坚	张世良	胡　年	郑　毅	邓才思
张明行	毛　峰	齐建民	徐荣政	官　腾	李　丹	王立刚	刘　铁	袁慧彬
孙永科	郭传慧	成起强	丑振江	张雪文	王德良	张朝山	刘平原	左卫民
张利军	曾　虎	梁仁建	杨小兵	张锐忠	安宗权	陈其生	张　霞	林振清
王　博	蔡如春	张宏阁	金碧辉	陈　东	蒋　颜	王传凯	张　兵	陈　跃

前言 QIANYAN

随着中国经济的快速发展，我国的汽车工业出现了迅猛发展的势头，汽车正日益广泛地深入到社会生活和人们的日常生活当中，汽车技术也发生了一系列的变化，新结构、新装置、新技术在汽车上不断应用，这就需要培养一大批能够适应汽车工业发展的汽车运用与维修人才。

本书充分考虑了目前高等职业教育的特点以及汽车发动机维护、保养、检测与故障诊断对人才的需求，坚持面向市场、面向社会，以能力为本位，以职业发展为导向，适应以经济结构调整和服务于科技进步为原则，注重理论知识与实践技能的有机结合，注重实践内容与现行国家标准和行业标准的紧密结合。

在编写过程中，编者注重高等职业教育的特色，基本理论以应用为目的，以"必需、够用"为前提，以汽车发动机的两大机构、五大系统为线索，本着服务于实际应用的原则，讲清结构与原理，侧重拆装与检修，以能够正确分析故障为落脚点，力求融入理实一体化教学模式，通过"认知—理论—实践"三段式过程，将理论知识和实际技能培养有效地结合起来，注重对学生操作能力、思维能力和创造能力的培养。

本书由金碧辉（武汉交通职业学院）、侯志华（湖南汽车工程职业学院）、乐启清（湖南汽车工程职业学院）担任主编，叶国骏（武汉交通职业学院）、马铮（武汉交通职业学院）、唐琼（武汉交通职业学院）担任副主编。其中：金碧辉编写项目1～项目3及项目8，并负责全书定稿和统稿；侯志华编写项目4；乐启清编写项目5；叶国骏编写项目6；马铮编写项目7；唐琼编写项目9。

本书在编写过程中参阅了一些国内外出版的同类书籍，在此特向有关作者表示衷心感谢！对为本书的策划和出版付出辛勤劳动的华中科技大学出版社表示衷心感谢！

限于编者水平和能力，书中的疏漏、错误之处在所难免，敬请使用本书的广大师生和读者给予批评和指正。

编　者

目录 MULU

项目1 汽车发动机概述 ·· 1
  任务1 发动机的总体构造 ·· 2
  任务2 发动机的工作原理 ·· 6
  任务3 其他发动机简介 ·· 12

项目2 曲柄连杆机构的构造与检修 ·· 14
  任务1 曲柄连杆机构的认知 ··· 15
  任务2 机体组的构造与检修 ··· 17
  任务3 活塞连杆组的构造与检修 ·· 28
  任务4 曲轴飞轮组的构造与检修 ·· 43
  任务5 曲柄连杆机构的故障诊断与排除 ·· 54
  项目实训1 机体组的拆装 ··· 57
  项目实训2 活塞连杆组的拆装 ·· 59
  项目实训3 曲轴飞轮组的拆装 ·· 60
  实训工单 机体组检测 ·· 64
  实训工单 活塞连杆组检测 ·· 66

项目3 配气机构的构造与检修 ··· 68
  任务1 配气机构的认知 ·· 69
  任务2 气门组的构造与检修 ··· 75
  任务3 气门传动组的构造与检修 ·· 81
  任务4 配气机构的故障诊断与排除 ··· 90
  任务5 可变配气相位控制技术 ·· 91
  项目实训 配气机构的拆装与检查 ·· 95
  实训工单 配气机构检测 ··· 98

项目4 汽油发动机燃油供给系统的构造与检修 ··································· 100
  任务1 汽油发动机燃油供给系统的认知 ····································· 101
  任务2 燃油供给系统的构造与检修 ··· 107
  任务3 空气供给系统的构造与检修 ··· 112
  任务4 汽油发动机的故障诊断与排除 ·· 117

项目实训　汽油发动机燃油供给系统的拆装与检查 …………………………………… 118
　　实训工单　汽油发动机燃油供给系统检测 …………………………………………… 124

项目5　柴油发动机燃油供给系统的构造与检修 ……………………………………………… 126
　　任务1　柴油发动机燃油供给系统的认知 ……………………………………………… 127
　　任务2　柴油发动机燃油供给系统的构造与检修 ……………………………………… 132
　　任务3　柴油发动机的故障诊断与排除 ………………………………………………… 154
　　项目实训1　柱塞式喷油泵的拆装 ……………………………………………………… 162
　　项目实训2　分配式喷油泵的拆装 ……………………………………………………… 166

项目6　冷却系统的构造与检修 ………………………………………………………………… 171
　　任务1　冷却系统的认知 ………………………………………………………………… 172
　　任务2　冷却系统的构造与检修 ………………………………………………………… 174
　　任务3　冷却系统的故障诊断与排除 …………………………………………………… 183
　　项目实训　冷却系统的拆装与检查 ……………………………………………………… 185
　　实训工单　冷却系统检测 ………………………………………………………………… 189

项目7　润滑系统的构造与检修 ………………………………………………………………… 191
　　任务1　润滑系统的认知 ………………………………………………………………… 192
　　任务2　润滑系统的构造与检修 ………………………………………………………… 196
　　任务3　润滑系统的故障诊断与排除 …………………………………………………… 202
　　项目实训　润滑系统的拆装与检查 ……………………………………………………… 204
　　实训工单　润滑系统检测 ………………………………………………………………… 208

项目8　点火系统的构造与检修 ………………………………………………………………… 210
　　任务1　点火系统的认知 ………………………………………………………………… 211
　　任务2　电控点火系统的组成与工作原理 ……………………………………………… 211
　　任务3　电控点火系统的检修与保养 …………………………………………………… 216
　　实训工单　点火系统检测 ………………………………………………………………… 219

项目9　启动系统的构造与检修 ………………………………………………………………… 222
　　任务1　启动系统的认知 ………………………………………………………………… 223
　　任务2　启动机的构造与检修 …………………………………………………………… 224
　　任务3　启动系统的故障诊断与排除 …………………………………………………… 233
　　实训工单　启动系统检测 ………………………………………………………………… 236

参考文献 ……………………………………………………………………………………………… 239

项目 1
汽车发动机概述

发动机是汽车的动力源,它的发展已经有 100 多年的历史。本项目主要介绍汽车发动机的基本结构、类型、工作原理等知识,加深学生对发动机总体构造及工作原理的认识。

◀ **知识要点**

(1) 发动机的分类和组成。
(2) 发动机的总体结构和发动机型号的编制规则。
(3) 发动机的基本工作原理和主要性能指标。

◀ **学习目标**

(1) 掌握发动机的基本结构。
(2) 了解发动机型号的编制规则。
(3) 理解发动机常用术语的基本概念。
(4) 掌握四冲程发动机的工作原理。

◀ **知识导入**

发动机的发展史

任务1 发动机的总体构造

一、发动机的基本结构

发动机是一种由多种机构和系统组成的复杂机器,是汽车的"心脏",要完成能量转换,实现工作循环,并保持长时间连续正常工作。现代汽车发动机的具体结构形式多种多样,但由于它们的基本工作原理和总体功能相同,故基本结构大同小异。发动机通常都由两大机构、五大系统组成,即曲柄连杆机构、配气机构、燃油供给系统、冷却系统、润滑系统、启动系统、点火系统(汽油发动机独有,柴油发动机无此系统)。图1-1所示为典型发动机的结构剖视图。

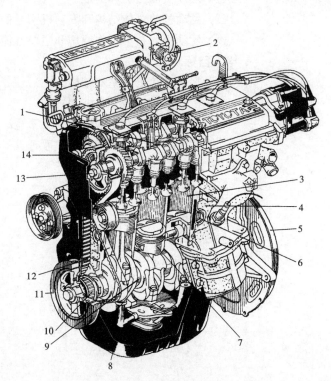

图1-1 典型发动机的结构剖视图
1—火花塞;2—节气门;3—气缸;4—气缸体;5—飞轮;6—水套;7—活塞;8—油底壳;
9—曲轴;10—正时同步带轮;11—曲轴V带轮;12—正时同步带;13—凸轮轴;14—气缸盖

1. 曲柄连杆机构

曲柄连杆机构是发动机实现工作循环、完成能量转换的主要机构。其功能是利用燃油燃烧所产生的热能推动活塞做直线运动,通过连杆使曲轴产生旋转运动并输出转矩和动力;然后,通过飞轮储存的能量(惯性力)释放,把曲轴的旋转运动转换成活塞的直线运动,如此周而复始。曲柄连杆机构主要由机体组、活塞连杆组、曲轴飞轮组三部分组成。

2. 配气机构

配气机构的功能是根据发动机的工作顺序和工作过程,定时开启和关闭进气门和排气门,使可燃混合气及时进入气缸,并及时将废气从气缸内排出,实现换气过程。配气机构大多采用顶置气门式配气机构,由气门组和气门传动组两大部分组成。

3. 燃油供给系统

汽油发动机燃油供给系统分为传统化油器式和电控喷射式两种,其功能是将一定浓度和数量的可燃混合气均匀地送入气缸,以供燃烧做功并将燃烧后生成的废气排出。柴油发动机燃油供给系统分为传统喷射式和电控喷射式两种,其功能是将空气和柴油先后分别均匀地送入气缸,使其在燃烧室内形成混合气并燃烧做功,再将燃烧后生成的废气排出。

无论是汽油发动机还是柴油发动机,无论是传统式发动机还是电控喷射式发动机,燃油供给系统都由燃油储存输送装置和废气排放装置两大基本部分组成。电控喷射式汽油发动机取消了化油器,汽油发动机、柴油发动机都增加了电控单元、各种传感器和执行器。

4. 冷却系统

冷却系统的功能是将受热机件吸收的部分热量及时散发到大气中,保证发动机在合适的温度下正常工作。发动机冷却系统可分为水冷式和风冷式两种,现在多数使用水冷式。水冷式发动机的冷却系统主要由水泵、水套、风扇、散热器(水箱)、节温器等组成。

5. 润滑系统

润滑系统的功能是将清洁的润滑油送至进行相对运动的各零件摩擦表面,以减轻机件的磨损,并对零件表面进行清洗和冷却,延长发动机的使用寿命。润滑系统主要由机油泵、油底壳、机油滤清器、润滑油道和一些阀组成。

6. 启动系统

启动系统的功能是使静止状态的发动机启动并转入自行运转状态。启动系统主要由电源(蓄电池)、启动机及控制装置等组成。

7. 点火系统

点火系统的功能是按规定时刻使火花塞电极间产生电火花,点燃气缸内的可燃混合气。点火系统是汽油发动机独有的系统,其控制方式分为传统点火系统和电控点火系统两种。传统点火系统由电源(蓄电池、发电机)、点火线圈、分电器、火花塞等组成;电控点火系统则增加了电控单元、传感器和执行器等。

二、发动机的类型

按不同的分类方式可把发动机分成不同的类型,如表1-1所示。

表1-1 发动机的主要类型

按燃烧位置分	内燃发动机	按冷却方式分	水冷式发动机
	外燃发动机		风冷式发动机
按内部运动类型分	往复式发动机	按气缸排列分	单行直列式发动机
	转子发动机		双行V形排列发动机
按使用燃料分	汽油发动机	按气门布置位置分	顶置气门式发动机
	柴油发动机		侧置气门式发动机
按工作循环分	四冲程发动机	按气缸数分	单缸发动机
	二冲程发动机		多缸发动机

现代汽车发动机中应用最广、数量最多的是水冷四冲程往复活塞式汽油内燃机、柴油内燃机。轻型汽车、小型客车、微型车、轿车一般采用汽油发动机,中型、重型车多采用柴油发动机。

三、发动机的型号及含义

目前,世界各国对发动机的编号还没有一个统一的规则,因此,各国制造的发动机型号中的字母、数字代表的含义不尽相同。国家标准《内燃机产品名称和型号编制规则》(GB/T 725—2008)对我国生产的内燃机名称、型号编制方法作了明确规定。标准规定内燃机型号由阿拉伯数字(以下简称数字)、汉语拼音字母或国际通用的英文缩略字母(以下简称字母)组成,如图1-2、表1-2至表1-4所示。

内燃机型号含义示例如下。

1. 柴油机型号

12V190ZLD——12缸、V型、四冲程、缸径190 mm、冷却液冷却、增压中冷、发电用(G为系列代号);

R175A——单缸、四冲程、缸径75 mm、冷却液冷却(R为系列代号、A为区分符号);

YZ6102Q——六缸直列、四冲程、缸径102 mm、冷却液冷却、车用(YZ为扬州柴油机厂代号);

8E150C-1——8缸、直列、二冲程、缸径150 mm、冷却液冷却、船用主机、右机基本型(1为区分符号);

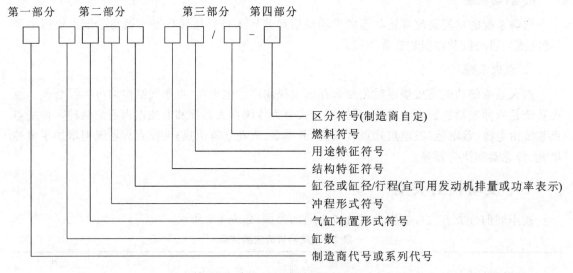

图1-2 内燃机型号表示方法

表1-2 气缸布置形式符号

符 号	含 义	符 号	含 义
无符号	多缸直列及单缸	H	H形
V	V形	X	X形
P	卧式		

注:其他布置形式符号见GB/T 1883.1—2005。

表 1-3 结构特征符号

符号	结构特征	符号	结构特征
无符号	冷却液冷却	Z	增压
F	风冷	ZL	增压中冷
N	凝气冷却	DZ	可倒转
S	十字头式		

表 1-4 用途特征符号

符号	用途	符号	用途
无符号	通用型及固定动力(或制造商自定)	D	发电机组
T	拖拉机	C	船用主机、右机基本型
M	摩托车	CZ	船用主机、左机基本型
G	工程机械	Y	农用三轮车(或其他农用车)
Q	汽车	L	林业机械
J	铁路机车		

注：内燃机左机和右机的定义按 GB/T 725—2008 的规定。

JC12V26/32ZLC——12 缸、V 型、四冲程、缸径 260 mm、行程 320 mm、冷却液冷却、增压中冷、船用主机、右机基本型(JC 为济南柴油机股份有限公司代号)；

12VE230/300ZCZ——12 缸、V 型、二冲程、缸径 230 mm、行程 300 mm、冷却液冷却、增压、船用主机、左机基本型；

G8300/380ZDZC——8 缸、直列、四冲程、缸径 300 mm、行程 380 mm、冷却液冷却、增压可倒转、船用主机、右机基本型(G 为系列代号)。

2. 汽油机型号

IE65F/P——单缸、二冲程、缸径 65 mm、风冷、通用型；

492Q/P-A——四缸、直列、四冲程、缸径 92 mm、冷却液冷却、汽车用(A 为区分符号)。

四、发动机在汽车上的布置形式

为满足不同使用要求，发动机及汽车的总体布置可有不同形式。现代汽车按发动机相对于底盘的安置位置，有以下几种布置形式。

1. 发动机前置后轮驱动(FR)

这是一种传统的布置形式。这种布置形式应用较广泛，除越野汽车外，适用于其他各类型汽车，如大多数货车、部分乘用车和部分客车都采用这种布置形式。采用这种布置形式的汽车爬坡性能好，但传动轴及传动距离较长。

2. 发动机前置前轮驱动(FF)

大多数乘用车采用此布置形式。采用这种布置形式的汽车具有结构简单紧凑、整车质量小、高速行驶时操纵稳定性好等优点；但爬坡性能差。豪华乘用车一般不采用这种布置形式。

3. 发动机后置后轮驱动(RR)

大、中型客车和少数乘用车采用此布置形式。采用这种布置形式的汽车具有室内噪声小、空间利用率高等优点。

4. 发动机中置后轮驱动（MR）

方程式赛车、大多数跑车采用此布置形式。将功率和尺寸很大的发动机布置在驾驶员座椅与后轴之间，有利于获得最佳轴荷分配，提高汽车的性能。少数大、中型客车也采用这种布置形式，把卧式发动机安装在车厢底板下面。

5. 发动机前置全轮驱动（nWD）

全轮驱动是指汽车所有车轮都是驱动轮，这是越野汽车特有的布置形式。一般将发动机布置在汽车前部，动力经离合器、变速器、分动器、传动轴分别到达前、后驱动桥，最后传到前、后驱动轮，使汽车行驶。一般情况下，汽车仅需后轮驱动，需要时，操纵分动器手柄使齿轮啮合，便可使前轮同时驱动。采用这种布置形式的汽车越野性能好，但结构比一般汽车的复杂。

任务 2　发动机的工作原理

发动机是汽车最主要的总成之一，其基本工作原理是将燃油雾化并与空气混合后在气缸内燃烧产生热能，推动活塞作往复直线运动，通过连杆使曲轴旋转，将化学能转换成热能，再将热能转换成机械能，而对外输出动力。

一、发动机的基本术语

发动机的基本术语图示如图 1-3 所示。

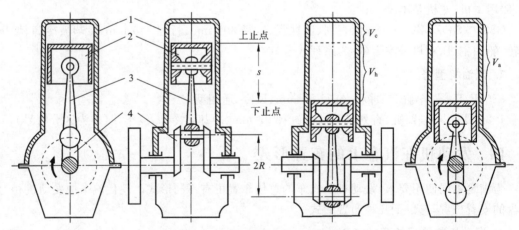

图 1-3　发动机的基本术语图示

1—气缸；2—活塞；3—连杆；4—曲轴；s—活塞行程；R—曲柄半径；
V_c—燃烧室容积；V_a—气缸总容积；V_h—气缸工作容积

1. 上止点

上止点（TDC）指活塞运动到最高位置时其顶面所处的位置。

2. 下止点

下止点（BDC）指活塞运动到最低位置时其顶面所处的位置。

3. 曲柄半径

曲柄半径指曲轴旋转中心到曲柄销中心的距离,用 R 表示,单位为 mm。

4. 活塞行程

活塞行程指上止点和下止点之间的距离,用 s 表示,单位为 mm。活塞每一次由一个止点运动到另一个止点的过程,称为一个行程(冲程)。显然,四冲程发动机曲轴每旋转 180°完成一个行程,即

$$s=2R$$

5. 气缸工作容积

气缸工作容积指活塞从一个止点运动到另一个止点(即一个行程)所扫过的容积(即气缸圆面积与活塞行程的乘积),用 V_h 表示,单位为 L。

$$V_h=\frac{\pi D^2}{4\times 10^6}s$$

式中:V_h——气缸工作容积,L;

D ——气缸直径,mm;

s ——活塞行程,mm。

6. 燃烧室容积

燃烧室容积指活塞位于上止点时,活塞顶面上方的空间容积,用 V_c 表示,单位为 L。由于燃烧室没有统一的形状,故燃烧室容积无固定计算公式。

7. 气缸总容积

气缸总容积指活塞位于下止点时,活塞顶面上方的全部空间容积,用 V_a 表示,单位为 L。显然,气缸总容积包括工作容积和燃烧室容积,即

$$V_a=V_h+V_c$$

8. 发动机排量

发动机排量指发动机所有气缸工作容积之和,用 V_L 表示,单位为 L。对于多缸发动机,有

$$V_L=V_h i$$

式中:i ——发动机气缸数。

发动机排量是一个很重要的特征参数,轿车就是以此参数进行分级的:微型车,$V_L \leqslant 1.0$ L;普通级车,1.0 L$<V_L\leqslant 1.6$ L;中级车,1.6 L$<V_L\leqslant 2.5$ L;中高级车,2.5 L$<V_L\leqslant 4.0$ L;高级车,$V_L>4.0$ L。

9. 压缩比

压缩比指气缸总容积与燃烧室容积之比,用 ε 表示。

$$\varepsilon=\frac{V_a}{V_c}=\frac{V_h+V_c}{V_c}=1+\frac{V_h}{V_c}$$

压缩比用来衡量空气或混合气被压缩的程度,它影响发动机的热效率。汽油发动机压缩比一般为 6~10;柴油发动机压缩比较高,为 16~22。

10. 工作循环

发动机完成进气、压缩、做功、排气四个过程称为完成一个工作循环。

四冲程发动机曲轴需要旋转 2 圈(720°)才能完成一个工作循环;二冲程发动机曲轴只需要旋转 1 圈(360°)就能完成一个工作循环。

11. 发动机的动力性能指标

发动机的动力性能指标是指曲轴对外做功的指标,包括有效扭矩、最大扭矩、有效功率和最大功率。

1)有效扭矩

有效扭矩是指发动机通过曲轴或飞轮对外输出的扭矩,通常用 M_e 表示,单位为 N·m。有效扭矩是作用在活塞顶部的气体压力通过连杆传给曲轴产生扭矩,并克服摩擦力、驱动附件等损耗之后通过曲轴对外输出的净扭矩。

2)最大扭矩

最大扭矩表示发动机克服最大阻力的能力,它是有效扭矩的最大值。

3)有效功率

有效功率是指发动机通过曲轴或飞轮对外输出的功率,通常用 P_e 表示,单位为 kW。有效功率同样是曲轴对外输出的净功率,它等于有效扭矩和曲轴转速的乘积。发动机的有效功率可以在专用的试验台上用测功器测出有效扭矩和曲轴转速,然后用下面公式计算出有效功率。

$$P_e = \frac{M_e \cdot n}{9\,500}$$

式中:P_e——有效功率,kW;
M_e——有效扭矩,N·m;
n——曲轴转速,r/min。

4)最大功率

最大功率表示发动机的最大工作能力,是有效功率的最大值。

二、四冲程发动机的工作原理

四冲程发动机是指曲轴旋转 2 圈(720°),活塞往复运动 4 次完成一个工作循环的发动机。由于所用燃油不同,汽油发动机和柴油发动机的工作过程也存在一定差异。

四冲程汽油发动机的工作原理

1. 四冲程汽油发动机的工作原理

四冲程汽油发动机的一个工作循环由进气、压缩、做功、排气四个行程组成。单缸四冲程汽油发动机的工作原理如图 1-4 所示。

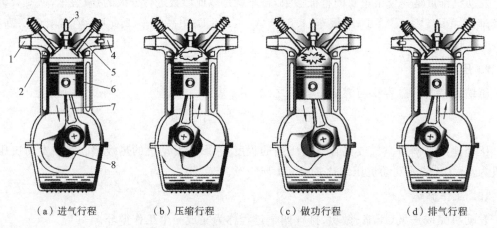

(a)进气行程　　(b)压缩行程　　(c)做功行程　　(d)排气行程

图 1-4　单缸四冲程汽油发动机的工作原理
1—排气管;2—排气门;3—火花塞;4—进气管;5—进气门;6—活塞;7—连杆;8—曲轴

1) 进气行程

活塞由曲轴带动从上止点向下止点运动时,进气门开启,排气门关闭。在活塞向下运动的过程中,气缸容积由小变大,形成一定的真空,可燃混合气便通过进气门被吸入气缸并进一步雾化混合,直至活塞到达下止点时,进气门关闭,停止进气。

进气行程终了时,气缸内的气体压力低于大气压力,为 0.075~0.09 MPa,而气缸内气体的温度却升高到 97~127 ℃,这是气缸壁、活塞等高温件及上一循环留下的残余高温废气加热的结果。

2) 压缩行程

为使可燃混合气迅速燃烧,燃烧前必须对可燃混合气进行压缩,以提高可燃混合气的压力和温度。进气行程结束后,活塞从下止点向上止点运动,气缸容积由大变小;在此过程中,进气门、排气门均关闭,可燃混合气被逐步压缩,压力增大,温度继续升高。

压缩行程终了时,气缸内压力可达 0.6~1.2 MPa,温度为 327~427 ℃。

3) 做功行程

压缩行程接近终了,火花塞产生电火花点燃混合气,混合气迅速燃烧,气体温度、压力迅速升高,气体迅速膨胀;此时进气门、排气门仍为关闭状态,气体压力推动活塞从上止点向下止点运动,再通过连杆使曲轴旋转做功,活塞到达下止点时做功结束。

在做功行程中,开始阶段气缸内气体的压力、温度急剧升高,瞬间压力可达 3~5 MPa,瞬时温度可达 1 927~2 527 ℃。做功行程终了时,气体的压力降至 0.3~0.5 MPa,温度降至 1 027~1 327 ℃。

4) 排气行程

为使循环连续进行,须将燃烧后产生的废气及时排出。做功行程接近终了时,排气门打开,进气门关闭,曲轴在飞轮惯性力的作用下通过连杆推动活塞从下止点向上止点运动,废气在活塞推力和自身残余压力的作用下被排出气缸。当活塞到达上止点后,排气门关闭,排气完成,进气门打开,又开始下一个工作循环。

排气行程终了时,由于燃烧室的存在,气缸内存有少量废气,加之排气系统阻力,缸内压力略高于大气压,为 0.105~0.115 MPa,温度为 627~927 ℃。

2. 四冲程柴油发动机的工作原理

四冲程柴油发动机的工作循环由进气、压缩、做功、排气四个行程组成。柴油发动机使用的燃油与汽油发动机的不同,所以在可燃混合气的形成及着火方式上二者也有很大区别。单缸四冲程柴油发动机的工作原理如图1-5所示。

1) 进气行程

在进气行程,进入气缸的是纯空气而不是可燃混合气。因进气阻力比汽油发动机的小,上一行程残留的废气温度比汽油发动机的低,故进气行程终了时柴油发动机气缸内的压力为 0.075~0.095 MPa,温度为 47~77 ℃。

2) 压缩行程

此行程压缩的是纯空气。柴油发动机的压缩比大,压缩行程终了时气缸内的压力和温度都远高于汽油发动机的,压力可达 3~5 MPa,温度为 527~727 ℃。此温度足以使柴油自行着火燃烧。

3) 做功行程

此行程与化油器式汽油发动机的区别很大。压缩行程终了时,喷油泵将高压柴油经喷油器呈雾状喷入充满高温高压空气的燃烧室内,高压柴油被迅速汽化并与空气混合,因气缸内温度

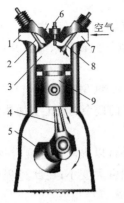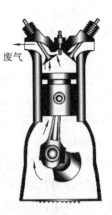

（a）进气行程　　　（b）压缩行程　　　（c）做功行程　　　（d）排气行程

图1-5　单缸四冲程柴油发动机的工作原理

1—排气管；2—排气门；3—气缸；4—连杆；5—曲轴；6—喷油器；7—进气管；8—进气门；9—活塞

远高于柴油着火温度（约为227 ℃），混合气立即自行着火燃烧，此后一段时间内边喷入高压柴油边混合边燃烧，气缸内压力和温度急剧升高，推动活塞做功。

在做功行程中，气缸内瞬间压力可达5～10 MPa，瞬时温度可达1 527～1 927 ℃。做功行程终了时，气缸内压力为0.2～0.4 MPa，温度为927～1 227 ℃。

4）排气行程

此行程与汽油发动机的基本相同。排气行程终了时，气缸内压力为0.105～0.125 MPa，温度为527～727 ℃。

3．四冲程汽油发动机与四冲程柴油发动机的比较

四冲程汽油发动机与四冲程柴油发动机既有共同点也有差异。

1）共同点

（1）两种发动机每完成一个工作循环，曲轴均旋转2圈（720°），每个行程曲轴均旋转1/2圈（180°）；各行程中，两种发动机同一行程的进气门、排气门开启和关闭情况相同。

（2）两种发动机在四个工作行程中都只有做功行程产生动力，其余三个行程均为做功行程做准备，都需要消耗一定能量。

（3）两种发动机在停机状态下，都需要靠外力（启动机）启动后才能自行运转。

2）不同点

（1）柴油发动机无点火系统，故无点火系统故障。

（2）汽油发动机的混合气在气缸外形成，进气行程中吸入气缸的是可燃混合气；柴油发动机的混合气在气缸内形成，进气行程中吸入气缸的是纯空气。

（3）汽油发动机的压缩行程终了时，靠火花塞产生的电火花强制点燃可燃混合气；柴油发动机的压缩行程终了时，高压喷入的雾化柴油靠高温高压空气与之混合并自行着火燃烧。

（4）柴油发动机的压缩比高，燃油消耗率平均比汽油发动机的低30%左右，故柴油发动机的经济性较好。

（5）柴油发动机的转速比汽油发动机的低，柴油发动机的质量比汽油发动机的大，制造费用和维修费用较高。

（6）汽油发动机的工作噪声比柴油发动机的小，启动容易，工作稳定，操作省力，加速性能好，适应性强，制造费用和维修费用较低，但排放污染比柴油发动机的大。

三、二冲程发动机的工作原理

二冲程发动机是指曲轴旋转1圈(360°),活塞往复运动2次完成一个工作循环的发动机。其工作循环仍包括进气、压缩、做功、排气四个过程。下面以二冲程汽油发动机为例介绍。

1. 二冲程汽油发动机的工作原理

二冲程汽油发动机与四冲程汽油发动机在结构上的主要区别是没有进气门、排气门,取而代之的是进气孔、排气孔和换气孔。单缸二冲程汽油发动机的工作原理如图1-6所示。

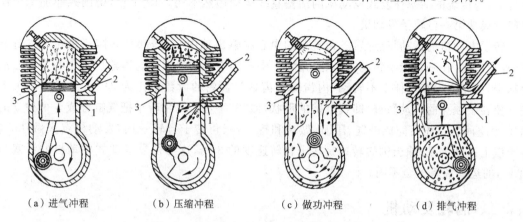

(a) 进气冲程　　(b) 压缩冲程　　(c) 做功冲程　　(d) 排气冲程

图1-6　单缸二冲程汽油发动机的工作原理
1—进气孔；2—排气孔；3—换气孔

1) 第一行程

当活塞在曲轴的带动下从下止点向上止点移动至关闭换气孔和排气孔时,已进入气缸的新鲜混合气被压缩到上止点,压缩结束;与此同时,随着活塞上行,其下方曲轴箱内形成一定的真空,当活塞上行至进气孔开启时,新鲜混合气被吸入曲轴箱。

在第一行程中,活塞上方换气、压缩,活塞下方进气,先后完成了压缩、进气两个过程。

2) 第二行程

当活塞接近上止点时,火花塞产生电火花点燃被压缩的可燃混合气,推动活塞下行做功;当活塞下行至关闭进气孔,曲轴箱内的混合气被预压缩;当活塞继续下行至排气孔开启时,燃烧后的废气靠自身压力从排气孔排出;随后换气孔开启,曲轴箱内经预压缩的混合气进入气缸,并排除气缸内的残余废气。这一过程称为换气过程,它将一直延续到下一行程活塞再上行关闭换气孔和排气孔时为止。

在第二行程时,活塞上方做功、换气,活塞下方预压混合气,先后完成了做功、排气两个过程。换气过程跨越了第一行程和第二行程。

2. 二冲程发动机的特点

(1) 经济性较差。因为进气过程、排气过程几乎是重叠进行的,所以二冲程发动机在换气过程中有混合气损失和废气难以排出的缺点。

(2) 输出功率大。与同样转速的四冲程发动机相比,二冲程发动机完成一个工作循环曲轴只转1圈,其做功次数却比四冲程发动机多了1倍;与同样排量的四冲程发动机相比,二冲程发动机的输出功率在理论上应是四冲程发动机的2倍,但因换气时的混合气损失,实际上只有1.5~1.6倍。

(3) 结构简单。二冲程发动机没有气门机构。

任务3　其他发动机简介

一、转子发动机

转子发动机又称为米勒循环发动机,如图1-7所示。它采用三角转子旋转运动来控制压缩和排放,与传统的活塞往复式发动机的活塞直线运动迥然不同。1954年,德国人菲加士·汪克尔研制成功第一台转子发动机。

转子发动机的运动特点是:三角转子的中心绕输出轴中心公转的同时,三角转子本身又绕其中心自转。在三角转子转动时,以三角转子中心为中心的内齿圈与以输出轴中心为中心的齿轮啮合,齿轮固定在缸体上不转动,内齿圈的齿数与齿轮的齿数之比为3∶2。上述运动关系使得三角转子顶点的运动轨迹(即气缸壁的形状)似"8"字形。三角转子把气缸分成3个独立的空间,3个空间各自先后完成进气、压缩、做功和排气,三角转子自转一周,发动机点火做功3次。由于以上运动关系,输出轴的转速是转子自转速度的3倍,这与往复运动式发动机的活塞与曲轴1∶1的运动关系完全不同。

二、涡轮发动机

涡轮发动机是一种利用旋转的机件自穿过它的流体中汲取动能的发动机,是内燃机的一种,常用作飞机与大型的船舶或车辆的发动机,如图1-8所示。

图1-7　转子发动机

图1-8　涡轮发动机

按照发动机燃料燃烧所需的氧化剂的来源不同,涡轮发动机可分为火箭发动机和空气喷气发动机。火箭发动机自带氧化剂。火箭发动机根据氧化剂和燃烧剂的形态不同,又分为液体火箭发动机和固体火箭发动机。

所有的涡轮发动机都具备压缩机、燃烧室、涡轮机三大部分。压缩机通常还分成低压压缩机(低压段)和高压压缩机(高压段),低压段有时也兼具进气风扇增加进气量的作用,进入的气流在压缩机内被压缩成高密度、高压、低速的气流,提高了发动机的效率。气流进入燃烧室后,由供油喷嘴喷射出燃料,在燃烧室内与气流混合并燃烧。燃烧后产生的高热废气,接着会推动涡轮机使其旋转,然后带着剩余的能量,经由喷嘴或排气管排出,至于会有多少的能量被用来推动涡轮,则视涡轮发动机的种类与设计而定,涡轮机和压缩机一样,分成高压段与低压段。

虽然涡轮发动机可能有许多不同的运作原理,但最简单的涡轮形式可以只包含一个"转子"。例如,一个带有中心轴的扇叶,将此扇叶放置在流体中(如空气或水),流体通过时,对扇叶施加的力量会带动整个转子转动,进而得以从中心轴输出轴向的扭力。风车与水车这类的装置,可以说是人类最早发明的涡轮发动机原型。

依照不同的分类方式,涡轮发动机可以分类成很多不同的形式。例如,以燃烧室与转子的位置是否在一起来区别,就存在属于外燃机一类的燃气涡轮发动机与属于内燃机的涡轮风扇发动机。

如果将涡轮发动机反过来运作,则会变成一种输入外力后,可以将流体带动的设备,例如,压缩机与泵。有些涡轮发动机本身具有多组扇叶,其中部分用于自流体汲取动力,部分用于推动流体,二者不能混为一谈。例如,在大部分的涡轮扇叶发动机与涡轮螺旋桨发动机中,位于燃烧室之前的扇叶,实际是用于加压进气的,因此应被视为一种压缩机。真正的涡轮机部分是位于燃烧室后方的风扇,被燃烧后的排气推动产生动力,再通过传动轴,将动力输送至主扇叶(涡轮风扇发动机)或螺旋桨(涡轮螺旋桨发动机)处,推动其运转。

 思考题

1. 叙述发动机的工作原理。
2. 分析发动机工作循环中各过程的特点。
3. BJ492Q 型发动机排量为 2.445 L,求其曲轴半径?
4. 排量为 2 520 mL 的六缸发动机,其燃烧室容积为 60 mL,求其压缩比是多少?

项目 2
曲柄连杆机构的构造与检修

　　曲柄连杆机构是往复活塞式发动机的能量转换机构，主要由机体组、活塞连杆组、曲轴飞轮组三部分组成。其功用是把燃气作用在活塞顶面上的压力转换为曲轴的旋转，对外输出动力和转矩。曲柄连杆机构包含的零部件较多，结构较复杂，拆解和装配工艺要求较高。

◀ 知识要点

　　(1) 机体组的作用和组成。
　　(2) 活塞连杆组的作用和组成。
　　(3) 曲轴飞轮组的作用和组成。

◀ 学习目标

　　(1) 理解曲柄连杆机构的作用和组成。
　　(2) 知道曲柄连杆机构的受力分析。
　　(3) 掌握机体组、活塞连杆组、曲轴飞轮组主要零件的构造和装配连接关系。
　　(4) 掌握机体组、活塞连杆组、曲轴飞轮组主要零件的检测和维修方法。
　　(5) 学会曲柄连杆机构的装配与调整。

◀ 知识导入

发动机可变压缩比
技术

任务 1　曲柄连杆机构的认知

一、曲柄连杆机构的功用和组成

1. 曲柄连杆机构的功用

曲柄连杆机构是发动机实现工作循环、完成能量转换的传动机构,用来传递力和改变运动方式。工作中,曲柄连杆机构在做功行程中把活塞的往复运动转换成曲轴的旋转运动,对外输出动力,而在其他三个行程中,即进气、压缩、排气行程中又把曲轴的旋转运动转换成活塞的往复直线运动。总的来说,曲柄连杆机构是发动机借以产生动力并传递动力的机构,通过它可把燃油燃烧后发出的热能转换为机械能。

2. 曲柄连杆机构的组成

曲柄连杆机构的主要零件可以分为机体组、活塞连杆组和曲轴飞轮组三个部分。

(1) 机体组由气缸体、油底壳、气缸盖、气缸垫、气缸盖罩盖、罩衬垫、机油盘、机油盘反射垫等组成。

(2) 活塞连杆组由活塞气环(二道气环)、组合油环、活塞、活塞销、活塞销卡簧、连杆、连杆盖、连杆轴承、连杆螺栓、连杆螺母等组成。

(3) 曲轴飞轮组由曲轴、皮带轮或链轮、正时齿轮、飞轮总成、滚针轴承、启动爪、扭转减振器等组成。

二、曲柄连杆机构的工作条件

发动机工作时,曲柄连杆机构直接与高温高压气体接触,曲轴的旋转速度又很高,活塞往复运动的线速度相当大,同时与可燃混合气和燃烧废气接触,曲柄连杆机构还受到化学腐蚀的作用,并且润滑困难。可见,曲柄连杆机构的工作条件相当恶劣,它要承受高温、高压、高速和化学腐蚀。

三、曲柄连杆机构的受力分析

当发动机工作时,在曲柄连杆机构中作用的有以下这些力。对曲柄连杆机构进行受力分析,可以更加清楚地了解其构造。

1. 气体压力 F_p

在每个工作循环中,气体压力在四个行程中始终存在,但只有做功行程中的气体压力是发动机对外做功的原动力。气体压力通过活塞、活塞销、连杆、曲柄销传到主轴承。气体压力同时也作用于气缸盖上,并通过气缸盖螺栓传给机体。作用于活塞上和气缸盖上的气体压力大小相等、方向相反,在机体中相互抵消而不传至机体外的支承上,使机体受到拉伸,图 2-1 所示为气体压力示意图。

气体压力 F_p 分解为 F_{p1} 和 F_{p2},其中 F_{p2} 称为侧压力,它使活塞的一个侧面压向气缸壁,造成该侧磨损严重;F_{p1} 经连杆传给曲柄销,分解为 F_R 和 F_S,F_R 使曲轴主轴颈与主轴承间产生压紧力;F_S 除了使主轴颈各主轴承之间产生压紧力外,还对曲轴形成转矩,推动曲轴旋转。

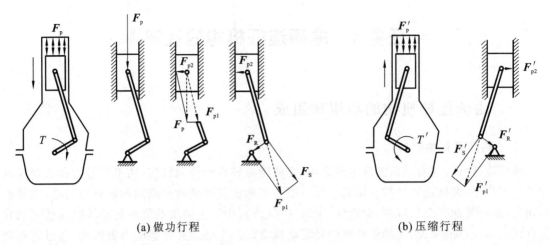

(a) 做功行程　　　　　　　　　(b) 压缩行程

图 2-1　气体压力示意图

2. 往复惯性力 F_j

曲柄连杆机构可视为由往复运动质量和旋转运动质量组成的当量系统。

往复运动质量包括活塞组零件质量和连杆小头集中质量,它沿气缸轴线作往复变速直线运动,产生往复惯性力;旋转运动质量包括曲柄质量和连杆大头集中质量,它绕曲轴轴线旋转,产生旋转惯性力,也称离心力。往复惯性力和旋转惯性力通过主轴承和机体传给发动机支承。

活塞在上半行程,惯性力都向上,在下半行程,惯性力都向下。在上止点、下止点活塞运动方向改变,速度为零,加速度最大,惯性力也最大;在行程中部附近,活塞运动速度最大,加速度为零,惯性力也等于零。

3. 离心力 F_c

旋转机件的圆周运动产生离心力,方向背离曲轴中心向外。离心力加速轴承与轴颈的磨损,也引起发动机震动而传到机体外。

图 2-2 所示为往复惯性力和离心力示意图。

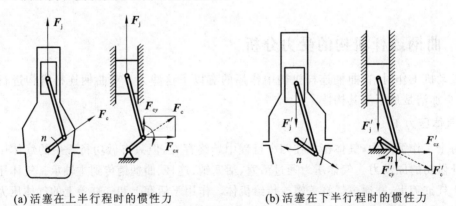

(a) 活塞在上半行程时的惯性力　　　　(b) 活塞在下半行程时的惯性力

图 2-2　往复惯性力和离心力示意图

4. 摩擦力 F_f

摩擦力指相互运动件之间的摩擦力,它是造成配合表面磨损的根源。

任务 2　机体组的构造与检修

机体组主要由气缸体、油底壳、气缸垫、气缸盖、气缸盖罩等组成,属非运动件。

一、气缸体和油底壳

1. 气缸体

1）气缸体的功用及构造

气缸体是发动机的骨架,是其他各机构和系统的装配基体,许多零部件及某些辅助系统装置(如空压机、空调压缩机等)几乎都安装在气缸体上。AJR 型发动机气缸体的结构如图 2-3 所示。

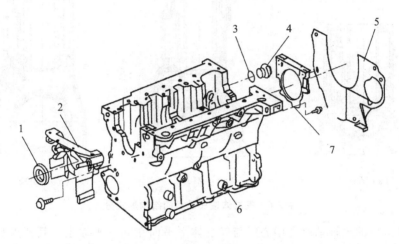

图 2-3　AJR 型发动机气缸体的结构
1—前油封；2—支架；3—O 形圈；4—螺栓；5—中间支承；6—气缸体；7—后油封架

水冷式发动机的气缸体主要由气缸、冷却水套、润滑油道、上曲轴箱、主轴承座等构成。水冷式发动机的气缸体与上曲轴箱是铸成一体的,如图 2-4 所示。风冷式发动机的气缸体与曲轴箱分开铸制,图 2-5 所示为风冷式发动机的气缸体。

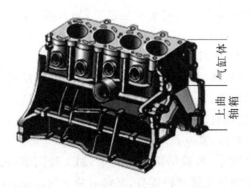

图 2-4　水冷式发动机的气缸体

图 2-5　风冷式发动机的气缸体

在气缸体的上半部,若干个供活塞在其中作往复运动的圆柱形通孔称为气缸。在气缸体的下半部,支承曲轴并供其作回转运动的部分空腔称为上曲轴箱。上曲轴箱内有主轴承座用于安装曲轴;侧壁上钻有主油道,同时钻有通向主轴承座和气缸盖为润滑凸轮轴的分油道。气缸体上、下平面分别安装气缸盖和油底壳(即下曲轴箱),它们也是修理气缸的基准。

2) 气缸体的工作条件及要求

发动机工作时,气缸体承受拉、压、弯、扭等应力和高温的影响,因此,气缸体应具有足够的强度、刚度、耐高温、高压、耐磨损和抗腐蚀性。为减小发动机质量和尺寸,应力求结构紧凑、质量小。

气缸体一般用高强度灰铸铁或铝合金铸造。近年来,由于铝合金气缸体具有质量小、导热性好、噪声低和机油消耗量少等优点而被越来越多地用于轿车发动机上,但材料成本偏高。

3) 气缸体的结构形式

(1) 按曲轴箱的结构形式,气缸体分为平分式、龙门式和隧道式三种,如图2-6所示。

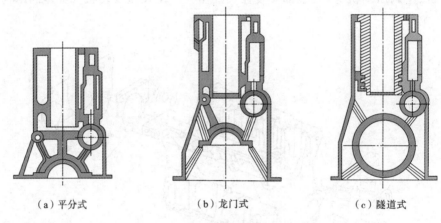

(a) 平分式　　(b) 龙门式　　(c) 隧道式

图2-6　气缸体按曲轴箱的结构形式分

平分式气缸体的主轴承座孔中心线与气缸体下平面在同一平面上。其特点是气缸体高度小、质量小、便于机械加工;但刚度较差,且前后端与油底壳接合处的密封性较差。多用于中小型发动机,如BJ492Q、EQ6100汽油发动机及富康轿车用发动机等。

龙门式气缸体的主轴承座孔中心线高于气缸体下平面。其特点是结构刚度较好、密封简单可靠,维修方便,但工艺性较差。标致、桑塔纳、奥迪、捷达等轿车的发动机及CA6110系列发动机属此形式。

隧道式气缸体的主轴承座孔不分开。其特点是结构刚度大,主轴承的同轴度易保证;但拆装麻烦,质量大。多用于主轴承采用滚动轴承的负荷较大的柴油发动机,如黄河JN1181C13汽车装用的6135Q柴油发动机。

(2) 按气缸的排列方式,气缸体分为直列式、V形、对置式、W形四种。

直列式气缸体是指各气缸排成一直列的气缸体,如图2-7(a)所示。其特点是结构简单,易制造,平衡性较好,工作时不易产生振动;但宽度小,高度和长度较大,重心较高,有时为了降低高度而将气缸体斜置。一般用于6缸以下的发动机。

V形气缸体是指两列气缸排成V形的气缸体,其气缸中心线夹角多为60°~90°,如图2-7(b)所示。其特点是气缸体宽度大而长度和高度小,形状结构比较复杂,加工较困难;两列气缸中的活塞由一根曲轴驱动,曲轴上的每道连杆轴颈连接两根连杆,必须有两个气缸盖;气缸体刚度大,质量和外形尺寸较小。一般多用于6缸以上的大功率发动机上。

对置式气缸体是指两列气缸水平相对排列的气缸体,如图2-7(c)所示。其特点是高度小、重

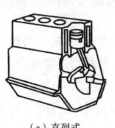 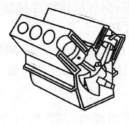 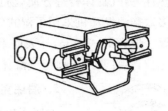 

(a) 直列式　　　　(b) V形　　　　(c) 对置式　　　　(d) W形

图 2-7　气缸体按气缸的排列方式分

心低,工作平稳。这种气缸体应用不多。

W形气缸体是一种特殊V形结构,看似V形,实际上是两个V形组合构成W形的气缸体,如图 2-7(d)所示。其特点是结构紧凑,工作平稳,较小的尺寸较大的动力。多用于10缸以上的重负荷汽车发动机。

4) 气缸套

(1) 气缸套的工作条件及要求。气缸套是引导活塞作往复运动的圆柱形通孔,其工作表面在工作中受高温、高压和高速运动摩擦的作用,故要求其具有耐高温、耐高压和耐磨损、耐腐蚀的性能。为此,气缸套常由含有微量铬、钼、钒、钛、镍等元素的合金铸铁并采用离心铸造法铸制。

(2) 气缸套的结构形式。根据是否镶嵌和外表面是否与冷却液接触,气缸套分为无气缸套式(整体式)、湿式、干式三种,如图 2-8 所示。

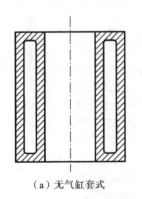 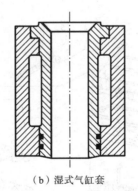 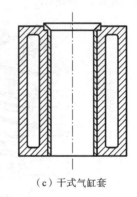

(a) 无气缸套式　　　　(b) 湿式气缸套　　　　(c) 干式气缸套

图 2-8　气缸套的结构形式

无气缸套式即不镶嵌气缸套,在气缸体上直接加工出气缸,如图 2-8(a)所示。其优点是可缩短气缸中心距,使气缸体尺寸和质量减小,刚度较大,工艺性好;缺点是为保证气缸的耐磨性,整个气缸体必须采用耐磨合金铸铁制造,因而成本高。红旗轿车 CA88-3 发动机,桑塔纳、捷达等发动机则采用了合金铸铁无气缸套式气缸体。

现代汽车广泛采用气缸体内镶入气缸套的结构。因此,气缸体可不用合金铸铁,而以成本较低的普通灰铸铁或质量小的铝合金铸造,再镶入耐磨合金铸铁气缸套。这样,既延长了气缸体的使用寿命,又降低了材料成本,而且检修方便;但增加了工艺成本。

湿式气缸套壁厚一般为 5~9 mm,外表面直接与冷却水接触,以很小的装配间隙压入气缸套座孔中,如图 2-8(b)所示。通常以上部凸缘与气缸体台肩为轴向定位,以上、下两个凸出的外圆面为径向定位。气缸套上、下部装有橡胶密封圈,气缸套装入后,其顶面一般应高出气缸体上平面 0.05~0.15 mm,紧固气缸盖螺栓,使气缸垫压得更紧。

湿式气缸套散热性好,气缸体铸造方便,易拆卸;但气缸体刚度较差,易漏气、漏水。富康、标致轿车发动机和多数柴油发动机采用了湿式气缸套。

干式气缸套壁厚一般为 1～3 mm,外表面不直接与冷却水接触,如图 2-8(c)所示。为保证散热效果和气套的定位,气缸套外表面与气缸体的缸套座孔必须精确加工,并采用过盈配合。

2. 油底壳

油底壳也称下曲轴箱,其作用是存储机油、散热,并与上曲轴箱一起构成封闭的曲轴旋转空间,其结构如图 2-9 所示。一般用薄钢板冲压而成,或采用带有散热片的铝合金铸造而成,其形状、大小取决于发动机总体结构和储油量。为保证发动机纵向倾斜时机油泵仍能吸到机油,油底壳中部或后部做得较深,最深处装有磁性放油螺栓,以吸附润滑油中的铁屑,减少发动机的磨损;有的在油底壳内设有挡油板,以减轻油面波动。

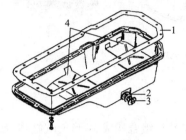

图 2-9 油底壳的结构
1—密封垫;2—密封圈;
3—磁性放油螺栓;4—挡油板

二、气缸盖、气缸垫及气缸盖罩

1. 气缸盖

1)气缸盖的功用及结构

气缸盖是封闭气缸上部,并与活塞顶部共同构成燃烧室,同时也是安装配气机构部分零部件的基体,如图 2-10 所示。

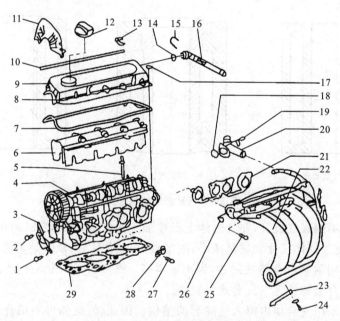

图 2-10 AJR 型发动机气缸盖的结构

1—螺栓(拧紧力矩 15 N·m);2、25、27—螺栓(拧紧力矩 20 N·m);3—正时齿带后护板;4—气缸盖总成;
5—气缸盖螺栓;6—机油反射板;7—气门室罩盖垫;8—紧固压条;9—气门室罩盖;10—压条;
11—正时齿带后上罩;12—加机油口盖;13—支架;14—密封圈;15—夹箍;16—曲轴箱通风软管;
17—螺母(拧紧力矩 12 N·m);18—密封圈;19—螺栓(拧紧力矩 10 N·m);20—凸缘;21—进气管衬垫;
22—进气歧管;23—进气歧管支架;24—进气歧管支架紧固螺栓;26—螺母(拧紧力矩 20 N·m);28—吊耳;29—气缸盖衬垫

气缸盖的结构比较复杂:内部有与气缸体相通的冷却水套;有燃烧室、火花塞座孔(汽油发动机)或喷油器座孔(柴油发动机);有进、排气门座及气门导管孔、进、排气道等。上置凸轮轴式发动机的气缸盖上还有用来安装凸轮轴的轴承座。

2)气缸盖的材料

气缸盖的材料常采用灰铸铁或合金铸铁。现已有采用铝合金气缸盖取代铸铁的趋势,以适应高速、高负荷汽油发动机散热和提高压缩比的需要。如夏利、富康、桑塔纳等轿车发动机均采用铝合金气缸盖。

3)气缸盖的结构形式

气缸盖的结构形式一般有整体式、分体式、单体式三种。为制造和维修方便、减小变形对密封的影响,功率较大的发动机多采用分体式气缸盖,即2缸或3缸共用一盖。大功率柴油发动机和某些汽油发动机(如东风EQ6100发动机)则是采用分体式气缸盖。功率较小的发动机因缸径小、负荷较轻而多采用整体式气缸盖,但一般不超过6缸。风冷式发动机均采用单体式气缸盖。

4)燃烧室

燃烧室是指活塞运行到上止点时,活塞顶面及缸盖上的凹坑所组成的空间。其形状对发动机工作的影响很大。因此,对燃烧室的基本要求:一是结构紧凑,冷却面积要小,以减少热量损失,缩短火焰行程;二是能使可燃混合气在压缩终了时形成一定的涡流,以提高可燃混合气的混合质量和燃烧速度,保证可燃混合气及时充分燃烧;三是表面光滑,不易积炭。

由于汽油发动机的燃烧方式与柴油发动机的不同,所以它们的活塞顶面形状和气缸盖上组成燃烧室的凹坑形状差别较大。汽油发动机燃烧室主要在气缸盖上,而柴油发动机燃烧室主要在活塞顶部的凹坑中(在柴油发动机供给系统中介绍)。

汽油发动机的燃烧室形状主要有楔形、盆形、半球形、浅篷形等形式,如图2-11所示。

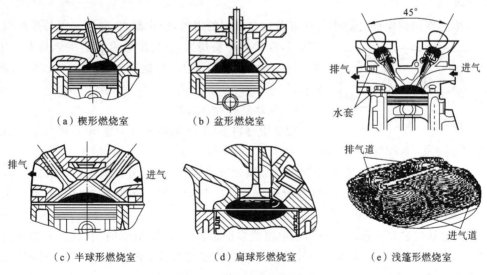

图2-11 燃烧室的结构形式

楔形燃烧室的结构简单、紧凑,气门斜置,进气阻力小,气道导流效果好,充气效率高,压缩终了易形成挤气涡流,故动力性和经济性较好。用于每缸两气门发动机,如解放CA6102汽油发动机。

盆形燃烧室的结构简单,气门与气缸轴线平行,能产生一定挤气涡流,但进气弯道较大,影响换气质量,故动力性和经济性不如楔形燃烧室,但易于加工。用于每缸两气门发动机,如东风

EQ6100-1、捷达 EA113、奥迪 100 等汽油发动机。

半球形燃烧室的结构最为紧凑、散热面积小,火花塞多位于燃烧室中部,火焰传播距离短,燃烧速度快,不易发生爆振,有利于完全燃烧及排气净化;但因气门位于两侧,配气机构较复杂。现代轿车发动机上应用较多。

浅篷形燃烧室的结构紧凑,挤气涡流强,火花塞在中部,燃烧速度快,热效率高。近年来,高性能多气门轿车发动机上广泛应用篷形燃烧室,特别是小气门夹角的浅篷形燃烧室得到了较大的发展。如欧宝 V6、奔驰 320E、三菱 3G81 等所用汽油发动机均为浅篷形燃烧室。

5)气道

现代汽车发动机多采用顶置气门,故进气道、排气道都布置在缸盖上。最理想的是一个气门一个气道,但由于空间限制,有时只能将气道合并,所以称为叉形气道,如图 2-12 所示。

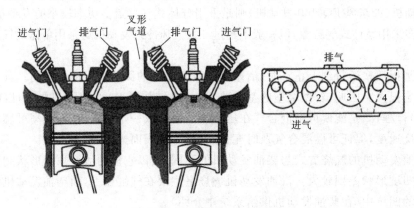

图 2-12 气缸盖上的气道布置

2. 气缸垫

气缸垫的作用是保证气缸体与气缸盖接合面间的密封,防止漏水、漏气。因其接触高温、高压燃气,在使用中易烧蚀,故要求具有足够的强度和一定的弹性、耐热、耐蚀,且拆装方便,能重复使用。气缸垫如图 2-13 所示。

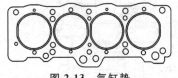

图 2-13 气缸垫

1)气缸垫的种类及结构

按所用材料不同,气缸垫可分为金属-石棉气缸垫、纯金属气缸垫、金属骨架-石棉气缸垫三种。

(1)金属-石棉气缸垫。石棉中间夹有金属丝或金属屑,外面覆盖铜皮,在气缸口、水道孔、油道孔周边用铜皮卷边加固,以防被高温燃气烧坏。其特点是耐热性高,弹性好,密封性好,可重复使用,但强度较差。这种气缸垫目前应用最广。

(2)纯金属气缸垫。这种气缸垫由单层或多层金属片(低碳钢或铜)制成。为加强密封,在气缸口、水道孔和油道孔周围冲有弹性凸纹。其特点是强度高,耐腐蚀能力强。这种气缸垫在轿车和赛车上应用较多。

(3)金属骨架-石棉气缸垫。这种气缸垫以编织的钢丝网或冲孔钢片为骨架,外覆石棉及橡胶黏结剂压制成片,只在有孔口的周边才用金属包边。其特点是弹性好,但易黏结,只能一次性使用。

近年来,国外一些发动机开始使用耐热密封胶取代传统的气缸垫,但要求气缸盖和气缸体的接合面有较高的加工精度。

2) 气缸垫的安装

气缸垫的损坏主要为烧蚀,常发生在水道孔、油道孔、气缸孔之间,导致油、水、气互相串通,影响发动机正常工作。气缸垫在损坏后只能更换。

安装气缸垫时,应注意将卷边朝向易修整的接触平面或硬平面。当气缸盖和气缸体的材料同为铸铁时,卷边应朝向气缸盖(易修整);当气缸盖的材料为铝合金,气缸体的材料为铸铁时,卷边应朝向气缸体(硬平面)。更换新气缸垫时,有标记("OPEN TOP"——顶部的意思)的一面朝向气缸盖,如图2-14所示。

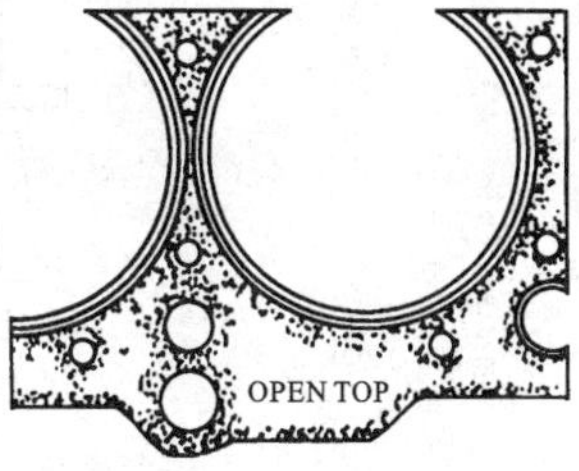

3. 气缸盖罩

气缸盖罩用于密封配气机构等零部件,防尘防水,保证机油对气门传动机构的润滑。一般罩盖上有加机油和曲轴通风管接口。气缸盖罩多为薄钢板冲压成形或铝合金铸造。

图 2-14 气缸垫的标记

三、发动机的支承

发动机一般通过气缸体和飞轮壳或变速器壳体上的支撑支承在车架上。发动机的支承形式有三点支承和四点支承两种。三点支承可布置成一前两后或两前一后;四点支承则前后各有两个支承点,如图2-15所示。

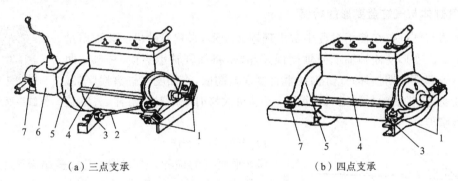

(a) 三点支承　　　　　　　　　　(b) 四点支承

图 2-15 发动机的支承

1—前支承;2—拉杆;3—橡胶垫圈;4—发动机;5—飞轮壳;6—变速器;7—后支承

为了消除汽车行驶中车架变形对发动机的影响,减少传给底盘和乘员的振动和噪声,发动机在车架上采用橡胶垫圈作为弹性支承。

四、气缸体、气缸盖、气缸的检修

气缸体和气缸盖在高温、高压、骤冷骤热和交变载荷条件下工作,使用中易出现裂纹、变形、轴承座孔磨损及气缸磨损等损伤,造成漏气、漏水,影响发动机正常工作,故必须适时检修。

1. 气缸体与气缸盖裂纹的检修

1) 裂纹的检验

明显的裂纹可直接观察;细微裂纹和内部裂纹通常采用水压试验进行检查,如图2-16所示。

试验时,将气缸盖及气缸垫装在气缸体上,将水压机出水管接头与气缸前端水泵入水口处连接好,并封闭所有水道口,再以350~450 kPa的压力将水压入水套中,保持5 min。如发现有水渗出,说明该处有裂纹,必须进行修理。

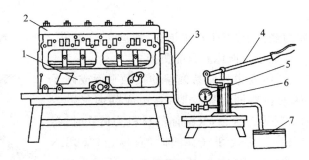

图 2-16 水压试验检测裂纹

1—气缸体；2—气缸盖；3—水管；4—施压手柄；5—压力表；6—水压机；7—水箱

更换气缸套、气门座圈、气门导管，以及焊修气缸体后应再进行一次水压试验。

在没有水压机的情况下，可使用自来水和气泵。将水注入气缸体、气缸盖水套内，然后充入压缩空气，通过液体的渗漏确定裂纹部位。

2) 裂纹的修理方法

修理裂纹的方法主要有粘接法、焊修法和堵漏法等。对曲轴箱等应力大部位的裂纹，采用焊接方法修理；对于裂纹较集中或破洞部位，可采用补板加环氧树脂胶粘接的方法修理；对应力不大、温度不高部位的裂纹，多采用环氧树脂胶粘接修复；细小裂纹和沙眼可用堵漏剂堵漏。

2. 气缸体与气缸盖变形的检修

气缸体与气缸盖在使用过程中常出现翘曲变形，影响发动机的装配质量与正常工作。变形使曲轴轴承同轴度误差超限，将加剧轴承磨损，易造成曲轴及缸体等部件早期损坏；气缸轴线垂直度误差超限，将加剧气缸磨损，气缸的密封性变差，机油消耗量增大。因此，发动机大修时必须对气缸体、气缸盖进行整形修理。

气缸平面度检测

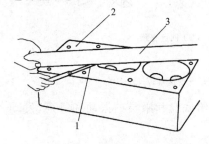

图 2-17 气缸盖平面度的检测

1—厚薄规；2—气缸盖；3—直尺

1) 平面度的检修

(1) 平面度的检测。气缸体、气缸盖结合面的平面度可用刀样直尺和塞尺检测，如图 2-17 所示。在刀样直尺与气缸体（或盖）平面之间的间隙塞入塞尺的最大厚度值即为平面度误差，当此误差超过允许值时，则必须修理。检测时，被测平面需要彻底清理干净，去除毛刺，刮或铲平凸起部分。

(2) 平面的维修。气缸体上、下平面变形超过表 2-1 所示规定值时，可采用铣、磨加工方法进行修整。

表 2-1 气缸体上平面与气缸盖下平面的平面度   单位：mm

测量范围	气缸长度	铸铁			铝合金		
		气缸体上平面	气缸盖下平面		气缸体上平面	气缸盖下平面	
			侧置气门	顶置气门		侧置气门	顶置气门
任意 50×50	—	0.05	0.05	0.025	0.05	0.05	0.05
整个平面	≤600	0.15	0.25	0.10	0.15	0.35	0.15
	>600	0.25	0.35	—	0.35	0.50	—

当无铣、磨设备或平面度误差不大时,可用旧砂轮在其平面上进行手工推磨,直至达到要求为止。

气缸体总磨削量一般控制在 0.24～0.50 mm 以内,以保证发动机修理后压缩比不超过规定范围。如磨削量过大,燃烧室容积减小,压缩比会增大。

气缸盖平面翘曲变形超过规定值时,可采用铣、磨方法修复或用加热法校正。经过修复的气缸盖,需要检查燃烧室容积。

(3) 气缸盖的拆装。为保证高温高压燃气的密封,防止气缸盖变形,应按规范将气缸盖螺栓拧紧在气缸体上。拧紧螺栓时,必须按由中间对称地向两端扩展的顺序分几次进行,最后一次必须用扭力扳手按规定力矩拧紧,如图 2-18 所示。拆卸螺栓的顺序则相反,即由两端向中间逐个拧松,如图 2-19 所示。

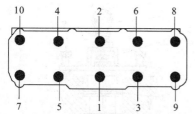

图 2-18 气缸盖螺栓的拧紧顺序

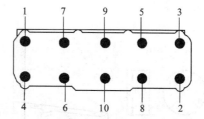

图 2-19 气缸盖螺栓的拆卸顺序

不同功率的发动机,气缸盖螺栓拧紧力矩是不一样的。不同材料的气缸盖,最后一次拧紧状态也有差别:铝合金气缸盖,最后必须在发动机冷态下按规定力矩拧紧,这是因为铝合金气缸盖的膨胀系数比钢制螺栓的大;铸铁气缸盖,最后必须在发动机热态时按规定力矩再拧紧一次。

2) 曲轴主轴承座孔的检修

因气缸体变形和磨损,曲轴主轴承座孔的同轴度、圆度、圆柱度误差会增大,经检测如果超出允许误差,则必须修理。检测之前,需要将主轴承盖(含调整垫片)按原位置和规定力矩装好。

(1) 主轴承座孔同轴度的检测。使用同轴度检测仪检测,如图 2-20 所示。

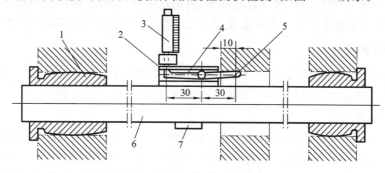

图 2-20 主轴承座孔同轴度的检测

1—定心轴套;2—本体;3—百分表;4—等臂杠杆;5—球形测头;6—定心轴;7—卡簧

以气缸体前后主轴承座孔为测量基准,装入定心轴套,定心轴装在轴套内,可轴向滑动。定心轴上装有本体、等臂杠杆、百分表及卡簧。测量时,等臂杠杆的球形测头与被测座孔表面接触,当转动定心轴时,球形测头与等臂杠杆的径向移动表现为百分表指针的摆动,便可读出同轴度误差。在全长范围内,同轴度误差不得大于 0.15 mm,相邻两主轴承座孔同轴度误差不得大于 0.10 mm。

（2）主轴承座孔圆度、圆柱度的检测。用内径百分表沿同一断面测量3～5个点的直径，沿轴线测量3个断面，测出各主轴承座孔的圆度和圆柱度误差，如图2-21所示。对于铸铁气缸体，误差均不得大于0.01 mm；对于铝合金气缸体，误差均不得大于0.015 mm。

（3）主轴承座孔同轴度、圆度、圆柱度的检测。当气缸体主轴承座孔同轴度、圆度、圆柱度超过允许误差时，应视情况确定修理方法。如个别主轴承座孔失圆较小，可用修刮轴瓦厚度解决；失圆较大或同轴度误差较大，可将轴承盖两端接触面磨去少许，再将轴承盖按原位和规定力矩拧紧螺栓，重新镗孔至规定尺寸；若主轴承座孔磨损变形未超出极限，则不必镗座孔，只需要镗削主轴承便可。

（4）气缸与主轴承座孔轴线垂直度的检测。气缸与主轴承座孔垂直度偏差一般在全长范围内不大于0.05 mm。垂直度的检测方法如图2-22所示。

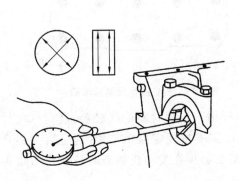

图2-21 主轴承座孔圆度、圆柱度的检测

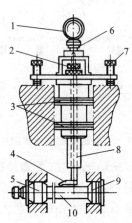

图2-22 气缸与主轴承座孔轴线垂直度的检测

1—百分表；2—转动手柄；3—气缸定心套；4—测量头；5—后定心套；6—百分表触头；7—调整螺钉；8—测量杆；9—前定心套；10—定心轴

检验仪用定心套支承在气缸中，并用调整螺钉轴向支承定位于气缸体的上平面。测量时，用手转动手柄，测量头便水平转动与定心轴前、后两点接触，表针在两触点的指示差即为气缸与主轴承座孔轴线的垂直度误差。当其误差超过规定值时，可结合气缸镗削进行修复。

3. 气缸磨损的检修

气缸的磨损程度是判断发动机技术状况好坏、是否需要大修的重要依据。当气缸磨损到一定程度后，发动机的动力性明显下降，油耗急剧增加，甚至不能正常工作。

1）气缸磨损的规律

气缸磨损是不均匀的，但正常情况下有一定规律。气缸孔沿轴向方向的磨损呈上大下小的倒锥形，磨损最大部位在活塞处于上止点时第一道气环对应的气缸壁位置，在第一道气环上方因无磨损而形成明显的"缸肩"；气缸径向磨损形成不规则的椭圆形，磨损最大部位一般在前后或左右方向，如图2-23所示。

气缸产生不均匀磨损的原因：气缸是在润滑较差、高温、高压、交变载荷和腐蚀条件下工作的，气缸上部温度高，润滑条件差，进气灰尘附着量大，酸性物质接触多，且活塞在上止点附近时的各道环的背压很大，第一道环最大，故上部磨损大；气缸下部由于润滑条件较好，温度不很高，活塞环背压较小，故下部磨损较小；径向磨损是由曲轴轴向转动和连杆传递给活塞的侧向力造成的。

项目2 曲柄连杆机构的构造与检修

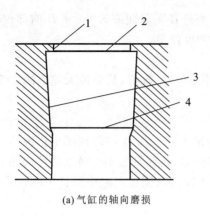
(a) 气缸的轴向磨损

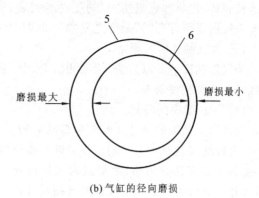
(b) 气缸的径向磨损

图 2-23 气缸的磨损

1—缸肩；2—第一道活塞环上止点；3—气缸壁；
4—末道活塞环下止点；5—磨损后的气缸横截面；6—原气缸横截面

2) 气缸磨损的检测

测量发动机气缸磨损的目的主要是：确定气缸磨损后的圆度和圆柱度误差，并根据磨损程度，确定发动机是否需要大修及气缸的修理尺寸。气缸的测量通常使用量缸表。测量时，在距上平面 10 mm 处的气缸上部、中部、距气缸下部 10 mm 处的下部三个截面，按前后、左右两个方向分别测量气缸直径，如图 2-24 所示；并列表做好记录。

气缸磨损检测

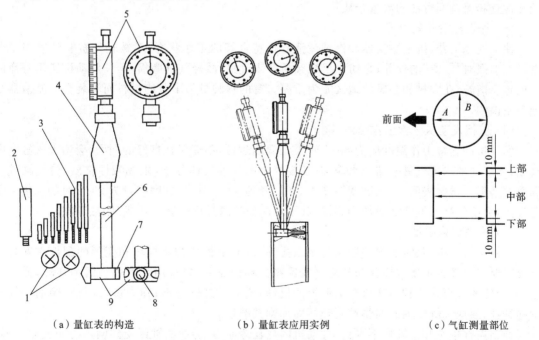

图 2-24 气缸磨损的检测

1—固定螺母；2—长接杆；3—接杆；4—绝热套；5—百分表；
6—表杆；7—表杆座；8—活动测杆；9—支承架

(1) 气缸圆度的测量。

根据气缸直径尺寸，选择合适的测量接杆，使伸缩杆在气缸内有 1~2 mm 的伸缩量。先测量 A 向部位，前后微微摆动表杆，使测杆与气缸中心线垂直，大表针指示的最小读数即为正确

27

的气缸直径;再旋转表盘使"0"刻度对准大表针,然后将表杆在同截面旋转 90°至 B 向部位,此时大表针所指刻度与"0"刻度之差的 1/2,即为该截面的圆度误差。

(2) 气缸圆柱度的测量。

按气缸圆度的测量方法,依次测出上、中、下三个部位的 6 个数值,其中最大差值的 1/2 即为该气缸的圆柱度误差。

(3) 气缸磨损的测量。

气缸磨损最大的尺寸一般在前后两缸的上部。用量缸表在上部 A 向部位测出正确的气缸直径,再旋转表盘对"0",并记住小表针所指位置;取出量缸表,将测杆置于外径千分尺两测头之间,旋转千分尺活动测头,使量缸表大指针对"0",且小指针指向原在气缸中所指示的位置,此时,外径千分尺的读数即为气缸的磨损尺寸。

3) 减轻气缸套磨损的措施

(1) 正确启动和起步。

发动机冷车启动时,由于温度低,机油黏度大、流动性差,所以机油泵供油不足。同时,原气缸壁上的机油在停车后沿气缸壁下流,因此在启动的瞬间得不到正常工作时那样良好的润滑,致使启动时气缸壁磨损大大增加。因此,初次启动时,应先使发动机空转几圈,待摩擦表面得到润滑后再启动。启动后应怠速运转升温,严禁猛轰油门,待机油温度达到 40 ℃时再起步;起步应坚持挂低速挡,并循序每一挡位行驶一段里程,直到油温正常,方可转为正常行驶。

(2) 正确选用润滑油。

要严格按季节和发动机性能要求选用最佳黏度值的润滑油,不可随意购用劣质润滑油,并经常检查和保持润滑油的数量与质量。

(3) 加强滤清器的保养。

使空气滤清器、机油滤清器和汽油滤清器保持良好的工作状态,对减轻气缸套的磨损至关重要。加强对"三滤"的保养,是防止机械杂质进入气缸,减轻气缸磨损,延长发动机使用寿命的一项重要措施,在农村和多风沙地区尤为重要。有的驾驶员为了节约燃料而不装空气滤清器是绝对错误的。

(4) 保持发动机正常工作温度。

发动机的正常工作温度应为 80~90 ℃。温度过低,不能保持良好的润滑,会增大气缸壁的磨损,气缸内的水蒸气易凝结成水珠,溶解废气中的酸性气体分子,生成酸性物质,使气缸壁受到腐蚀磨损。试验表明,当气缸壁温度由 90 ℃降到 50 ℃时,气缸磨损量为 90 ℃时的 4 倍。温度过高,会使气缸强度降低而加剧磨损,甚至可能使活塞过度膨胀而造成"胀缸"事故。

(5) 提高保修质量。

在使用过程中,及时发现问题及时予以排除,随时更换或维修损坏和变形的配件。安装气缸套时要严格按技术要求检验和装配。在保修换环作业中,要选用弹力适当的活塞环,弹力过小,将会使燃气窜入曲轴箱吹落气缸壁上的机油,增大气缸壁磨损;弹力过大,将直接加剧气缸壁的磨损,或因气缸壁上的油膜遭到破坏而加剧其磨损。

曲轴连杆轴颈和主轴颈不平行、发动机因烧瓦等原因,会使曲轴因受到剧烈的冲击而变形,若不及时校正而继续使用,同样会加速气缸套磨损。

任务3　活塞连杆组的构造与检修

活塞连杆组的功用是将活塞在顶部受力时的往复运动转换为曲轴的旋转运动,并对外输出转矩。活塞连杆组属于运动件,主要由活塞、活塞环、活塞销和连杆等零件组成,如图 2-25 所示。

一、活塞

1. 活塞的功用

活塞的功用为:一是活塞承受燃气压力,并将此力通过活塞销和连杆推动曲轴旋转;二是活塞顶部与气缸壁、气缸盖共同组成燃烧室。

2. 活塞的工作条件及要求

由于活塞顶部直接与高温燃气接触,并受周期性变化的气体压力和惯性力的作用,且散热和润滑条件差,因此,活塞必须具有足够的强度和刚度,质量尽可能小以减小惯性力,且导热性能好,有良好的耐磨性和热稳定性。现代汽车的发动机活塞广泛采用铝硅合金铸造。有的柴油发动机因其活塞需要承受高温、高机械负荷而采用合金铸铁或耐热钢铸造。

3. 活塞的基本构造

活塞由顶部、头部、裙部等三部分构成,如图 2-26 所示。

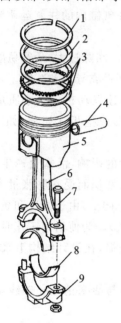

图 2-25 活塞连杆组的结构
1—第一道气环;2—第二道气环;
3—组合油环;4—活塞销;5—活塞;6—连杆;
7—连杆螺栓;8—连杆轴承;9—连杆盖

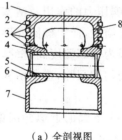

(a)全剖视图

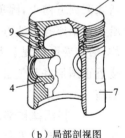

(b)局部剖视图

图 2-26 活塞的结构
1—活塞顶部;2—活塞头部;3—活塞环;
4—活塞销座孔;5—活塞销;6—活塞销锁环;
7—活塞裙部;8—加强筋;9—活塞环槽

1)活塞顶部

活塞顶部是燃烧室的组成部分。为适应各种发动机的不同要求,常见的活塞顶部形状有平顶式、凹顶式、凸顶式等几种,如图 2-27 所示。

平顶式活塞结构简单,加工方便,受热面积小,广泛用于汽油发动机;凸顶式活塞顶部刚度大,能增加挤流强度,但顶部温度较高,常用于二冲程汽油发动机。柴油发动机活塞顶常采用凹顶式。

活塞顶部有箭头和其他标记,装配时应注意箭头方向及选配标记,如图 2-28 所示。

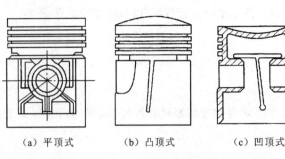

图 2-27 活塞顶部形状
(a) 平顶式　(b) 凸顶式　(c) 凹顶式

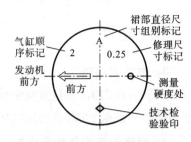

图 2-28 活塞顶部标记

2) 活塞头部

活塞顶至最下面一道活塞环槽之间的部分称为活塞头部。其作用是：承受气体压力并通过活塞销传给连杆；与活塞环一起实现气缸的密封；将吸收的热量通过活塞环传给气缸壁。

活塞头部切有安装活塞环的若干环槽，上面有 2~3 道气环槽，下面有一道油环槽，油环槽底部钻有若干回油小孔，油环从气缸壁上刮下的多余润滑油经小孔流回油底壳。

3) 活塞裙部

油环槽下端以下的部分称为活塞裙部。其作用是保证活塞在气缸内的往复运动导向，并承受侧压力。

气缸与活塞之间在任何情况下都应保持适当的、均匀的间隙。间隙过大，活塞易敲缸；间隙过小，容易拉缸。故活塞裙部应有一定的长度和足够的面积，保证可靠导向和减磨。

活塞裙部的基本形状为一薄壁圆筒，完整的称为全裙式。高速发动机为减小质量，将活塞沿活塞销座孔轴线方向（不受侧压力）以下的裙部去掉一部分，形成拖板式裙部，如图 2-29 所示。这种结构弹性较好，可减小活塞与气缸的装配间隙。

活塞工作时，由于活塞壁厚不均，受侧压力、顶压力和热负荷的影响，活塞会产生变形。在活塞圆周方向上，因顶压力和侧压力的作用及活塞销座周围金属堆积而受热膨胀量大，使活塞沿活塞销座孔轴线方向的直径增大，产生椭圆变形；在活塞高度方向上，由于温度和质量分布不均，活塞变形出现上大下小（因为顶部温度高，壁厚大，膨胀量也大）。为使活塞工作时活塞裙部接近正圆形并与气缸保持较均匀的间隙，避免活塞卡死或局部磨损，在设计结构上采取了以下措施。

(1) 将活塞裙部加工成上小下大的近似椭圆锥形，椭圆长轴与活塞销座孔轴线垂直，使活塞工作时接近正圆柱形，如图 2-30 所示。

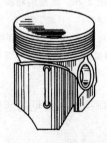

图 2-29 拖板式裙部

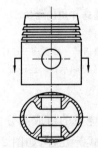

图 2-30 活塞裙部的轴向结构

(2) 活塞销座附近的裙部外侧制成凹面，深度为 0.5~1.0 mm。

(3) 采用双金属活塞，在活塞销座孔处铸入膨胀系数比铝合金小数倍的"恒范钢片"，限制活塞裙部的变形，减小变形量。

(4) 在活塞裙部侧压力小的一侧开 T 形或 Ⅱ 形槽,如图 2-31 所示。横槽称为绝热槽,其作用是减少传到裙部的头部热量,减小裙部热膨胀。竖槽称为膨胀槽,其作用是使裙部具有弹性,冷态下可减小间隙,热态下有补偿作用,避免活塞卡死在气缸里。

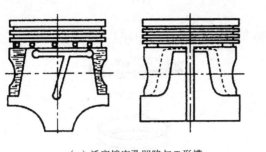
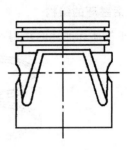

(a) 活塞销座孔凹陷与 T 形槽　　　　　　(b) Ⅱ 形槽活塞

图 2-31　活塞裙部开槽

4）活塞销座

活塞销座位于活塞裙部上方,加工有座孔,用于安装活塞销。有些座孔外侧加工有卡环槽,以防止活塞销轴向窜动。活塞销座孔轴线通常向活塞中心线左侧(从发动机前方看,曲轴顺时针方向旋转)偏移 1～2 mm,称为活塞销偏置,如图 2-32 所示。活塞销偏置的目的是防止活塞压缩到上止点换向时,在较大气体压力的作用下撞击气缸壁而发生敲缸。

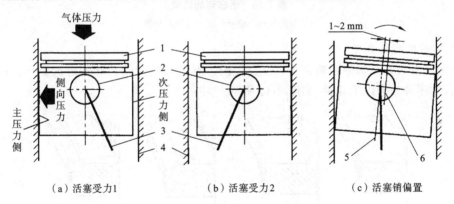

(a) 活塞受力1　　　　(b) 活塞受力2　　　　(c) 活塞销偏置

图 2-32　活塞受力及活塞销偏置

1—活塞；2—活塞销座孔；3—连杆；4—气缸壁；5—销孔轴线；6—活塞轴线

二、活塞环

1. 活塞环的功用

活塞环按其功用不同可分为气环和油环两种,两者配合使用。

(1) 气环的作用。保证气缸中的高温、高压气体的密封,防止其大量窜入曲轴箱,同时还将活塞头部 70%～80% 的热量传递给气缸壁,再由冷却液或空气带走;此外,气环还有刮油、布油的辅助作用。一般每个活塞装有 2～3 道气环。

(2) 油环的作用。刮除气缸壁上多余的机油,并在气缸壁涂布一层均匀的油膜,减小活塞及活塞环与气缸壁的磨损,同时可防止机油窜入燃烧室。此外,油环也有封气的辅助作用。通常每个活塞装有 1～2 道油环。

2. 活塞环的工作条件及要求

活塞环是在高温、高压、高速滑动摩擦及润滑条件极差、化学腐蚀严重的条件下工作,因而是发动机所有零件中磨损最快、工作寿命最短的零件之一,特别是第一道气环。

活塞环材料多采用耐磨合金铸铁或球墨铸铁。为改善活塞环的滑动性能和磨合性能,其表面涂有保护层,如磷化处理或镀锌、镀钼,以延长活塞环的使用寿命。

3. 活塞环的结构

由于气环和油环的功用不同,其结构也不一样,如图2-33所示。

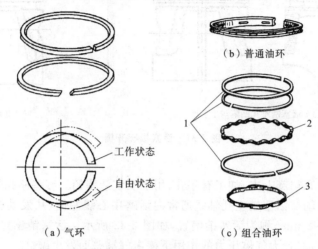

图 2-33 活塞环的结构
1—刮油片;2—轴向弹簧;3—径向弹簧

1)气环的结构及类型

气环在自由状态下是外径略大于气缸直径的带有切口的弹性片状的近似圆环。按其端面形状不同,气环可分为以下几种,如图2-34所示。

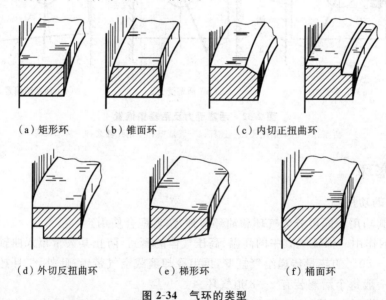

图 2-34 气环的类型

(1) 矩形环。矩形环结构简单,制造方便,散热性好;但受到泵油的作用,在发动机工作时,润滑油容易被矩形环泵入燃烧室,造成润滑油消耗较大及燃烧室积炭。

(2) 锥面环。锥面环可以改善环的磨合。这种气环与缸壁为线接触,有利于密封和磨合;环在活塞下行时有刮油作用,上行时有布油作用,并可形成楔形油膜以改善润滑;但其传热性差,不宜用于第一道环。为避免装反,环端面上侧标有"TOP"或"向上"记号。

(3) 扭曲环。扭曲环分为正扭曲内切环和反扭曲锥面环两种。它们除具有锥面环的优点外,还能减小泵油作用、减轻磨损、提高散热能力,目前在发动机上广泛应用。安装时,必须注意环的断面形状和方向,应将其内圆切槽向上、外圆切槽向下,不能装反。

(4) 梯形环。当活塞受侧压力作用而改变位置时,梯形环的侧隙相应的发生变化,使沉积在环槽中的结焦被挤出,避免活塞环被黏结在环槽中而折断。这种气环密封作用强,使用寿命长,但上、下两面的精磨工艺较复杂,常用于热负荷较高的柴油发动机的第一道环。

(5) 桶面环。桶面环是近年来兴起的一种新型结构环,目前已普遍应用在柴油发动机中作为第一道环。活塞环外圆面为凸圆弧形。活塞上、下运行时,可形成楔形油膜而改善润滑,对活塞在气缸内摆动的适应性好,接触面积小,有利于密封,但其弧面加工较困难。

2) 油环的结构及类型

按其结构不同,油环分为普通油环和组合油环两种,如图 2-33(b)、(c)所示。

(1) 普通油环。这种油环在外圆面的中间切有一道凹槽,凹槽底部加工有若干小孔或狭缝,用于回油。

(2) 组合油环。这种油环由上、下刮片和产生径向、轴向弹力作用的衬簧组成。其特点是:刮片很薄,对气缸壁的压力大,因而刮油作用强;刮片各自独立,对气缸的适应性好;质量小,回油通路大。因此组合油环应用广泛。

4. 活塞环的"三隙"

发动机工作时,活塞、活塞环都会产生热膨胀。活塞环随活塞在气缸内作往复运动时有径向胀缩变形现象。为防止活塞环卡死在缸内或胀死在环槽中,故安装时活塞环留有端隙(又称开口间隙)、背隙、侧隙(又称为边隙)三个间隙,如图 2-35 所示。

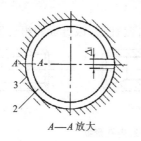
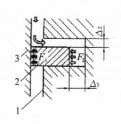

图 2-35 活塞环的"三隙"

1—活塞;2—活塞环;3—气缸;Δ_1—端隙;
Δ_2—侧隙;Δ_3—背隙;F_1—自身弹力;F_2—气体背压力

端隙是活塞环冷态时装入气缸后的环端口间隙,一般为 0.25～0.5 mm。侧隙是活塞环冷态装入气缸后,其侧面与环槽侧面之间的间隙。第一道环的工作温度高,间隙为 0.04～0.10 mm,其他气环的间隙为 0.03～0.07 mm;油环的侧隙比气环的小。背隙是活塞环与活塞冷态装入气缸后,环内圆柱面与环槽底面之间的间隙,一般为 0.50～1.00 mm。油环的背隙比气环的大。

5. 气环的泵油和密封原理

如图 2-36 所示,由于活塞环安装中存在侧隙和背隙,当发动机工作时,活塞环便产生了泵油现象。活塞下行时,环靠在环槽

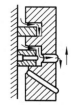

(a) 活塞下行 (b) 活塞上行

图 2-36 气环的泵油原理

上方，环从缸壁上刮下来的润滑油充入环槽下方；活塞上行时，环又靠在环槽下方，同时将机油挤压到环槽上方。如此反复，则将缸壁上的机油泵入燃烧室。

泵油现象造成润滑油消耗过量及燃烧室和环槽中积炭，导致环卡死，失去密封作用，甚至折断活塞环。泵油现象是有害的，但又难以完全避免。泵油现象尤以矩形环最为严重。

如图 2-33(a)所示，活塞环在自由状态下，其外径略大于气缸内径，当它随活塞一起装入气缸后，便产生弹力而紧贴在气缸壁上，形成第一密封面，使气体不能从气缸壁之间通过；在燃气压力的作用下，气环压紧在环槽的下端面上，形成第二密封面；绕流到环背隙面的燃气发生膨胀，压力有所降低，但对环背的压力使气环更紧地贴在缸壁上，形成对第一密封面的进一步密封。多道气环如此下去，从最后一道气环漏出来的燃气压力和流速已大为减小，漏气量也就很少了。

为减少燃气泄漏，装配多道活塞环时，各道环的开口须相互均匀错开，以形成迷宫式路线，增大漏气阻力，进一步减少漏气量。

三、活塞销

1. 活塞销的功用

活塞销连接活塞和连杆小头，将活塞所承受的气体压力传给连杆。

2. 活塞销的工作条件及要求

由于活塞销在高温、润滑较差及承受很大的周期性冲击载荷的条件下工作，因此要求活塞销应具有足够的强度、刚度、耐磨性和较小的质量。活塞销一般采用低碳钢或低碳合金钢经表面渗碳淬火后精磨制成。

3. 活塞销的结构与连接形式

活塞销通常制成空心圆柱体，活塞销的内孔有圆柱形、截锥形和组合形，如图 2-37 所示。

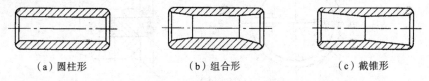

(a) 圆柱形　　　　(b) 组合形　　　　(c) 截锥形

图 2-37　活塞销的内孔形状

活塞销与活塞销座孔和连杆小头孔的连接配合方式有全浮式和半浮式两种，如图 2-38 所示。

(a) 全浮式　　　　(b) 半浮式

图 2-38　活塞销的连接方式

1) 全浮式连接

采用全浮式连接，活塞销能在连杆小头衬套孔（连杆小头孔内装有衬套，以减小摩擦）和活塞销座孔内自由转动,活塞销沿圆周磨损均匀。全浮式连接应用广泛。

2）半浮式连接

采用半浮式连接,活塞销与连杆小头孔或活塞销与活塞销座孔两处,一个转动,另一个固定。但多数采用螺栓将活塞销夹紧在连杆小头孔内,这时活塞销只在活塞销座孔内转动,在连杆小头孔内不转动。

四、连杆及连杆组

1. 连杆组的功用及组成

连杆组的功用是将活塞承受的力传给曲轴,推动曲轴转动,将活塞的往复运动转换为曲轴的旋转运动。

连杆组包括连杆体、连杆盖、连杆轴承、连杆螺栓等,如图 2-39 所示。连杆体与连杆盖组合后称为连杆。

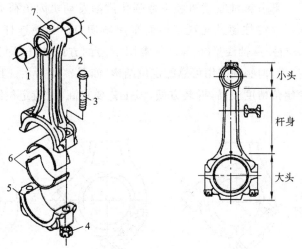

图 2-39 连杆组的结构

1—连杆衬套;2—连杆体;3—连杆螺栓;4—连杆螺母;5—连杆盖;6—连杆轴承;7—集油孔

2. 连杆的工作条件及要求

连杆在工作中要承受活塞销传来的气体压力,以及活塞连杆组往复运动和连杆大头绕曲轴旋转所产生的惯性力,而连杆本身又是一个较长的杆件,因此连杆应具有足够的强度、刚度和尽量小的质量。

为满足上述要求,连杆一般采用中碳钢或中碳合金钢经模锻加工制成,也有采用球墨铸铁制造的。为提高疲劳强度,连杆常进行表面喷丸处理。对于小型发动机的连杆,可采用高强度铝合金制成。

3. 连杆的组成

连杆主要由以下几个部分组成。

1）连杆小头

连杆小头与活塞销连接,对于全浮式活塞销,工作时连杆小头与活塞销之间可相对转动,因此,小头孔内压装有减磨的青铜衬套或铁基粉末冶金衬套。为润滑活塞销与衬套,在连杆小头和衬套上一般铣有集油孔,用于收集发动机运转时飞溅到上面的机油。有的连杆在杆身内钻有纵向压力油道孔,以对小头进行压力润滑,但很少采用。

2)杆身

杆身一般制成"工"字形断面,这样既可保证刚度和强度,又可减小质量。

3)连杆大头

连杆大头与曲轴连杆轴颈相连。为便于拆装,除个别小型汽油发动机的连杆大头采用整体式外,连杆大头一般都制成分开式。被分开的部分称为连杆盖,用特制螺栓紧固在连杆大头上。连杆大头与连杆盖采用组合加工,为防止装配错误,在同侧刻有记号,装配时不得任意调换或反装,如图2-40所示。有的连杆大头连同轴承钻有喷油小孔,从中喷出的压力机油对气缸壁等进行润滑。

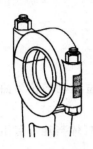

图2-40 连杆大头配对记号

连杆大头的切口有平切口和斜切口两种。绝大多数发动机采用平切口,其剖切面垂直于连杆轴线。

部分柴油发动机和少数强化汽油发动机因负荷大,连杆受力也大,大头尺寸往往超过气缸直径而采用斜切口。为使连杆大头能通过气缸,便于拆装,一般将连杆大头与杆身轴线呈30°~60°(常用45°)的方向切开,即为斜切口连杆。斜切口连杆可减小螺栓所受拉力,但必须采用可靠的定位结构,如图2-41所示。其中,止口定位工艺简单但定位欠可靠;定位套定位精度较高,拆装方便,但工艺要求高;锯齿定位结构紧凑、可靠,但齿节距公差要求严格。

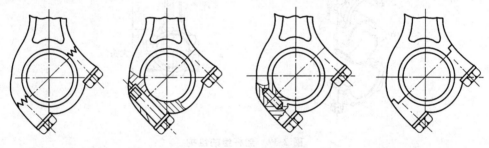

图2-41 斜切口连杆定位结构

近年来,国内外已开始采用连杆"裂解"工艺新技术,其裂解原理是将连杆模锻成整体毛坯,加工后用楔形压头将杆身与连杆盖胀裂分开。这种切口可提高杆身与连杆盖的定位精度。一汽捷达轿车五气门发动机采用了此种结构。

4)连杆螺栓

连杆螺栓经常承受交变力的作用,一般采用优质合金钢或碳素钢锻制经调质机加工制成。

4. 连杆轴承

连杆轴承又称为连杆轴瓦(俗称小瓦)。连杆轴承装在连杆大头孔内,用于保护连杆轴颈和连杆大头孔。现代汽车发动机用的连杆轴承由钢背和减摩合金层组成并分成两半的薄壁轴承,如图2-42所示。

钢背由厚1~3 mm的低碳钢带制成,既有足够强度以承受冲击性载荷,又有一定刚度保证与轴承孔的良好贴合。减摩合金层由厚0.3~0.7 mm的薄层减摩合金制成,具有保持油膜、减小摩擦阻力和易于磨合的作用。

目前,汽车发动机的轴承减摩合金主要有以下几种。

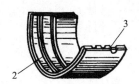
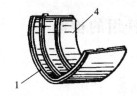

图 2-42 连杆轴承

1—钢背；2—油槽；3—定位凸键；4—减摩合金层

（1）轴承合金，又称巴氏合金，减摩性好，但机械强度较低、耐热性较差，常用于负荷不大的汽油发动机。

（2）铜铅合金，机械强度高、承载能力强、耐热性较好，但减摩性能差，因此，常在其表面镀一层厚度为 0.02～0.03 mm 的铟或锡，常用于高负荷的柴油发动机。

（3）高锡铝合金，具有较好的力学性能和减摩性，广泛用于各类汽油发动机和柴油发动机上。

连杆轴承在自由状态下并不呈正半圆形，其曲率半径和周长都略大于连杆大头孔的曲率半径和周长，装入后，能使其紧贴在大头孔壁上，以利于散热和防止润滑油从轴承背面流失。

在两个轴承的剖分面上，均制有定位凸唇（键），以防止轴承的轴向移动和径向转动；在其内表面加工有储油槽，保证可靠的润滑。

5．V 形发动机连杆结构的布置形式

V 形发动机两侧对应的两个气缸的连杆装在曲轴的同一个轴颈上，其结构的布置形式有三种，如图 2-43 所示。

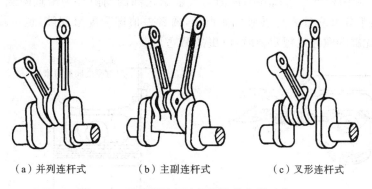

(a) 并列连杆式　　(b) 主副连杆式　　(c) 叉形连杆式

图 2-43 V 形发动机连杆结构的布置形式

1）并列连杆式

采用并列连杆式，对应两侧气缸的连杆并列安装在同一连杆轴颈上。连杆可以通用，其结构与单列式连杆相同，只是大头宽度稍小些。其特点是：对应两缸需要在轴向错开一段距离，致使曲轴增长，刚度降低，发动机长度增加。

2）主副连杆式

采用主副连杆式，一列气缸的连杆为主连杆，直接安装在连杆轴颈上，另一列连杆为副连杆，铰接在主连杆大头（或连杆盖）上的两个凸耳之间。其特点是：不增加发动机的轴向长度，主副连杆不能互换，两列气缸的活塞连杆组的运动规律不同。

3）叉形连杆式

采用叉形连杆式，对应两侧气缸的连杆中，一个连杆大头做成叉形，跨于另一个厚度较小的连杆大头的两端。其特点是：制造工艺复杂，大头刚度较低。

五、活塞连杆组的检修

1. 活塞的检修

1)活塞的常见损伤

活塞的损伤主要是活塞环槽、活塞裙部和活塞销座孔的磨损;其次是活塞刮伤、顶部烧蚀和脱顶等非正常损伤。

活塞环槽的磨损较大,通常第一道活塞环槽的磨损最为严重,以下几道环槽的磨损依次减小。其原因是高温、高压燃气的作用和活塞高速往复运动,使活塞环对环槽冲击增大,其后果是导致气缸漏气、窜油,使发动机动力性下降,润滑恶化,燃烧室大量积炭等。

活塞环槽磨损严重时,应在发动机大修中全部更换。环槽内积炭严重导致活塞环不能转动时,可将活塞总成浸泡在煤油中,待其软化后再进行清除或拆卸。注意:不可用刮刀、一字旋具等工具硬撬活塞。

活塞裙部磨损造成间隙增大,会使活塞导向不稳,发动机工作时易产生敲缸、窜油现象。

活塞销座孔磨损一般为上、下方向的椭圆形磨损。磨损使活塞销座孔与活塞销的配合松旷时,工作中会出现异响。

2)活塞的检修

(1)活塞裙部的检测。检查裙部磨损时,用千分尺测量与活塞销垂直方向距底边约 15 mm处的裙部直径(裙部为椭圆),如图 2-44 所示。测得的数值与标准尺寸的最大偏差不得超过 0.04 mm。超过规定值时,应在发动机大修时更换活塞。

(2)配缸间隙的检测。活塞外圆柱面与气缸壁之间的间隙称为配缸间隙。可用量缸表测出气缸直径,用千分尺测量活塞裙部长轴直径,两者差值即为配缸间隙,也可按图 2-45 所示的用塞尺测量。配缸间隙超过规定值时,应更换活塞。

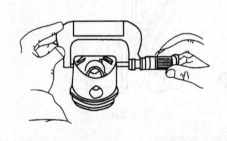

图 2-44 测量活塞裙部直径

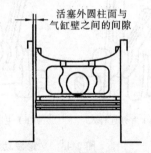

图 2-45 测量配缸间隙

活塞检测

3)活塞的选配

当气缸磨损超过规定值及活塞发生异常损坏时,必须对气缸进行修理,并根据气缸的修理尺寸选配活塞。选配活塞时,应注意以下几点。

(1)选择同一修理尺寸和同一分组尺寸的活塞。活塞裙部的尺寸是镗削气缸的依据,即活塞的修理尺寸和气缸的修理尺寸必须为同一级别。例如,气缸直径加大 2 个级别(+0.50 mm),则活塞的修理尺寸也应选择加大 2 个级别的活塞。加大常用"+"表示,并錾刻在活塞顶上。由于活塞的分组,只有在选用同一分组活塞后,才能按选定活塞的裙部尺寸进行气缸的镗削。

(2)同一台发动机应选用同一厂牌的活塞,以便使材料、性能、质量一致。

(3)在选配的同组活塞中,尺寸差和质量差应符合要求。同一组活塞直径差不得大于 0.02~0.025 mm。各个活塞的质量差不得超过 3%。活塞销座孔的涂色标记应相同。

汽车的活塞与气缸的配合都采用选配法,在气缸技术要求确定的前提下,重点是选配相应的活塞。车型不同，活塞的修理尺寸也不相同，应查阅相关维修手册。

在维修过程中，若活塞与气缸套都换用新件，必须进行分组；若气缸的磨损较小，只需要更换活塞，则应选用同一级别中活塞直径较大的一组。

有的发动机采用薄型气缸套，活塞不设置修理尺寸，只区分标准系列活塞和维修系列活塞，每一系列活塞中也有若干组可供选择。

2. 活塞环的检修

1) 活塞环的常见损伤

活塞环的常见损伤为磨损、弹性减弱、折断等。其原因主要是由高温、高压燃气的作用，以及活塞环在气缸内作往复运动所受到的冲击和润滑不良所致。在发动机所有零件中，活塞环磨损速度最快。

若活塞环损伤严重，则会导致气缸密封性变差，出现漏气、窜油，使发动机动力性下降，润滑油变质。

2) 活塞环的检修

为保证活塞环与活塞环槽和气缸的良好配合，在选配活塞环时，应对活塞环弹力、漏光度、"三隙"（即端隙、侧隙、背隙）等进行检测。当其中任何一项不符合要求时，均应重新选配活塞环。表2-2所示为AJR发动机活塞环端隙和侧隙的标准值。

表2-2 AJR发动机活塞环端隙和侧隙的标准值

间　　隙	活塞环名称	新活塞环开口间隙和侧隙/mm	磨损极限值/mm
活塞环开口间隙	第一道气环	0.20～0.40	0.80
	第二道气环	0.20～0.40	0.80
	油环	0.25～0.45	0.80
活塞环侧隙	第一道气环	0.06～0.09	0.20
	第二道气环	0.06～0.09	0.20
	油环	0.03～0.06	0.15

(1) 活塞环端隙的检测。将活塞环平放在气缸内，用塞尺测量开口处的间隙，如图2-46所示。端隙过大，影响密封性，应另选活塞环；过小，活塞环受热膨胀易卡死在气缸内，可用修锉方法对环口的一端进行修锉。修锉应平整，以防锋利的环口刮伤气缸。

(2) 活塞环侧隙的检测。将活塞环放入环槽内，围绕环槽滚动一周，应能自由滚动，又无阻滞现象，用塞尺去测量，其值应符合要求，如图2-47所示。侧隙过大，影响密封性，应更换活塞环；过小，活塞环易卡死在环槽内，造成拉缸现象，可将活塞环放在平板上的细砂布上研磨。

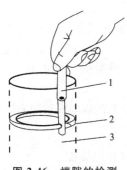

图2-46 端隙的检测

1—厚薄规；2—活塞环；3—气缸

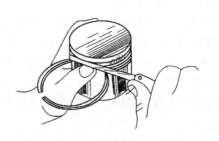

图2-47 侧隙的检测

活塞环检测

(3) 活塞环背隙的检测。在实际测量中,通常以槽深和环宽之差来表示。检测背隙的经验方法是:将活塞环置入环槽内,若活塞环低于环槽岸,能转动自如,且无松旷感觉,则背隙合适。

(4) 活塞环弹力的检测。活塞环弹力是指活塞环端隙达到规定值时作用在活塞环上的径向力。它是保证气缸密封的必要条件。弹力过小,密封性变差,增加燃料消耗,燃烧室积炭严重,发动机动力性、经济性降低;弹力过大,环的磨损加剧。

活塞环的弹力可用活塞环弹力检验仪检验,如图 2-48 所示。其值应符合规定。

(5) 活塞环漏光度的检测。活塞环漏光度用于衡量活塞环外圆与气缸壁接触程度的大小。其检查方法如图 2-49 所示。将活塞环平放在气缸内,在气缸下部放置一发亮灯泡,在活塞环上放一直径略小于气缸内径能盖住活塞环内圆的遮光板,然后从气缸上部观察漏光处及对应的圆心角。一般要求:活塞环局部漏光度每处不大于 25°;最大漏光缝隙不大于 0.03 mm;每环漏光处不超过 2 处,每环总漏光度不大于 45°;在活塞环开口处 30°范围内不允许有漏光现象。

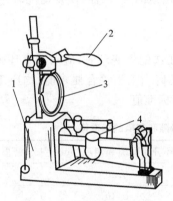

图 2-48 活塞环弹力的检测

1—弹力检验仪底座;2—施压手柄;3—活塞环;4—量块

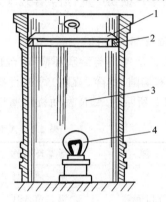

图 2-49 活塞环漏光度的检测

1—遮光板;2—活塞环;3—气缸;4—灯泡

3) 活塞环的选配

除有标准尺寸的活塞环外,还有与气缸、活塞各级修理尺寸相对应的加大尺寸的活塞环。发动机修理时,应按照气缸的标准尺寸或修理尺寸,选用与气缸、活塞同级别的活塞环。

发动机大修时,应优先使用活塞、活塞销及活塞环成套供应配件。

3. 活塞销的检修

活塞销的失效形式主要为磨损和弯曲失效。磨损过大,使配合间隙增大而松旷,引起敲击和机件的损坏,甚至出现打坏气缸的现象;活塞销弯曲变形过大,会引起销座的应力集中,可能造成活塞销座的破坏。故修理过程中要对活塞销进行选配和检修。

活塞销的选配原则:同一台发动机应选同一厂牌、同一修理尺寸的成组活塞销;活塞销表面应无锈蚀和斑点,质量差不超过 10 g。

活塞销座孔的修配中,全浮式活塞销与活塞销座孔的配合要求很高。对于汽油发动机,要求在常温下有微量的过盈(0.002 5~0.007 5 mm);但当活塞处于 75~85 ℃时,又需要有微量的间隙(0.005~0.008 mm),使活塞销在座孔中能够转动,但无间隙感。对柴油发动机在常温下为过渡配合时,允许有微小间隙。

活塞销与活塞销座孔的配合,修理中是通过对活塞销的磨削、座孔的镗削或铰削来达到要求的。

4. 连杆组的检修

连杆组的检修主要包括连杆变形的检测与校正,以及连杆衬套的修配。

1) 连杆变形的检测

连杆的失效形式有弯曲变形、扭曲变形、弯扭组合变形、双重弯曲及大小头孔端面的磨损等。连杆变形的检测如图 2-50 所示。

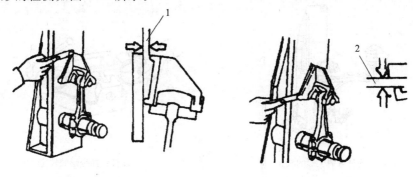

（a）连杆弯曲变形的检测　　　　　（b）连杆扭曲变形的检测

图 2-50　连杆变形的检测

1—弯曲度值；2—扭曲度值

连杆检验仪的测量工具是一个带 V 形槽的三点规，三点规上的三个点共面并与 V 形槽垂直，下面两个测点的距离为 100 mm，上测点与下测点连线的垂直距离也是 100 mm。

连杆变形的检测操作步骤如下。

（1）将连杆大头轴承盖装好（不装轴承），并按规定力矩拧紧连杆螺栓，同时在小头衬套承孔中装入标准心轴。

（2）将连杆大头孔套装在菱形支承轴上并使内端面贴紧支承轴外表面，通过调整螺钉使支承轴扩张，将其固定在检验仪上。

（3）将三点规的 V 形槽靠在心轴上并推向检验平板。根据三点规的三个测点与检验平板的接触情况和间隙大小，可判断连杆的变形方向及变形量。

① 若三点规的三个测点都与平板接触，则说明连杆未变形。

② 若两个下测点与平板接触而上测点与平板不接触，或上测点与平板接触而两个下测点与平板不接触且间隙一致，则表明连杆发生弯曲变形。用塞尺量出测点与平板的间隙值，即为连杆在 100 mm 长度上的弯曲度值，如图 2-50(a) 所示。

③ 若上测点与平板不接触，某个下测点与平板也不接触，且下测点间隙为上测点间隙的 2 倍，则表明连杆发生扭曲变形，此时下测点与平板的间隙值即为连杆在 100 mm 长度上的扭曲度值，如图 2-50(b) 所示。

④ 若上测点与平板不接触，某个下测点与平板也不接触，且上、下测点间隙不是 2 倍关系，则表明连杆同时存在弯扭组合变形。

2）连杆变形的校正

连杆发生弯曲变形或扭曲变形，应先记下弯、扭方向及数值，再进行校正。

（1）弯曲变形的校正可在压床或弯曲校正仪上进行，如图 2-51(a) 所示。

（2）扭曲变形的校正可将连杆夹在虎钳上，用扭曲校正仪、长柄扳钳进行校正，如图 2-51(b) 所示。

（3）弯扭组合变形的校正应先校扭曲，后校弯曲。

（4）双重弯曲变形对曲柄连杆机构的工作极为有害，因其极难校正，故应更换连杆。

连杆变形的校正通常在常温下进行，卸去负荷后，连杆有复原的趋势。因此，校正后应对连杆进行时效处理。

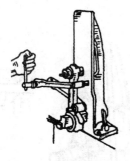 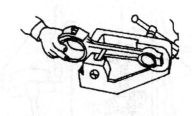

（a）连杆弯曲变形的校正　　　　　　（b）连杆扭曲变形的校正

图 2-51　连杆变形的校正

3）连杆衬套的修配

在更换活塞销的同时,应更换连杆衬套,以恢复其正常工作。新衬套装入连杆小端承孔应有 0.10～0.20 mm 的过盈,以防止衬套在工作中发生转动。

活塞销与连杆衬套的配合,在常温下应有 0.005～0.010 mm 的间隙,接触面应在 75% 以上。若间隙过小,可对连杆衬套进行镗削或铰削、挤压或研磨,以达到配合要求。手工铰削时,应注意正确选择铰刀和调整铰削量。

试配时,铰削到用手掌力能将活塞销推入连杆衬套 1/3～2/5 即可。此时,将活塞销压入或用木槌将活塞打入连杆衬套内,再在台钳上夹紧活塞销的两端,沿活塞销轴线方向往复扳动连杆,如图 2-52 所示,然后压出活塞销,检查连杆衬套的接触面积是否符合要求。

根据接触面积和松紧程度,最后用刮刀对连杆衬套进行微量的修刮。当以拇指力量能将涂有机油的活塞销推入连杆衬套时,感觉略有阻力,则松紧度合适,如图 2-53 所示。注意:连杆衬套压入连杆小头孔时,应使油孔对正,以保证机油畅通。

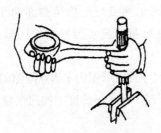 

图 2-52　往复扳动连杆　　　　　　图 2-53　检测活塞销与连杆衬套的配合间隙

5. 活塞连杆组的组装

连杆组零件经修复、检测合格后,方可进行组装。装配前应彻底清洗各零件,尤其是油道。装配活塞连杆时,将活塞置于 80～85 ℃ 的水中加热后,迅速擦净座孔并涂以少许机油,把活塞销插入座孔并稍微露出,随即将连杆小头伸入活塞销座之间并对正并迅速将活塞销轻轻敲入通过连杆衬套,直至活塞另一侧座孔锁环槽的内端面,装上卡环(指全浮式)为止。

活塞连杆装配后,检查连杆大端孔中心线和活塞中心线的垂直度。若不符合要求,则需要找出原因,重新校正后再组装。安装活塞环时,必须用专用工具,即活塞环钳。

组装活塞与连杆时,应是同一缸号的活塞和连杆,并注意安装方向。

任务 4　曲轴飞轮组的构造与检修

曲轴飞轮组属于运动件,主要由曲轴、飞轮、正时齿轮(正时带轮或正时链轮)、带轮及扭转减振器、启动爪等组成,如图 2-54 所示。

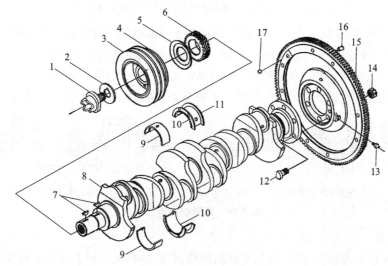

图 2-54　曲轴飞轮组的结构

1—启动爪;2—启动爪锁紧垫圈;3—扭转减振器;4—皮带轮;5—挡油片;6—正时齿轮;7—半圆键;
8—曲轴;9—主轴承上、下轴承;10—中间主轴承上、下轴承;11—止推片;12—螺栓;13—直通润脂嘴;
14—螺母;15—齿环;16—圆柱销;17—一、六缸上止点记号

一、曲轴

1. 曲轴的功用

曲轴的功用是将活塞连杆组传来的气体压力转变为转矩,用于驱动汽车的传动系和发动机的配气机构,以及其他辅助装置(如发电机、水泵、风扇、空压机、机油泵、空调压缩机等)。

2. 曲轴工作条件及要求

在工作中,曲轴要承受周期性变化的气体压力、往复惯性力、离心力及由此而产生的转矩和扭矩的共同作用,这些是曲轴产生扭转、弯曲变形和振动的力源。因此,要求曲轴必须具有足够的刚度、强度,良好的耐磨性和平衡性(需要做动平衡试验)。

曲轴多采用优质中碳钢或中碳合金钢模锻成毛坯并经机加工,轴颈经表面淬火或氮化处理而制成。也有不少发动机采用高强度球墨铸铁(以铁代钢)制造曲轴,既降低了成本又满足了工作要求,广泛用于制造中型以上汽车(船舶)发动机的曲轴。这种曲轴一般采用全支承,以保证其刚度。

3. 曲轴的结构

曲轴一般由主轴颈、连杆轴颈、曲柄、平衡重、前端轴和后端轴等组成,如图 2-55 所示。

1) 主轴颈

主轴颈是曲轴的支承部分。每个连杆轴颈两端都有两个主轴颈的曲轴,称为全支承曲轴,否

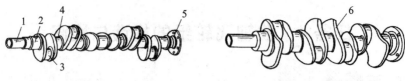

(a) CA6102发动机曲轴　　　　　　(b) BJ492发动机曲轴

图 2-55　曲轴的结构

1—前端轴；2—主轴颈；3—连杆轴颈；4—曲柄；5—后端轴；6—平衡重

则为非全支承曲轴，如图 2-56 所示。直列发动机全支承曲轴的主轴颈比气缸数多一个；V 形发动机全支承曲轴的主轴颈数是气缸数的一半加一个。全支承曲轴刚度好但较长，多用于柴油发动机和负荷较大的汽油发动机，如桑塔纳、奥迪 A6、宝来及东风 EQ6100Q-1、6120 发动机曲轴。非全支承曲轴结构和制造工艺简单，但刚度不如全支承曲轴，多用于中小负荷的汽油发动机。

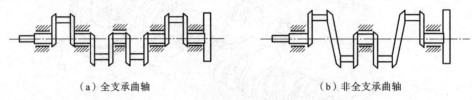

(a) 全支承曲轴　　　　　　(b) 非全支承曲轴

图 2-56　曲轴的支承方式

2) 连杆轴颈

连杆轴颈又称为曲柄销，是曲轴和连杆相连的部分，连杆大头便套装在连杆轴颈上。曲轴上钻有贯穿主轴颈、曲柄和连杆轴颈的油道，以使高压润滑油从主轴颈孔流至连杆轴承并对其润滑。

3) 曲柄、平衡重

曲柄是主轴颈和连杆轴颈的连接部分，多为椭圆块状。平衡重又称为平衡块，是用于平衡曲轴的不平衡离心力、离心力矩和惯性力，使发动机运转平稳。平衡重一般与曲柄制成一体，有的考虑到机加工时刀具伸得过长而影响其刚度问题，则将平衡重单独加工后用螺钉固定在曲柄上。

对 4 缸、6 缸等直列发动机，由于曲柄采用对称布置，正、反惯性力和离心力及其产生的力矩，从整体上看都能相互平衡，一般可不设平衡重；否则，必须在曲柄的离心力相反方向设置平衡重，以平衡离心力，如图 2-57 所示。

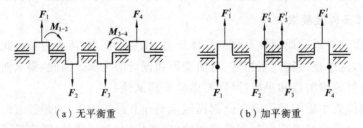

(a) 无平衡重　　　　　　(b) 加平衡重

图 2-57　曲轴平衡重作用示意图

4) 曲轴前端、曲轴后端

曲轴前端安装有驱动配气机构凸轮轴的正时齿轮（正时带轮或正时链轮）、驱动风扇、水泵的带轮、止推片及扭转减振器、启动爪等，如图 2-58 所示。曲轴后端安装有飞轮的凸缘等，如图 2-59 所示。曲轴前、后端都伸出曲轴箱，以防止机油沿轴颈外漏。在曲轴前、后端都装有密封装置，常见的有挡油盘、油封和回油等。为保证密封可靠，发动机一般都采用复合式密封装置。

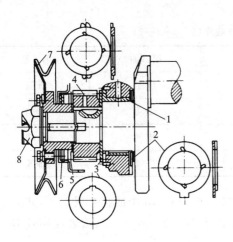
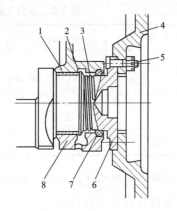

图 2-58 曲轴前端
1、2—滑动推力轴承；3—止推垫片；4—正时齿轮；
5—挡油盘；6—油封；7—带轮；8—启动爪

图 2-59 曲轴后端
1—轴承座（缸体）；2—挡油盘；3—回油螺纹；4—飞轮；
5—螺栓；6—曲轴凸缘；7—油封；8—轴承盖

4. 曲拐布置和做功顺序

1) 曲轴曲拐的布置

一个连杆轴颈和它两端的曲柄及相邻两个主轴颈构成一个曲拐，如图 2-60 所示。曲拐数取决于发动机气缸的数目和排列方式。直列式发动机曲拐数等于气缸数，V 形发动机曲拐数等于气缸数的一半。

曲拐的布置（即曲拐的相对角度位置）除了与气缸数、气缸排列方式有关外，还与发动机的做功顺序有关。为减轻主轴承的载荷，避免进气干涉而影响充气量，连续做功的两缸相距尽可能远些；曲拐布置应对称，做功间隔力求均匀；在发动机完成一个工作循环的曲轴转角内，每个气缸应做一次功，以保证发动机运转平稳。

2) 多缸发动机曲轴的曲拐布置和做功顺序

下面以四冲程发动机为例做介绍，四冲程多缸发动机做功间隔角等于 720° 除以气缸数 i。

常见的几种四冲程多缸发动机曲轴的曲拐布置和做功顺序如下。

(1) 四冲程直列 4 缸发动机。曲拐对称布置在同一平面内，做功间隔角为 $720°/4 = 180°$，如图 2-61 所示。发动机各缸的工作顺序有 1—3—4—2 和 1—2—4—3 两种，前者应用较多。直列 4 缸发动机的工作顺序见表 2-3。

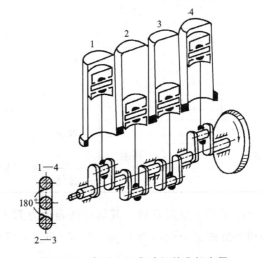

图 2-60 曲拐　　图 2-61 直列 4 缸发动机的曲拐布置

表2-3 直列4缸发动机的工作顺序(1—3—4—2)

曲轴转角	第1缸	第2缸	第3缸	第4缸
0°~180°	做功	排气	压缩	进气
180°~360°	排气	进气	做功	压缩
360°~540°	进气	压缩	排气	做功
540°~720°	压缩	做功	进气	排气

(2)四冲程直列6缸发动机。其做功间隔角为720°/6=120°,6个曲拐互成120°,如图2-62所示。发动机各缸的工作顺序为1—5—3—6—2—4或1—4—2—6—3—5,前者应用较多。直列6缸发动机的工作顺序见表2-4。

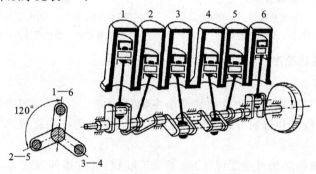

图2-62 直列6缸发动机的曲拐布置

表2-4 直列6缸发动机的工作顺序(1—5—3—6—2—4)

曲轴转角		第1缸	第2缸	第3缸	第4缸	第5缸	第6缸
0°~180°	60°	做功	排气	进气	做功	压缩	进气
	120°						
	180°			压缩	排气		
180°~360°	240°	排气	进气			做功	压缩
	300°						
	360°			做功	进气		
360°~540°	420°	进气	压缩			排气	做功
	480°						
	540°			排气	压缩		
540°~720°	600°	压缩	做功			进气	排气
	660°						
	720°			进气	做功	压缩	

(3)四冲程V形8缸发动机。其做功间隔角为720°/8=90°,4个曲拐互成90°,如图2-63所示。发动机各缸的工作顺序为1—8—4—3—6—5—7—2。V形8缸发动机的工作顺序见表2-5。

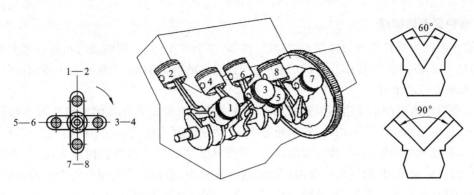

图 2-63　V 形 8 缸发动机的曲拐布置

表 2-5　V 形 8 缸发动机的工作顺序（1—8—4—3—6—5—7—2）

曲轴转角		第1缸	第2缸	第3缸	第4缸	第5缸	第6缸	第7缸	第8缸
0°~180°	90°	做功	做功	进气	压缩	排气	进气	排气	压缩
	180°		排气	压缩		进气			做功
180°~360°	270°	排气			做功		压缩	进气	
	360°		进气	做功		压缩			排气
360°~540°	450°	进气			排气		做功	压缩	
	540°		压缩	排气		做功			进气
540°~720°	630°	压缩			进气		排气	做功	
	720°		做功	进气		排气			压缩

二、曲轴的检修

曲轴的常见损伤有磨损、变形、裂纹及断裂等。

1．曲轴磨损的检修

曲轴磨损主要发生在主轴颈和连杆轴颈部位，且磨损不均匀，但有一定的规律性。主轴颈的最大磨损部位和连杆轴颈的最大磨损部位相互对应，即主轴颈的最大磨损部位在靠近连杆轴颈一侧，连杆轴颈的最大磨损部位在靠近主轴颈一侧。由于连杆轴颈的负荷较大，润滑条件较差，所以连杆轴颈的磨损大于主轴颈的磨损。

1) 轴颈磨损的检测

应先检视轴颈有无磨痕和损伤，再用外径千分尺测量主轴颈和连杆轴颈的直径、圆度误差和圆柱度误差。可根据检测结果确定轴颈是否需要修磨及修理尺寸。主轴颈和连杆轴颈的圆度、圆柱度误差不得超过 0.025 mm，否则应进行修磨。

2) 轴颈的修磨

发动机大修时，对轴颈磨损超差的曲轴，应按各轴颈中磨损量最大的轴颈确定修理尺寸；同名轴颈必须为同一级修理尺寸，以便各自选配统一的轴瓦。轴颈每缩小一级的直径差是 0.25 mm。轴颈修理级别和修理尺寸的确定，可查阅相关车型发动机修理手册。

曲轴磨削在曲轴磨床上进行，磨削前应先校弯、扭后再磨削。为保证曲轴有一定的强度，主轴颈、连杆轴颈的最大缩小量不得超过规定值，如有超过，应采取堆焊、镀铬、喷镀等方法修复，否则应更换。

2. 曲轴变形的检修

曲轴在运转中受各种力的作用,不仅发生磨损,还会产生弯曲、扭曲或弯扭复合等变形。当弯、扭超过一定限度时,将使轴颈、气缸和活塞连杆组件的磨损加剧,严重时会使曲轴折断。

1) 曲轴变形的原因

曲轴变形多数是由于使用不当和修理不当造成的,如:发动机在爆燃或超负荷等条件下工作;个别气缸不工作或工作不均匀;轴承松紧不一;轴颈或轴承座孔轴线不同轴,受力不均,经常振动;轴承和轴颈的间隙过大,轴向端隙过大,运转时受到径向冲击和轴向冲击;活塞或连杆质量相差过大或质量不均,超过允许范围;曲轴、活塞连杆组、曲轴与飞轮组件的平衡被破坏;发动机运转不平稳,各缸受力不均匀;曲轴因长期不合理放置而发生变形;发动机发生烧瓦、抱轴情况等都会造成曲轴的弯曲变形或扭曲变形。

2) 曲轴弯曲变形的检修

检测弯曲变形应以曲轴两端主轴颈的公共轴线为基准,检查曲轴主轴颈的径向圆跳动误差。检测时,将曲轴两端主轴颈分别放置在检测平板的V形块上,如图2-64所示;也可将曲轴顶夹在车床的前后顶尖上,校对中心水平后用百分表进行测量。由于中间轴颈受负荷和振动较大,弯曲变形、扭曲变形也很明显,故测量中间的一道或两道轴颈即可。测量时,转动曲轴一圈,百分表所指示的最大摆差即为中间主轴颈的径向圆跳动误差值。若此值大于0.15 mm,应对曲轴进行校正;小于0.15 mm,可结合磨削主轴颈予以修正。

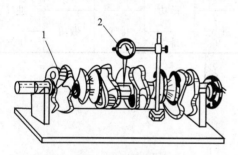

图2-64 曲轴弯曲变形的检测
1—曲轴;2—百分表

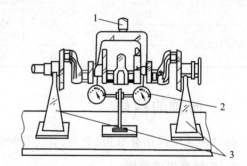

图2-65 冷压校正曲轴
1—压头;2—百分表;3—V形块

曲轴弯曲变形的校正通常采用冷压校正法、表面敲击校正法和火焰校正法等。

(1) 冷压校正法。当曲轴弯曲变形量较大时,一般采用冷压校正法在压床上分步多次反复进行,直到合格为止,如图2-65所示。操作时将曲轴放在压力机工作平板的V形块上,在压力机的压杆与曲轴轴颈之间垫以铜皮,以免压伤轴颈工作表面。由于钢质曲轴的弹性,压弯量应为曲轴变形量的10~15倍,并保持3 min左右。冷压校正后的曲轴,因弹性变形和内应力而存在回复的趋势,为提高效率,最好采用人工时效进行处理。

(2) 表面敲击校正法。当曲轴弯曲变形量较小时,可采用表面敲击校正法校正曲轴,即用球形手锤敲击弯曲凹面方向的曲柄边缘的非工作表面,使之产生膨胀塑变,达到校正的目的,如图2-66所示。

图2-66 表面敲击校正曲轴

(3) 火焰校正法。这种方法是利用氧乙炔火焰对变形工件弯曲凸起的一点或几点迅速局部加热和急剧局部冷却,靠冷缩应力使变形的曲轴得到校正。

3) 曲轴扭曲变形的检修

曲轴扭曲变形的检测是将连杆轴颈转到水平位置上,用百分表测得的同一方位上两个轴颈的高度差,即为扭曲变形量。

曲轴扭曲变形一般较小,可在修磨曲轴轴颈时予以修正。对于扭曲变形较大的曲轴,可利用压扭力杆扭转校正,也可采用加热校正,但工艺方法复杂。曲轴扭曲变形大无法校正时,应予以更换。

3. 曲轴裂纹的检修

除制造原因外,曲轴在运转中由于受到交变负荷的长期作用,可能产生疲劳裂纹,且多发生在曲柄与轴颈交界的过渡圆角处及油孔处。前者是横向裂纹,危害极大,严重时造成曲轴断裂;后者是轴向裂纹,顺着油孔沿轴向发展,危害也较大。

常用的裂纹检测方法有磁力探伤法和浸油敲击法。

磁力探伤法的原理是:当磁力线通过被检零件时,如果零件表面有裂纹,裂纹部位的磁力线就会因裂纹不导磁而被中断,使磁力线偏散形成磁极;此时,在零件表面撒上铁粉,铁粉便被磁化而吸附在裂纹处,从而显现出裂纹的部位和大小。

浸油敲击法操作比较简单,目前应用较广。将曲轴置于煤油中浸一会,取出后擦净表面的煤油并撒上白粉,然后分段用小锤轻轻敲击,若出现明显的油迹,则说明该处有裂纹。

若曲轴出现裂纹,则一般应更换。

三、曲轴轴承

曲轴轴承按其承载方向不同可分为径向轴承(主轴承)和轴向(推力)轴承两种。

1. 主轴承的功用及结构

主轴承(俗称大瓦)装于主轴承座孔中,其作用是将曲轴支承在发动机的机体上。

主轴承的结构、材料与连杆轴承的基本相同。为了向连杆轴承输送润滑油,在主轴承上都开有周向油槽和通油孔。为通用起见,有些负荷不大的发动机的上、下两半轴瓦结构、尺寸相同,可以互换;但有些重负荷发动机只在上轴瓦开油槽和通油孔,而负荷较重的下轴瓦不开油槽,故不可装反,否则主轴承来油通道将被堵塞而烧瓦,如图2-67所示。

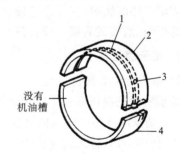

图 2-67 曲轴主轴承
1—机油槽;2—上侧轴瓦;
3—机油孔;4—下侧轴瓦

2. 推力轴承的功用、结构形式及安装

1)功用

推力轴承也称为止推垫片,用于承受曲轴轴向力,限制曲轴的轴向窜动,保证曲轴的轴向定位。

曲轴作为转动件,必须与固定件保持一定的轴向间隙;发动机工作时,曲轴常受到离合器施加于飞轮的轴向力以及上、下坡行驶或突然加、减速出现的轴向力作用而产生轴向窜动;曲轴的轴向窜动将破坏曲柄连杆机构各零件间的相对正确位置,故必须有轴向定位装置。

2)结构形式及安装

推力轴承按其结构形式分为翻边轴瓦、止推环、止推片等,如图2-68所示。

(1)翻边轴瓦安放在曲轴的某一道主轴颈上,靠翻边瓦两外侧表面的减摩合金层可减小与

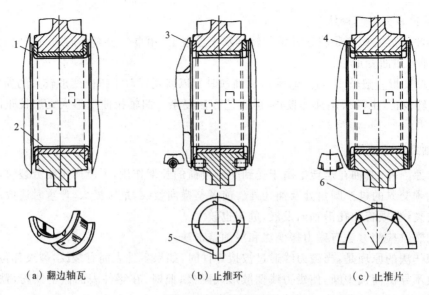

图 2-68 推力轴承
1—上翻边轴瓦；2—下翻边轴瓦；3—止推环；4—止推片；5、6—定位舌

轴颈端面的运动摩擦阻力，并可挡住曲轴的轴向窜动。

（2）止推环是带有减摩合金层和定位舌的钢环片形式，它可从曲轴端部直接套入主轴颈，故只能装在第一道主轴颈上，并可防止转动。

（3）止推片是外侧有减摩合金层和定位舌的半圆环钢片，装在机体或主轴承盖的槽内，并可防止转动。

曲轴受热膨胀时，应考虑它能自由伸长，故只能有一处设置轴向定位装置，该装置可设置在曲轴的中间、前端或后端。现代汽车多设置在中间。

3. 轴承的检修

1）轴承的常见损伤形式

轴承的常见损伤形式主要有磨损、合金的疲劳剥落、刮伤和合金烧熔等。

（1）轴承的磨损。轴承的磨损有三种情况：使用初期，轴承表面粗糙，接触面积较小，磨损速度快；使用中期，轴承表面出现暗灰色的冷压层，耐磨性提高，磨损速度缓慢；使用后期，轴承间隙增大，轴颈产生椭圆、锥形，在冲击载荷的作用下，磨损速度加快。轴承径向间隙的使用极限：载货汽车为 0.20 mm，乘用车为 0.15 mm。

（2）轴承合金的疲劳剥落。长期在交变载荷、冲击载荷的作用下，轴承合金产生疲劳裂纹，并沿纵向扩展所致。

（3）轴承的刮伤。轴承的刮伤是由润滑油滤清不良，硬点杂质进入轴颈与轴承间隙所致，严重时在合金表面刮出许多环状沟痕，又称为拉毛。

（4）轴承合金的烧熔。轴承在严重缺乏润滑油和超负荷条件下运转，出现干摩擦，轴承温度急剧升高，轴承合金膨胀，加之配合间隙过小，导致烧熔。发生这情况时应更换轴承。

2）轴承的选配

轴承的选配包括选择轴承尺寸，检查轴承弹性、轴承高出量及定位凸点和轴承钢背表面质量等内容。

（1）选择轴承尺寸。根据主轴颈及连杆轴颈的缩小尺寸和轴承座孔的尺寸或修理尺寸确定轴承尺寸。轴承的缩小尺寸与轴颈的修理尺寸是相适应的。轴瓦背面通常标有缩小数值，供选配使用。必要时可对轴承进行校合、镗削和铰刮。

(2) 检查轴承弹性。要求轴承在自由状态下的曲率半径大于轴承座孔的曲率半径,以保证轴承装入座孔后,可借轴承自身弹性与轴承座孔紧密贴合,如图2-69(a)所示。

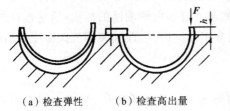

(a) 检查弹性 　　(b) 检查高出量

图 2-69 轴承的检测

(3) 检查轴承高出量。新轴承装入轴承座孔内,上、下两片的两端均应高出轴承座平面 0.03~0.05 mm,以保证轴承与座孔紧密贴合,提高散热效果,如图2-69(b)所示。

(4) 检查定位凸点及轴承钢背表面质量。要求定位凸点完整,轴承背面光滑无斑点,表面粗糙度 Ra 应不大于 $1.25\ \mu m$。

4. 轴承的修理

现代汽车发动机的曲轴轴承已按直接选配的要求设计制造,不需要进行修刮。但由于我国汽车市场尚不完善,考虑到野外作业等特殊情况,仍供应一定数量有刮削余量的轴承。可刮削轴承的预留量一般为 0.03~0.06 mm。经刮削后,轴承的径向间隙应符合原厂规定的要求,轴承上接触印痕的面积不小于75%。

四、曲轴间隙的检测与调整

曲轴间隙包括径向间隙和轴向间隙。这两项间隙都是为适应发动机在运转过程中机件受热膨胀的需要而规定的。

1. 径向间隙的检测与调整

曲轴的径向必须留有适当的间隙,因为轴承的润滑和冷却与曲轴径向间隙有关。径向间隙过小,会使摩擦阻力增大,润滑油压力升高,润滑效果变差,磨损加重,使轴瓦易划伤;径向间隙过大,会使曲轴上下敲击,并使润滑油压力降低,曲轴表面过热并可能与轴瓦烧熔在一起而"抱轴"。

1) 径向间隙的检测

可用塑料间隙塞尺(线规)检测径向间隙。首先清洁曲轴主轴颈、连杆轴颈、轴瓦和轴承盖,将塑料间隙塞尺放置在轴颈上(不要放在油孔处),盖上轴承盖并按规定力矩拧紧螺栓(注意:不要转动曲轴);然后拆下轴承盖和塑料间隙塞尺,将被压扁的塑料间隙塞尺与间隙宽度量规对照,查得的间隙宽度对应的间隙值即为曲轴的径向间隙,如图 2-70 所示。

技术熟练者多用手感法来检测曲轴的径向间隙。检测时按规定顺序和扭矩拧紧轴承盖螺栓后,用适当的转矩转动,试其松紧度。

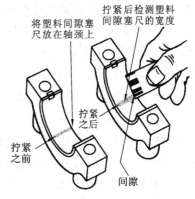

图 2-70 曲轴径向间隙的检测

2) 径向间隙的调整

不同型号的发动机,其主轴承、连杆轴承的径向间隙要求也不一样,如桑塔纳轿车发动机主轴承径向间隙为 0.03~0.08 mm,连杆轴承径向间隙为 0.03~0.06 mm;富康轿车主轴承径向间隙为 0.035~0.055 mm,连杆轴承径向间隙为 0.025~0.055 mm。如果径向间隙不符合要求,可通过改变轴承盖的垫片厚度进行调整或重新选配轴承。

2. 轴向间隙的检测与调整

为保证发动机机件正常工作,曲轴必须留有合适的轴向间隙。间隙过小,会使机件因受热膨胀而卡死。间隙过大,曲轴工作时将产生轴向窜动,加速气缸和曲柄端面的磨损;活塞连杆组也会产生不正常磨损,甚至影响配气相位和离合器的正常工作。因此,曲轴装到气缸体上时,应检查其轴向间隙。

1)轴向间隙的检测

可采用百分表或塞尺检测轴向间隙。检测时,把曲轴装入缸体轴承座中,将磁力座吸附在缸体端平面上,使百分表触头顶在曲轴某端面上,用改锥前后撬动曲轴,表针所指的最大摆差即为曲轴轴向间隙,如图 2-71(a)所示。也可将曲轴撬向一端,用塞尺检查推力轴承和曲轴止推面,之间的间隙即为曲轴轴向间隙,如图 2-71(b)所示。

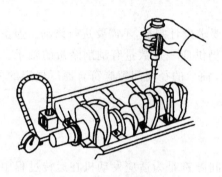
(a)用百分表检测曲轴轴向间隙

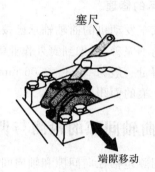
(b)用塞尺检测曲轴轴向间隙

图 2-71　曲轴轴向间隙的检测

2)轴向间隙的调整

发动机曲轴的轴向间隙超过要求时,应用不同厚度的止推垫片进行调整。

五、曲轴扭转减振器

曲轴产生扭振的原因:发动机工作时,飞轮因惯性很大,可看做是等速转动;而各缸气体压力和往复惯性力却是周期性地作用在曲轴连杆轴颈上,使曲轴随之发生周期性的忽快忽慢的转动,从而形成曲轴对于飞轮的扭转振动。当曲轴自振频率与连杆周期性变化的激振力频率相同且振幅形成叠加时,曲轴会发生最有害的共振,导致曲轴扭转变形断裂、正时齿轮(带轮)磨损严重、产生冲击噪声等不良后果。因此,有些发动机的曲轴前端都装有曲轴扭转减振器。

1. 扭转减振器的功用及种类

1)扭转减振器的功用

扭转减振器的功用是吸收发动机工作时曲轴的扭转振动能量,防止扭转振动或共振,使曲轴转动平稳、工作可靠,避免曲轴扭曲变形甚至扭断。

2)扭转减振器的种类

常用的扭转减振器有橡胶扭转减振器、硅油扭转减振器、硅油-橡胶复合扭转减振器等,其中,橡胶扭转减振器应用最广。

2. 橡胶扭转减振器的结构及减振原理

如图 2-72 所示,减振圆盘用螺栓与曲轴带轮及轮毂紧固在一起,橡胶层与减振圆盘及惯性盘硫化黏结在一起。当曲轴发生扭转振动时,保持等速转动趋势的惯性盘与减振圆盘使橡胶层产生内摩擦的相对运动(橡胶层来回搓揉),振动能量被吸收,从而使扭转振动得以消减。桑塔纳、奥迪轿车发动机的曲轴上都装有橡胶扭转减振器。

橡胶扭转减振器结构简单,工作可靠,制造容易,在汽车上应用广泛。但因其阻尼作用小,橡胶易老化,故在大功率发动机上较少应用。

六、飞轮

1. 飞轮的功用与结构

1) 飞轮的功用

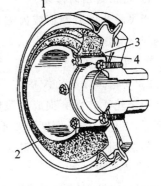

图 2-72 橡胶扭转减振器的结构
1—曲轴带轮;2—惯性盘;
3—橡胶层;4—减振圆盘

飞轮储存和释放做功行程的能量,克服其他各行程的阻力,通过惯性力带动曲轴和连杆越过"死点",提高发动机运转均匀性,克服短时超载的能力,同时将发动机动力传递给离合器。所以飞轮又常作为汽车传动系中摩擦离合器的主动盘。飞轮上的齿圈与启动机上的齿轮啮合,供发动机启动用。

2) 飞轮的结构及要求

如图 2-73 所示,飞轮是一个转动惯量大、轮缘宽而厚、轮辐较薄的圆盘。功率较大的发动机多采用灰铸铁制造轮体,在外缘镶有齿圈;小功率发动机多采用球墨铸铁或钢模锻制造成整体,直接在外缘加工轮齿。

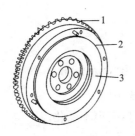

图 2-73 飞轮
1—齿圈;2—离合器安装面;3—离合器圆盘摩擦面

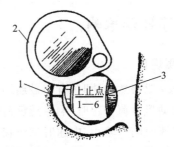

图 2-74 飞轮上的上止点记号
1—飞轮壳上的刻线;2—观察孔盖;3—飞轮上的记号

飞轮上通常有第 1 缸点火正时记号,以便调整和检查点火(喷油)正时及气门间隙。如 CA6102 发动机的正时记号为"$\frac{上止点}{1-6}$",当该记号对准飞轮壳上的刻线时,则表示 1、6 缸活塞处于上止点位置,如图 2-74 所示。EQ6100-1 发动机上的正时记号是飞轮上镶嵌一钢球,当钢球对准飞轮壳上的刻线时,即为 1、6 缸活塞在上止点位置。也有一些 4 缸发动机(如 BJ492Q、奥迪 A6 等)的正时记号是曲轴前端带轮边缘上的小缺口或槽,当其与正时齿轮盖上的记号对准时,即表示 1、4 缸活塞在上止点位置。

飞轮与曲轴装配好后应校验动平衡,否则,飞轮和曲轴在旋转时将引起发动机的振动而加速主轴承的磨损。为保证拆装时不破坏其平衡状态及正时标记,飞轮与曲轴的装配采用定位销或不对称布置的螺孔予以保证。

2. 飞轮的检修

飞轮常见的损伤形式主要是齿圈磨损、轮齿打坏、松动、齿端打毛;其次是飞轮与离合器摩擦片接触表面的磨损、裂纹、起槽、刮痕等。

1) 飞轮齿圈的修复

当飞轮齿圈有断齿或齿端冲击耗损,与启动机齿轮啮合困难时,应更换齿圈或飞轮组件。齿圈与飞轮配合过盈量为 0.30～0.60 mm,更换时,应采用热装法,即先将齿圈加热至 350～400 ℃,再进行热压配合。

2) 飞轮工作面的修整

当飞轮工作面磨损成波浪形或起沟槽,深度超过 0.5 mm 时,应对飞轮工作面进行修磨。修磨后,工作面的平面度误差不得大于 0.10 mm;飞轮厚度减薄量不得超过 1.0 mm;与曲轴装配后的端面圆跳动误差不得大于 0.15 mm。

3) 动平衡检测

曲轴、飞轮、离合器总成修复或更换后应进行动平衡试验,组件动不平衡量应不超出原厂规定。

任务 5　曲柄连杆机构的故障诊断与排除

曲柄连杆机构的故障属于机械类故障,以异响为主。异响是曲柄连杆机构运动件的磨损和损伤导致零件间的配合间隙增大,使零件在运动中因振动和相互碰撞而发出金属响声的一种故障。所以,曲柄连杆机构的异响在一定程度上反映了发动机的故障。可根据异响产生的部位、响声特征、变化规律,以及尾气排放的烟色、烟量等,利用诊断仪器,找出故障原因并及时排除。

一、连杆轴承响

1. 故障现象

(1) 发动机突然加速时,有明显连续、轻而短促的"当当当"的敲击声。
(2) 发动机负荷变化时,响声随负荷增大而加剧,反之减小。
(3) 怠速时响声较小,中速时响声较为明显;温度变化时,响声不变化。
(4) 单缸断火后,响声明显减弱或消失,接火后响声又重新出现。
(5) 机油压力表指示压力明显降低。

2. 故障原因

(1) 连杆轴承盖螺栓松动或断裂。
(2) 连杆轴承与轴颈磨损过大,导致径向间隙过大。
(3) 润滑不良,导致轴承合金烧毁、脱落。
(4) 连杆轴承与轴承座孔配合松动。

3. 故障诊断

故障诊断的步骤如下。
(1) 采用微抖节气门的方法,使发动机从低速向中速、中速向高速加速空转,直至响声出现;找出响声明显的转速,并稳定该转速或微抖节气门加速运转。
(2) 打开机油盖,可听到明显响声;用大改锥在曲轴箱上部可进一步听诊,响声是否轻而短促。若是,可初步诊断是否为连杆轴承响。
(3) 若初诊为连杆轴承响,则采用逐缸断火法诊断响声是否减弱或消失。若断火的缸连杆轴承响,且机油压力也下降,则可确诊为连杆轴承配合间隙大而发响;否则,可能是其他异响。

4. 故障排除

若确诊是连杆轴承响,则需要拆卸油底壳检查有异响的轴承。

(1) 若为连杆轴承盖螺栓松动,可按规定力矩拧紧。

(2) 若为连杆轴承磨损导致配合间隙过大,或轴承表面合金层烧蚀脱落,可更换同一修理尺寸的连杆轴承。

(3) 当连杆轴颈磨损或圆度误差过大时,应修磨连杆轴颈,并配以相应修理级别的连杆轴承。

二、曲轴主轴承响

1. 故障现象

(1) 发动机转速突然变化时,发出低沉连续的"当当当"的金属敲击声,严重时发动机机体发生振动。

(2) 响声随发动机转速的提高而增大,随发动机负荷的增大而增大,响声部位在气缸的下部。

(3) 单缸断火时,响声无明显变化;相邻两缸断火时,响声会明显减弱。

(4) 机油压力表指示压力明显降低。

2. 故障原因

(1) 轴承与轴颈磨损超限、曲轴止推垫片磨损过大导致径向和轴向间隙过大。

(2) 轴承盖螺栓松动。

(3) 主轴承与轴承座孔配合松动。

(4) 轴承润滑不良,使轴承合金层烧蚀脱落严重。

3. 故障诊断

故障诊断的步骤如下。

(1) 采用微抖节气门的方法,使发动机从低速向中速、中速向高速加速空转,直至响声出现;找出响声明显的转速,并稳定该转速或微抖节气门加速运转。

(2) 打开机油盖,可听到明显响声;再用大改锥在曲轴箱上主轴线齐平处听诊,响声是否沉重有力。若是,可初步诊断是否主轴承响。

(3) 若初诊为主轴承响,则采用双缸同时断火法(1、2、3、4、…)诊断响声是否减弱或消失。若是,可初诊为两断火缸之间的主轴承响。

(4) 分别将1缸和末缸单缸断火,响声是否减弱或消失。若是,可初诊为曲轴前端或后端主轴承响;同时,观察到机油压力也下降,则可确诊是主轴承配合间隙大而发响,否则可能是其他异响。

(5) 若在低速下采用微抖节气门的方法听到较沉重的"咯噔、咯噔"的响声,可踩下离合器踏板,听响声是否减弱或消失,如是,则说明曲轴窜动响,否则为其他异响。

4. 故障排除

若确诊主轴承有响声,则应拆卸油底壳,对有异响的轴承进行检查。

(1) 若是主轴承盖螺栓松动,可按规定力矩拧紧。

(2) 若是主轴承磨损或止推垫片磨损导致径向或轴向配合间隙过大,或主轴承表面合金层烧蚀脱落,可更换同一修理尺寸的主轴承。

(3) 当主轴颈磨损时,应修磨主轴颈,并配以相应修理级别的主轴承。

三、活塞敲缸响

1. 故障现象

(1) 发动机怠速或低速运转时,气缸上部发出清晰的"嗒嗒嗒"的金属敲击声。
(2) 冷车时响声明显,热车时响声减弱或消失。
(3) 单缸断火后,响声减弱或消失。

2. 故障原因

(1) 活塞与气缸壁间隙过大而在气缸内摆动,导致撞击气缸壁而发出敲击声。
(2) 活塞销与连杆衬套装配过紧,或活塞销与活塞销座孔装配过紧。
(3) 连杆或活塞变形,或连杆轴承装配过紧。
(4) 活塞与气缸壁的润滑条件太差。

3. 故障诊断

故障诊断的步骤如下。
(1) 在发动机低温下诊断。在怠速或低速运转下找出响声明显的转速,再缓慢加至中速及以上,听响声是否减弱或消失。若是,则可初诊为活塞敲缸响,否则为其他异响。
(2) 再在发动机温度正常下诊断。发动机在原低温时响声明显的转速下稳定运转或微抖节气门加速运转,听响声是否减弱或消失。若是,则可初诊为活塞敲缸响,且与缸壁间隙小;否则为其他异响。
(3) 用改锥听诊响声是否出现在气缸上部,同时观察机油压力是否降低。若是,可进一步诊断为活塞敲缸响。
(4) 用逐缸断火法逐缸检查,若发现断火的缸响声减弱或消失,则说明该缸活塞敲缸响。此时向该缸注入少量机油并转到曲轴数圈,装上火花塞,启动发动机重新听诊,若响声减弱或消失,可确诊为活塞敲缸响;否则,为其他异响。

4. 故障排除

若为活塞敲缸响,则应拆下活塞连杆组进行检查。
(1) 若活塞与气缸壁间隙过大而产生异响,活塞磨损过大,可更换同一修理级别的新活塞;气缸磨损过大,则应镗磨气缸并配以相应修理级别的活塞。
(2) 若为连杆或活塞变形导致异响,则应校正连杆或更换活塞。
(3) 若为活塞销与连杆衬套、活塞销与活塞销座或连杆轴承装配过紧引起响声,则应修刮连杆衬套、活塞销座或连杆轴承。

四、活塞销响

1. 故障现象

(1) 发动机在怠速和中速运转时响声比较明显、清脆,且发出有节奏的"嗒嗒嗒"的响声。
(2) 发动机温度升高后,响声不减弱;发动机转速变化时,响声的周期也随之变化。
(3) 该缸断火后,响声减弱或消失;恢复该缸工作的瞬间,会出现明显的响声或连续两次响声。
(4) 机油压力不降低。

2. 故障原因

(1) 活塞销与连杆衬套配合松旷。

(2) 连杆衬套与连杆小头轴承孔配合松旷。
(3) 活塞销与活塞销座孔配合松旷。

3. 故障诊断

故障诊断的步骤如下。

(1) 若发动机怠速或低速运转时无响声,可从怠速向低速微抖节气门,使发动机加速空转,直至响声出现。找出响声明显的转速,并在该转速下稳定运转或微抖节气门加速运转。

(2) 打开机油盖听到明显响声,或用改锥在气缸上部听诊,若响声清脆而连贯,则可初诊为活塞销响。

(3) 用逐缸断火法检查各缸响声是否减弱或消失,若是,则说明断火缸活塞销响。该缸复火后,响声立即恢复或连续出现两个响声,同时观察机油压力未下降,则可确诊该缸活塞销响;否则,为其他异响。

4. 故障排除

若确诊活塞销有响声,则应拆下活塞连杆组,分别检查活塞销与连杆衬套、连杆衬套与连杆小头轴承孔及活塞销与活塞销座孔的配合间隙。更换松旷的活塞销、连杆衬套及活塞,然后重新修配。

◀ 项目实训 1　机体组的拆装 ▶

一、实训内容、要求与安排

1. 实训内容与要求

(1) 学会气缸体的拆卸与安装。
(2) 学会气缸盖的拆卸与安装。

2. 主要实训条件

(1) 汽车发动机 1 台。
(2) 汽车常用拆装工具 1 套。
(3) 相关的教具、视频和教学挂图。
(4) 多媒体教室 1 间。

3. 实训安排

(1) 实训课时:1 学时。
(2) 实训组织:每组 5~6 名学生,由老师指导,学生动手拆装。

二、实训步骤、操作方法及注意事项

1. AJR 型发动机气缸体的拆装

1) 气缸体的拆卸

(1) 将气缸体反转倒置在工作台上。
(2) 拆下正时齿带轮端曲轴油封,不解体更换油封时,应使用油封取出器。
(3) 拆下前油封凸缘及衬垫。

(4)分几次从中间到两边逐渐拧松主轴承盖紧固螺栓。

(5)拆下曲轴各主轴承。

2)气缸体的安装

气缸体的安装可按拆卸相反的顺序进行。

2. AJR型发动机气缸盖的拆装

1)气缸盖的拆卸

(1)关闭点火开关,拔下蓄电池搭铁线。

(2)抽取冷却液。

(3)拆下发动机罩盖。

(4)断开空气流量计的接头。

(5)断开活性炭罐电磁阀的接头。

(6)拔下空气滤清器罩壳上的活性炭罐电磁阀。

(7)拔下空气滤清器和节气门控制器之间的空气管路,拆下空气滤清器罩盖。

(8)拔下散热器底部和发动机上的冷却液软管。

(9)拆下冷却液储液罐,拔下散热器的冷却液软管。

(10)如图2-75所示,拔下燃油分配管上的供油管和回油管(注意:燃油系统是有压力的,在打开管路之前,在开口处放上抹布,然后缓慢地打开接头以降低压力)。

(11)拆下节气门拉索。

(12)拔下到活性炭罐电磁阀的供油管。

(13)拔下到制动助力装置的回油管。

(14)拔下喷油器、节气门控制器、霍尔传感器、进气温度传感器接头。

(15)拔下通向暖风热交换器的冷却液软管。

(16)拔下冷却水温传感器上的接头,拔下机油温度传感器的接头。

(17)如图2-76所示,将曲轴转动到第一缸的上止点位置。

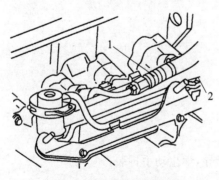

图2-75 拆下供油管和回油管
1—供油管;2—回油管

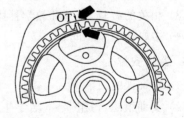

图2-76 第一缸上止点位置标记

(18)松开半自动张紧轮,并从凸轮轴正时齿带轮上拆下正时齿带。

(19)旋下正时齿带后护罩的螺栓。

(20)拔出火花塞插头,放置在一边。

(21)拆下气门罩盖,按照顺序松开气缸盖螺栓。

(22)将气缸盖与气缸盖衬垫一起拆下。

2) 气缸盖的安装
(1) 在安装气缸盖之前,要将曲轴转动到第一缸的上止点位置。
(2) 安装气缸盖衬垫时,有标号(配件号)的一面必须可见。
(3) 更换气缸盖紧固螺栓,不能重复使用已经按照拧紧力矩拧紧过的螺栓。
(4) 按照顺序,以 40 N·m 的力矩拧紧气缸盖螺栓,然后用扳手再拧紧 180°。
(5) 安装正时齿带(调整配气相位),安装气门罩盖。
(6) 调整节气门拉索,加注新的冷却液。
(7) 执行节气门控制单元匹配。
(8) 查询故障代码,拔下电控单元电子元件插头会导致存储故障代码,必要时应删除故障代码。

项目实训 2　活塞连杆组的拆装

一、实训内容、要求与安排

1. 实训内容与要求
(1) 学会活塞连杆组的拆卸。
(2) 学会活塞连杆组的安装。

2. 主要实训条件
(1) 汽车发动机 1 台。
(2) 汽车常用拆装工具 1 套。
(3) 相关的教具、视频和教学挂图。
(4) 多媒体教室 1 间。

3. 实训安排
(1) 实训课时:1 学时。
(2) 实训组织:每组 5~6 名学生,由老师指导,学生动手拆装。

二、实训步骤、操作方法及注意事项

1. 活塞连杆组的拆卸
(1) 将已拆下缸盖、油底壳的发动机平放在工作台上(或在发动机翻转架上平置),以方便拆卸。
(2) 拆下连杆螺栓的螺母,取下连杆轴承盖。
(3) 用木槌柄将活塞连杆组从气缸内推出。将连杆轴承盖装回活塞连杆组件上,以防弄乱丢失。
(4) 用活塞环卡钳拆下活塞环,如图 2-77 所示。
(5) 拆下活塞销卡环。
(6) 拆下活塞销。
(7) 取下活塞。
(8) 拆下连杆小头衬套。

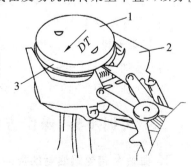

图 2-77　拆卸活塞环
1—活塞;2—活塞环槽;3—活塞环

2. 活塞连杆组的安装

活塞连杆组的零件在装到发动机上之前,应先进行总成的组装。

(1) 装配前应彻底清洗各零件。要特别注意清除油道中的污垢,并用压缩空气吹净。

(2) 在活塞加热状态下进行活塞与连杆的装配。

全浮式活塞销与座孔在常温下有微量的过盈,所以在安装时一定要将活塞加热后再装配。建议在水中加热活塞至 60~80 ℃,取出活塞,迅速擦净座孔,将活塞销推入活塞一端座孔,随即放入连杆小头(衬套涂上一层机油)于活塞两座孔之间。然后将活塞销推入连杆衬套,直至活塞的另一端,再装上卡环。卡环与活塞两端应各有 0.10 mm 的间隙,否则工作时活塞销伸长,会把卡环顶出,造成拉缸事故。卡环嵌入环中的深度应不少于钢丝厚度的 2/3。

半浮式活塞销也应在加温条件下使用专用设备进行安装。例如,富康 TU 型发动机在连杆、活塞装配时,应将连杆小头加热至 230 ℃,在专用压销工具上把活塞销压入,将活塞、连杆连接起来。装配中连杆小头在靠向活塞销座孔两边时,活塞销的两端距活塞销孔外面的距离要一致,活塞销在座孔中可以灵活转动。

(3) 活塞与连杆安装时要注意其安装方向,一般活塞与连杆零件上都专门制有安装标记,如 AJR 型发动机活塞裙部的箭头应指向发动机前方。

(4) 应在活塞与连杆连接完毕后再装配活塞环。安装时,应注意活塞环的断面结构及安装位置。如 AJR 型发动机活塞环安装时,其开口应错开 120°,安装时,活塞环"TOP"记号的一面应朝向活塞的顶部。

项目实训 3 曲轴飞轮组的拆装

一、实训内容、要求与安排

1. 实训内容与要求

(1) 学会曲轴飞轮组的拆卸。
(2) 学会曲轴飞轮组的安装。

2. 主要实训条件

(1) 汽车发动机 1 台。
(2) 汽车常用拆装工具 1 套。
(3) 相关的教具、视频和教学挂图。
(4) 多媒体教室 1 间。

3. 实训安排

(1) 实训课时:1 学时。
(2) 实训组织:每组 5~6 名学生,由老师指导,学生动手拆装。

二、实训步骤、操作方法及注意事项

1. 曲轴 V 带轮端油封的拆装

1) 曲轴 V 带轮端油封的拆卸

(1) 拆下发动机 V 带,拆下正时齿带。

(2) 拆下正时齿轮,如图 2-78 所示,用专用工具 3099 固定正时齿轮,旋上专用工具时,在正时齿轮和工具之间放入两个垫片,将正时齿轮的中间螺栓旋入到曲轴以提供支承,拉出器 3203 的内件旋外件约两圈(约 3 mm),然后用滚花螺钉拧紧。

(3) 在拉出器 3203 的螺纹头上涂上机油,并将其尽可能深地拧入油封内,如图 2-79 所示。

(4) 松开滚花螺钉,将内件对着曲轴转动,直到拉出油封为止。

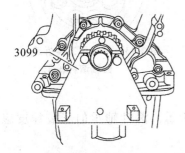

图 2-78 用专用工具固定正时同步带轮

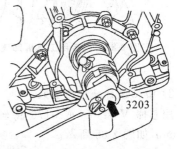

图 2-79 将拉出器拧入油封内

2) 曲轴 V 带轮端油封的安装

(1) 在油封的密封唇上涂上少量机油。

(2) 将导向套筒 2080A 定位在曲轴轴颈上,如图 2-80 所示。

(3) 将油封导入导向套筒内,用正时同步带轮中间螺栓将油封压入,如图 2-81 所示。

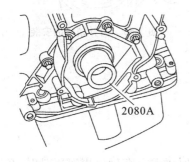

图 2-80 将导向套筒定位在曲轴轴颈上

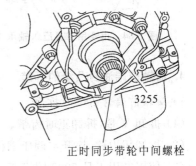

图 2-81 压入油封

(4) 安装曲轴正时齿轮,并用专用工具 3099 锁定。

(5) 更换正时齿轮与曲轴的连接螺栓,拧紧力矩为 90 N·m,再加转 90°,安装正时齿带。

2. 飞轮的拆装

(1) 用专用工具 10-201A 旋松飞轮固定螺栓,如图 2-82 所示。

(2) 做好飞轮与发动机的位置标记。

(3) 拆卸后更换所有的固定螺栓。

(4) 安装飞轮时,飞轮与曲轴的固定螺栓拧紧力矩为 60 N·m,再加转 90°。

3. 曲轴滚针轴承的拆装

在安装发电机前,应检查曲轴上的滚针轴承是否已安装上。

1) 曲轴滚针轴承的拆卸

拆卸曲轴滚针轴承时,使用专用工具(如 Kukko21/2 及 Kukko22/1 或 10-202),如图 2-83 所示。

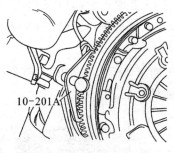

图 2-82 用专用工具拆卸飞轮

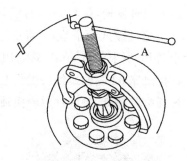

图 2-83 用专用工具拆卸曲轴滚针轴承

2) 曲轴滚针轴承的安装

用芯棒 VW207c 或 3176 将轴承压入，如图 2-84 所示。滚针轴承的安装深度应为 $a \leqslant 1.5$ mm，如图 2-85 所示。

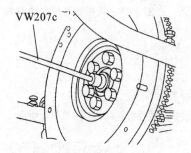

图 2-84 用专用工具压入轴承

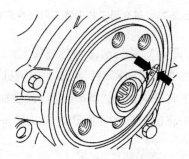

图 2-85 滚针轴承的安装

4. 曲轴前端油封凸缘的拆装

1) 曲轴前油封凸缘的拆卸

(1) 拆卸 V 带，拆卸正时齿带。

(2) 拆卸扭力臂，松开空调压缩机支架。

(3) 使用专用工具 3099 固定正时齿轮，拆卸曲轴正时齿轮。在旋入固定工具时，在正时齿轮和固定工具之间放置四个垫片。

(4) 抽出发动机机油，拆卸油底壳。

(5) 旋下密封凸缘固定螺栓，撬下密封凸缘。

(6) 仔细去除气缸体上密封垫的剩余物。去除密封凸缘上的密封胶残余物，如图 2-86 所示。清洁密封表面，必须使其完全无油脂。

2) 曲轴前油封凸缘的安装

(1) 剪下硅密封胶罐喷管头部，使得喷管直径为 3 mm 左右。

(2) 在曲轴前油封凸缘上涂上密封胶，如图 2-87 所示。

(3) 立即安装密封凸缘并稍微拧紧固定螺栓。在密封凸缘上涂硅密封胶，必须在 5 min 之内安装。

(4) 更换螺栓，对角拧紧凸缘螺栓，拧紧力矩为 16 N·m。

(5) 安装机油泵。

(6) 更换正时齿轮螺栓，安装曲轴正时齿轮，正时齿轮与曲轴的固定螺栓拧紧力矩为 90 N·m，再加转 90°。

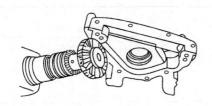

图 2-86　去除密封凸缘上的密封胶残余物

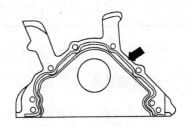

图 2-87　涂密封胶

思考题

1. 曲柄连杆机构的组成及功用是什么？
2. 气缸体有哪几种结构形式？各有何优缺点？分别应用于哪类发动机？
3. 曲轴上为什么要安装扭转减振器？其工作原理是什么？有哪些种类？
4. 活塞在工作中易产生哪些变形？为什么？怎样防止这些变形？
5. 曲轴有哪几种支承形式？它们的优缺点是什么？
6. 曲柄连杆机构的常见故障有哪些？简述故障的原因与排除方法。

实训工单　机体组检测

姓名_____　组别_____　组长_____　组员_____

一、理论回顾

1. 气缸盖在工作中会产生怎样的损伤？_____

2. 气缸盖翘曲变形后对发动机有何影响？_____

3. 气缸磨损的规律是什么？_____

4. 气缸圆度和圆柱度的定义是什么？_____

二、实操测验

1. 气缸盖拆卸的正确顺序是（　　）。
   A. 随意顺序拆卸　　　　　　　　B. 由两端向中间逐个拆卸
   C. 由中间向两端逐个拆卸　　　　D. 左右对称依次拆卸

2. 选择测量气缸盖平面度检测的正确方法是（　　）。

   A.　　　　　　　　　　　　　　B.

   C.　　　　　　　　　　　　　　D.

3. 使用厚薄规测量时的要点是：_____

4. 气缸磨损测量时的测量点是（　　）。
   A. 距离上平面 20 mm 处的气缸上部、中部、距气缸下部 20 mm 处的下部三个截面
   B. 距离上平面 10 mm 处的气缸上部、中部、距气缸下部 10 mm 处的下部三个截面
   C. 气缸任意位置
   D. 气缸中部

5. 使用量缸表测量时的要点是：_____

三、测量记录

1. 气缸平面度检测

气缸盖下平面测量位置	位置1	位置2	位置3	位置4	位置5	位置6
平面度值/mm						
进气歧管侧/mm	对角线1	对角线2	排气歧管侧/mm		对角线1	对角线2
结果分析						

2. 气缸磨损检测

气缸磨损	上部		中部		下部	
	横向	纵向	横向	纵向	横向	纵向
直径/mm						
圆度/mm						
圆柱度/mm						
结果分析						

四、评价（优、良、中、合格、不合格）

项　　目	自我评价	学　生　互　评	老师评价
实训态度			
实训操作			
实训结论			
卫生打扫			
总评			

实训工单　活塞连杆组检测

姓名_____　组别_____　组长_____　组员_____

一、理论回顾

1. 活塞的常见损伤有哪些？_____
_____

2. 活塞环的常见损伤有哪些？_____
_____

二、实操测验

1. 活塞环的三隙指的是（　　）。
   A. 端隙　　　　B. 侧隙　　　　C. 背隙　　　　D. 间隙

2. 下列活塞环中，泵油现象最为严重的是（　　）。
   A. 矩形环　　　B. 锥形环　　　C. 扭曲环　　　D. 桶面环

3. 为减少燃气泄漏，活塞环装配式应该如何装配？_____
_____

4. 活塞裙部检测时应该选择的测量位置是与活塞销垂直方向距底部（　　）mm处的裙部直径。
   A. 5　　　　　B. 10　　　　　C. 15　　　　　D. 20

三、测量记录

1. 活塞检测

项　目	标　准　值	测　量　值	偏　差
活塞裙部			
配缸间隙			
结果分析			

2. 活塞环三隙检测

项　目	端　隙	侧　隙	背　隙
第一道气环			
第二道气环			
油环			
结果分析			

3. 活塞环漏光度检测

项　　目	第一道气环	第二道气环	油　　环
要求			
测量结果			
结果分析			

四、评价（优、良、中、合格、不合格）

项　　目	自我评价	学生互评	老师评价
实训态度			
实训操作			
实训结论			
卫生打扫			
总评			

项目 3
配气机构的构造与检修

配气机构是发动机的重要组成部分,其工作性能直接影响着发动机的动力性和燃油经济性。本项目在分析不同形式配气机构的组成特点和工作原理的基础上,让学生掌握发动机配气相位(配气正时)、气门间隙的检查和调整方法,学会准确判断并排除配气机构的常见故障,正确拆装配气机构各组件。

◀ **知识要点**
(1) 配气机构的作用及组成原理。
(2) 配气机构的连接关系及传动形式。
(3) 配气相位。
(4) 配气机构的修理方法。

◀ **学习目标**
(1) 掌握配气机构的作用及连接关系。
(2) 掌握配气机构的构成及工作原理。
(3) 理解和掌握配气相位。
(4) 掌握配气机构的维修方法。
(5) 了解配气机构的新技术。

◀ **知识导入**

涡轮增压技术

任务1 配气机构的认知

一、配气机构的功用与组成

1. 配气机构的功用及要求

配气机构的功用是根据发动机的工作循环和发火顺序要求,定时打开和关闭各气缸的进气门、排气门,使新鲜可燃混合气(汽油发动机)或空气(柴油发动机)及时进入气缸,废气及时从气缸排出,以保证发动机在各种工况下的正常工作。

吸入新鲜空气或可燃混合气的数量,对发动机性能的影响很大。因此,对配气机构的要求是:保证进气要尽量充分,排气要尽量干净;各运动件有较小的质量和较大的刚度。

常用充气效率来表示新鲜空气或可燃混合气充满气缸的程度;充气效率总是小于1,一般为0.80~0.90。

2. 配气机构的组成

发动机的配气机构由气门组、气门传动组两部分组成,如图3-1所示。

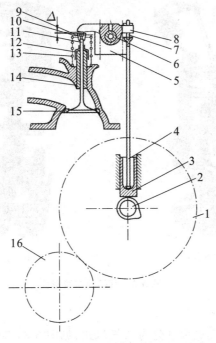

图 3-1 配气机构的组成示意图

气门传动组:1—正时齿轮;2—凸轮轴;3—挺柱;4—推杆;5—摇臂轴支架;6—摇臂轴;7—调整螺钉及锁紧螺母;8—摇臂
气门组:9—气门锁片;10—气门弹簧座;11—气门;12—防油罩;13—气门弹簧;14—气门导管;
15—气门座;16—正时齿轮;Δ—气门间隙

气门组由气门、气门座、气门导管、气门弹簧、气门弹簧座及锁紧装置等组成。气门组的作用是封闭进气道、排气道。

气门传动组一般由正时齿轮(正时链轮和链条或正时带轮和正时带)、凸轮轴、凸轮轴轴承和止推装置、摇臂轴、摇臂、挺柱、推杆等组成,配气机构随形式不同而异。其作用是控制气门定时开启和关闭。

二、配气机构的分类及工作原理

汽车发动机的高转速和低排放,要求配气机构不断改善换气性能和提高适应性。配气机构随着汽车发动机的发展出现了多种形式。

1. 配气机构的类型

发动机配气机构的结构形式多种多样,其主要区别在于气门的布置形式、每个气缸气门数量、凸轮轴的布置形式和传动方式。因此,配气机构可从不同角度来分类。

1) 按气门的布置形式分

按气门的布置形式,配气机构可分为气门顶置式和气门侧置式两种。

气门位于气缸盖上的称为气门顶置式配气机构,如图 3-2(a)所示。其特点是进气阻力小,燃烧室结构紧凑,气流搅动大,能达到较高的压缩比。这种配气机构在现代汽车发动机上广泛采用。

气门布置在气缸一侧的称为气门侧置式配气机构,如图 3-2(b)所示。其特点是结构简单、零件数目少,但燃烧室结构不紧凑、热量损失大、进气道曲折、进气阻力大;同时,易在气门座圈处产生裂纹,造成气缸体的过早报废,故现代汽车结构中这种配气机构已被淘汰。

(a) 气门顶置式　　　　　　　　　(b) 气门侧置式

图 3-2　气门的布置形式

2) 按每气缸气门数量分

按每气缸气门数量,配气机构可分为二气门式(见图 3-3)、四气门式(见图 3-4)、五气门式(见图 3-5)等。

二气门式以上的多气门式结构,可增大通道面积,提高换气效率,减小气门升程,改善发动机的动力性,广泛用于气缸直径大的大功率发动机上。

3) 按凸轮轴的布置形式分

按凸轮轴的布置形式,配气机构可分为凸轮轴上置式、凸轮轴中置式和凸轮轴下置式等几种。

不同的布置形式有其各自的特点,适用于不同的发动机。

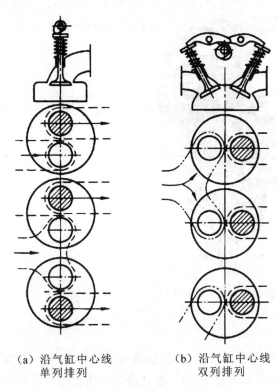
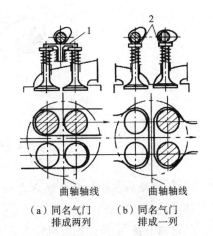

（a）沿气缸中心线　　　（b）沿气缸中心线　　　　（a）同名气门　　（b）同名气门
　　单列排列　　　　　　　双列排列　　　　　　　　排成两列　　　　排成一列

图 3-3　二气门式配气机构　　　　　　　　　　图 3-4　四气门式配气机构

1—T 形杆；2—气门尾端的从动盘

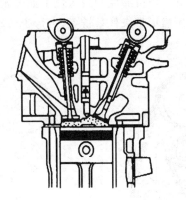

图 3-5　五气门式配气机构

1—进气门；2—火花塞；3—排气门

（1）凸轮轴布置在气缸盖上的称为凸轮轴上置式配气机构。凸轮轴上置式配气机构有两种结构：一种是凸轮轴直接通过摇臂来驱动气门，此结构无挺柱，无推杆，往复运动质量大大减小，适用于高速发动机；另一种是凸轮轴直接驱动气门或带液压挺柱的气门，如图 3-6 所示。

根据凸轮轴数，凸轮轴上置式又可分为单顶置凸轮轴式配气机构和双顶置凸轮轴式配气机构两种，往复运动质量更小，特别适用于高速发动机，一般多用在轿车发动机上。

（2）凸轮轴位于气缸体上部的称为凸轮轴中置式配气机构，一般多用于速度较高的柴油发动机。

（3）凸轮轴位于气缸体曲轴箱内的称为凸轮轴下置式配气机构，主要缺点是气门和凸轮轴相距较远，因而气门传动零件较多，结构较复杂，发动机高度也有所增加，一般用于大型汽油发动机。

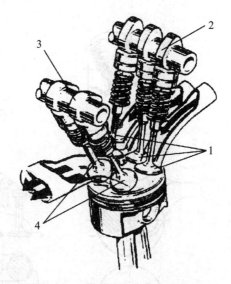

图 3-6　凸轮轴上置式配气机构
1—进气门；2—进气凸轮轴；3—排气凸轮轴；4—排气门

4）按曲轴和凸轮轴的传动方式分

按曲轴和凸轮轴的传动方式，配气机构可分为齿轮传动、链条传动和齿带传动，如图 3-7 所示。凸轮轴下置、中置的配气机构大多采用正时齿轮传动，一般从曲轴到凸轮轴只需要一对正时齿轮传动，若齿轮直径过大，可增加一个中间齿轮。为了啮合平稳，降低噪声，正时齿轮多用斜齿。链条与链轮的传动适用于凸轮轴顶置的配气机构，但其工作可靠性和耐久性不如齿轮传动的工作可靠性和耐久性。近年来，高速汽车发动机上广泛采用齿形带来代替链条，齿形带传动噪声小、工作可靠、成本低。

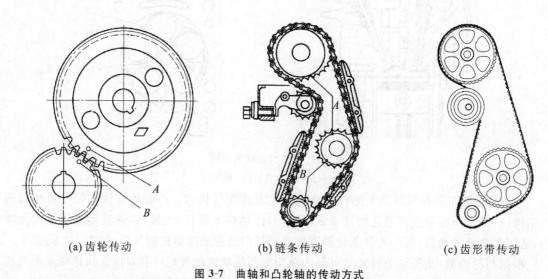

(a) 齿轮传动　　(b) 链条传动　　(c) 齿形带传动

图 3-7　曲轴和凸轮轴的传动方式
A—曲轴正时齿轮正时标记；B—凸轮轴正时齿轮正时标记

2. 配气机构的工作原理

图 3-8 所示为凸轮轴中置式配气机构。在曲轴正时齿轮的驱动下，凸轮凸起部分将挺柱顶起，通过挺柱、推杆、调整螺钉使摇臂绕摇臂轴顺时针方向转动，摇臂的长臂端向下推动气门并压缩气门弹簧，将气门头部推离气门座而打开。凸轮凸起部分的顶点转过挺柱后，在其弹簧张力的

作用下,气门开度逐渐减小,直至最后关闭,使气缸密封为止。

四冲程发动机完成一个工作循环曲轴转 2 圈(720°),各缸进气门、排气门各开启 1 次,凸轮轴只转 1 圈。因此,曲轴转速与凸轮轴转速之比为 2∶1,曲轴正时齿轮与凸轮轴正时齿轮的齿数比为 1∶2。

从上述工作过程可以看出,气门的开启是通过气门传动组的作用来完成的,而气门的关闭则是由气门弹簧来完成的。气门的开闭时刻与规律完全取决于凸轮的轮廓曲线形状。

对于大多数发动机来说,每缸各有一个进气门和一个排气门。但某些高速发动机因转速很高,每个工作循环的进气时间、排气时间都很短,使充气效率与排气效率受到很大限制,为提高充气效率、排气效率,故采用每个气缸装有两个(或三个)进气门和两个排气门,但结构变得较复杂。

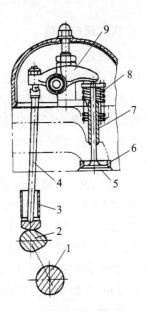

图 3-8 凸轮轴中置式配气机构

1—曲轴;2—凸轮轴;3—挺柱;
4—推杆;5—气门头部;6—气门座圈;
7—气门导管;8—气门弹簧;9—摇臂

三、配气相位

配气相位是指用曲轴转角表示的进气门、排气门实际开启与关闭的时刻和开闭所持续的时间。由于与曲轴转角相对应,常用曲轴转角环形图来表示配气相位,称为配气相位图,如图3-9所示。

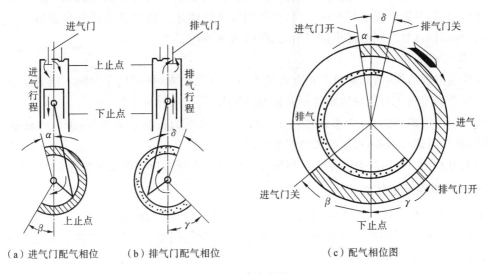

(a)进气门配气相位　　(b)排气门配气相位　　(c)配气相位图

图 3-9 配气相位图

理想的四冲程发动机应当是活塞处在上止点时进气门开启,到下止点时关闭;排气门则应当是活塞在下止点时开启,到上止点时关闭;进气时间和排气时间各对应曲轴转角180°,但实际并不如此。发动机曲轴转速很高,活塞每一行程历时都很短。例如,上海桑塔纳轿车发动机,在最大功率时的转速为5 600 r/min,一个行程历时仅为0.005 4 s。这样短时间的进气过程和排气过程,往往会使发动机充气不足或排气不净,从而使发动机功率下降。因此,现代发动机都采取延长进气时间、排气时间的方法,即气门的开启和关闭并不正好在活塞处于上止点和下止点的时刻,而是分别提前或延迟一定的曲轴转角,以改善进气、排气状况,从而提高发动机的动力性能。

1. 进气门配气相位

1) 进气提前角

在排气行程接近终了,活塞到达上止点之前,进气门便提前开启。从进气门开始开启到活塞处于上止点位置时所对应的曲轴转角 α 称为进气提前角(早开角),一般为 $10°\sim30°$。

进气门早开,是为了保证进气行程开始时进气门已有一定开度,减小进气阻力,使新鲜气体能顺利地充入气缸并挤出残余废气。

2) 进气迟闭角

在进气行程中,活塞到达下止点后又上行一段距离,进气门才关闭。从活塞处于下止点又上行到进气门完全关闭时所对应的曲轴转角 β 称为进气迟闭角(晚关角),一般为 $40°\sim80°$。

进气门迟关的目的在于,因活塞到达下止点时,气缸内压力仍低于大气压力,在活塞压缩行程开始阶段,仍可利用气流惯性和压力差继续进气。发动机转速越高,气流惯性越大,迟闭角应取大值,以充分利用进气惯性充气。

由上可知,在整个进气过程中,进气门开启的时间内所对应的曲轴转角为 $180°+\alpha+\beta$。

2. 排气门配气相位

1) 排气提前角

在做功行程后期,活塞到达下止点前,排气门便开始开启。从排气门开启到活塞处于下止点时所对应的曲轴转角 γ,称为排气提前角,一般为 $40°\sim80°$。

排气门早开,是因为活塞接近下止点时,做功作用已经不大,但气缸内仍有 $0.3\sim0.5$ MPa 的气体压力,此时适当提前打开排气门,可利用残余气体压力快速将大部分高温废气从缸内排出,防止发动机过热并同时减小排气阻力、降低功率消耗。

2) 排气迟闭角

在排气过程后期,活塞越过上止点后又下行了一段距离,排气门才关闭。活塞从上止点到排气门完全关闭时所对应的曲轴转角 δ 称为排气迟闭角,一般为 $10°\sim30°$。

排气门迟关的目的是,活塞到达上止点时,气缸内压力仍高于大气压,废气流还有一定惯性,所以排气门适当迟关,可使废气排得更干净。

由上可知,在排气过程中,排气门持续开启的时间内所对应的曲轴转角为 $180°+\gamma+\delta$。

3. 气门重叠及重叠角

由图3-9可看出,在发动机实际工作中,由于进气门早开和排气门迟关,在活塞运行到上止点前后出现了进气门和排气门同时开启的现象,这称为气门重叠。气门重叠所对应的曲轴转角 $(\alpha+\delta)$ 称为气门重叠角(叠开角)。

由于气门重叠开度很小,新鲜气流和废气流都有各自的惯性和方向,因此在短时间内新鲜气流和废气不会改变流向,故适当的重叠角不会出现废气倒流和新鲜气体随废气排出的现象,相反,进入气缸的新鲜气体还增加了缸内压力,有利于排出废气。

4. 配气相位的调整

发动机结构不同、转速不同,配气相位也不同。最佳配气相位是根据发动机的结构形式、转速、性能要求等因素,通过反复试验而设定的。大多数发动机的配气相位是不能改变的。

目前,采用集中控制系统的发动机的配气相位可以随发动机转速、负荷变化而自动调整。调整装置装在凸轮轴正时齿轮(或正时链轮)与凸轮轴之间,接受集中控制系统计算机的指令,对发动机配气相位进行自动调整。

任务 2 气门组的构造与检修

一、气门组的构造

如图 3-10 所示,气门组由气门、气门座、气门导管、油封、气门弹簧和气门锁片等零件组成。

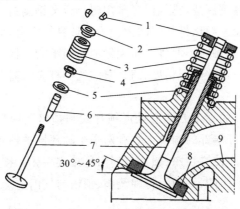

图 3-10 气门组

1—气门锁片;2—气门弹簧座;3—气门弹簧;4—气门油封;
5—气门弹簧垫圈;6—气门导管;7—气门;8—气门座圈;9—气缸盖

1. 气门

气门的作用是密封进气道、排气道。气门分为进气门和排气门两种。

1) 气门的结构

气门由头部和杆身两部分组成。头部用来密封进气道、排气道,杆身用于气门运动过程中的导向。

(1) 气门头部由顶部和密封锥面构成。

① 顶部。气门顶部的形状有平顶、凹顶和凸顶,如图 3-11 所示。凹顶适合做进气门,不宜做排气门;凸顶适合于排气门;平顶结构简单,制造方便,吸热面积小,质量也小,多数发动机的进排气门采用此结构。

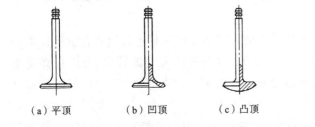

(a) 平顶　　(b) 凹顶　　(c) 凸顶

图 3-11 气门顶部的形状

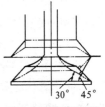

(a) 气门锥角　(b) 气门锥角对通道截面的影响

图 3-12 气门锥角

② 密封锥面。密封锥面与顶部平面之间的夹角 α 称为气门锥角,一般为 45°,如图 3-12(a)所示;也有些发动机为了增大通流面积,使进气充分,将进气门锥角做成 30°,如图 3-12(b)所示。

气门顶边缘与密封锥面之间有 1~3 mm 的高度,以减少工作中由于气门与气门座之间的冲击损坏或高温气体导致的烧蚀。

(2) 气门杆呈圆柱形，与气门导管配合。其作用是为气门开、闭过程中的往复运动导向。

2) 气门的工作条件及要求

工作中，由于气门与气门座之间的撞击及高温气体的作用，密封面容易产生磨损和凹陷；气门头部与具有腐蚀介质的高温气体接触，并在关闭时承受很大的落座冲击力；气门杆部润滑困难，处于半干摩擦状态下工作。由于气门工作条件很差，因而要求气门必须具有足够的强度、刚度、耐高温、耐腐蚀和耐磨损性能。

进气门一般用中碳合金钢制造，排气门多采用耐热合金钢制造。

发动机进气门头部直径一般比排气门的大。为保证良好密合，装配前应将气门头与气门座的密封锥面互相研磨，使其接触时不漏气。研配好的气门不能互换。

气门杆与气门导管有一定的配合精度和耐磨性，气门杆表面需要经过热处理和磨光。

3) 气门弹簧座的固定

气门杆尾端与气门弹簧的固定方式有锥形锁片式和锁销式两种，如图 3-13 所示。锥形锁片式的固定原理是，在气门杆端部的沟槽上装有两个半圆环锥形锁片，弹簧座紧压锁片，使其紧箍在气门杆端部环槽中，从而使弹簧座、锁片与气门连接成一体。锁销式锁销已代替锁片，在气门杆尾端有一个用来安装锁销的径向孔，将弹簧座、锁销与气门连接成一体。

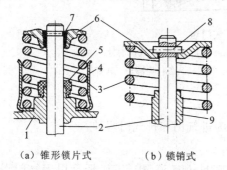

(a) 锥形锁片式　　(b) 锁销式

图 3-13　气门弹簧座的固定方式

1—气缸盖；2—气门杆；3—气门弹簧；
4—气门弹簧振动阻尼器；5—气门油封；
6—气门弹簧座；7—气门锁片；8—气门锁销；9—气门导管

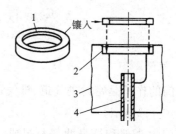

图 3-14　气门座圈的镶配

1—气门座圈；2—气门座圈孔；
3—气缸盖(体)；4—气门套管

2. 气门座

气缸盖的进气道、排气道与气门锥面相贴合的部位称为气门座。它与气门锥面紧密贴合以密封气缸，同时将气门头部热量传递给机体。

气门座可在气缸盖上直接镗出，但大多数发动机的气门座是用耐热合金钢或合金铸铁单独制成座圈，称气门座圈，气门座圈的镶配如图 3-14 所示。气门座压入气缸盖中，可以提高使用寿命，便于维修更换，缺点是导热性差；若与气缸盖上的座孔配合过盈量选择不当，气门座圈可能脱落或胀裂气门座孔，工作时出现故障。

气门座的锥角由三部分组成，如图 3-15(a) 所示，其中 45°(30°) 的锥面与气门密封锥面贴合。要求密封锥面的贴合宽度 b_1 为 1～2.5 mm，以保证一定压力，使密封可靠，同时又有一定的导热面积。有些发动机的气门锥角比气门座锥角小 0.5°～1°，该角称为密封干涉角，如图 3-15(b) 所示。密封干涉角有利于磨合期加速磨合。磨合期结束，密封干涉角逐渐消失，气门座恢复全锥面接触。

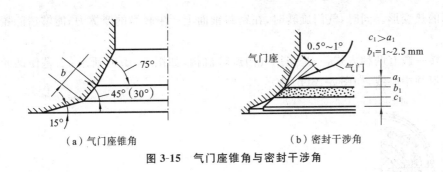

(a) 气门座锥角　　　　　　(b) 密封干涉角

图 3-15　气门座锥角与密封干涉角

3. 气门导管

1) 气门导管的作用

气门导管的作用是在气门作往复直线运动时进行导向,以保证气门与气门座之间的正确配合与开闭,同时还起导热作用。

2) 气门导管的结构及安装

如图 3-16 所示,导管为圆柱形管,加工要求较高。外圆柱面与气缸盖(体)配合为过盈配合,为防止气门导管在工作中松落,有的采用卡环定位。内孔在导管压入气缸盖(体)后须精铰,以保证气门杆与导管孔的精密配合。

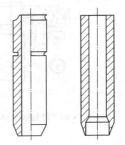

图 3-16　气门导管的结构

3) 气门导管工作条件及要求

气门导管润滑较困难,气门杆往复运动频繁,工作温度较高,故要求具有一定的强度和自润滑性,耐高温、耐磨。

气门导管多用灰铸铁、球墨铸铁或铁基粉末冶金制成,以保证具有一定的自润滑性。

为防止过多的润滑油进入燃烧室,很多发动机在气门导管上安装有橡胶油封。

4. 气门弹簧

气门弹簧的作用是保证气门复位。气门关闭时,气门弹簧保证气门及时关闭和紧密贴合,同时防止气门在发动机振动时因跳动而破坏密封;气门开启时,气门弹簧保证气门不因运动惯性而脱离凸轮。

如图 3-17 所示,气门弹簧多为圆柱形螺旋弹簧。发动机气门装一根弹簧时,可采用变螺距弹簧,以防止共振。有些发动机的气门装有两根弹簧,弹簧内径、外径不同,旋向不同,它们同心安装在气门导管的外面,不仅可以提高弹簧的工作可靠性,防止共振的产生,还可以降低发动机的高度,而且当一根弹簧折断时,另一根还能继续维持工作,不至于气门落入气缸中。

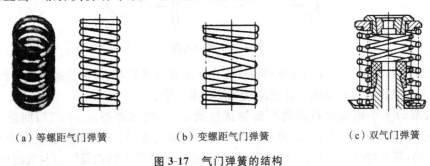

(a) 等螺距气门弹簧　　　(b) 变螺距气门弹簧　　　(c) 双气门弹簧

图 3-17　气门弹簧的结构

5. 气门旋转装置

当气门工作时,若能产生缓慢的旋转运动,可使气门头部的周向温度分布比较均匀,从而减小气门头部的热变形。同时,气门旋转时,在密封锥面上产生轻微的摩擦力,能够清除锥面上的沉积物。

气门旋转一般有两种方式,一是采用气门旋转机构,如图3-18(a)所示;二是使凸轮与挺柱接触点偏离挺柱中心线,如图3-18(b)所示。

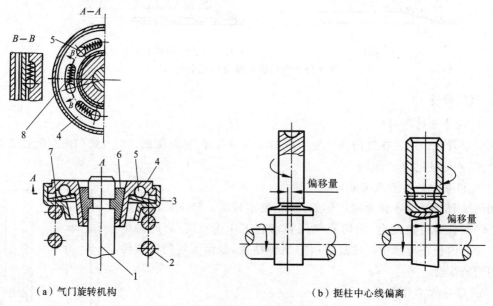

图 3-18　气门旋转

1—气门;2—气门弹簧;3—气门弹簧座;4—旋转机构壳体;5—钢球;6—气门锁片;7—碟形弹簧;8—复位弹簧

二、气门间隙

发动机在冷态装配时,在气门杆尾端与气门驱动零件(摇臂、挺柱或凸轮)之间留出的适当间隙,称为气门间隙,如图3-19所示。

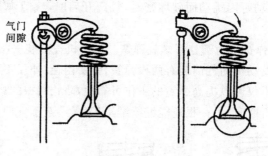

图 3-19　气门间隙

气门间隙的作用是补偿气门及驱动组件工作时的受热伸胀量,避免热态时气门被顶开而导致关闭不严,造成压缩行程和做功行程漏气而使功率下降。

气门间隙的大小由发动机制造厂根据试验确定,一般在冷态时,排气门间隙为0.30~0.35 mm,进气门间隙为0.25~0.30 mm。若气门间隙过小,发动机在热态下可能发生漏气,导致功率下降,甚至烧坏气门;若气门间隙过大,则使传动零件之间以及气门与气门座之间产生撞击声,并加速磨损,同时也会使气门开启的持续时间减少,气缸的充气及排气情况变坏。因此,气门设有间隙调整螺钉,应注意检查及调整。

采用液压挺柱的配气机构无须预留和调整气门间隙。

三、气门组主要零件的检修

1. 气门的检修

1) 气门杆弯曲变形和气门头部歪斜的检测

如图 3-20 所示,将气门支承在两个距离为 100 mm 的 V 形块上,用百分表触头测量气门杆中部的弯曲度。气门旋转 1 周,百分表上最大读数与最小读数之差的 1/2 为直线度误差。其值大于 0.03 mm 时,应更换或校正气门。

在气门头部,工作锥面上用百分表测量。转动气门头部 1 周,百分表上最大读数与最小读数之差的 1/2 为倾斜度误差。其值大于 0.02 mm 时,应更换气门。

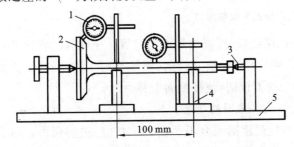

图 3-20 气门杆弯曲变形和气门头部歪斜的检测
1—百分表;2—气门;3—顶尖;4—V 形块;5—平板

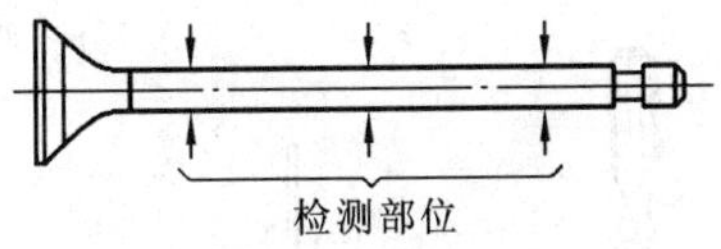

图 3-21 气门杆磨损检测部位

2) 气门杆磨损检测

如图 3-21 所示,气门杆的磨损可用外径千分尺进行测量。气门杆径向磨损量大于规定值时,应更换气门。

3) 气门杆端面磨损检测

用钢直尺在平台上检测气门的长度。气门杆轴向磨损量大于规定值时应更换气门。若轴向磨损未超过极限值,而气门杆端面出现不平、疤痕时,可用气门光磨机修磨。

4) 气门工作面磨损检测

气门头部工作面若有斑点、严重烧蚀等,可用气门光磨机修磨。

5) 气门的修磨

修磨气门通常在气门光磨机上进行。气门光磨后,气门头最小边缘厚度(进气门、排气门)不得小于 0.50 mm,否则,应更换气门。修磨后,气门工作锥面对气门杆轴线的斜向圆跳动应不大于 0.03 mm,否则,应更换气门。

2. 气门座圈的检修

将气门座圈清理干净并检查工作面。气门座圈工作面磨损变宽超过 1.4mm,工作面烧蚀出现斑点、凹陷时,应进行铰削与修磨。

1) 气门座圈的铰削工艺

(1) 根据气门直径和工作锥面选择一组合适的铰刀,再根据气门导管内径选择合适的导杆,并插入气门导管内,以无明显松旷为宜。每组铰刀有 45°(30°)、15°和 75°三种。

(2) 用砂布裹在铰刀表面,砂磨气门座圈工作表面的硬化层。

(3) 用与气门工作面锥角相同的铰刀铰削工作锥面,直到将烧蚀、斑点等铰除为止。

(4) 用不同角度的气门铰刀铰削各锥面,其步骤如图3-22所示。

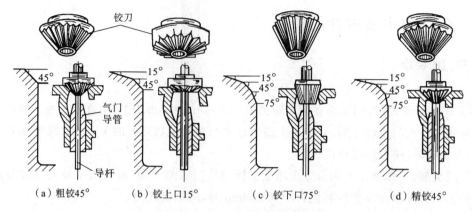

(a) 粗铰45°　　(b) 铰上口15°　　(c) 铰下口75°　　(d) 精铰45°

图 3-22　气门座圈的铰削步骤

(5) 在新气门或修磨过的气门锥面上涂一层红丹,检查接触面的位置。应在气门锥面的中下部,宽度为 1.0～1.4 mm。若接触面偏上,则应用30°铰刀铰削,使接触面下移;若接触面偏下,则应用75°铰刀铰削,使接触面上移。

2) 气门与气门座圈的研磨

若气门与气门座圈配合不严密,可对气门进行研磨。研磨方法有机器研磨和手工研磨(见图3-23)两种。

手工研磨步骤及要求如下。

(1) 清洗气门座圈、气门及气门导管,并在气门顶部做标记。

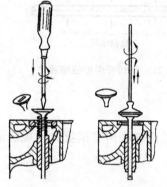

图 3-23　手工研磨气门

(2) 在气门工作面上涂以薄层研磨砂,在气门杆上涂以清洁机油并插入气门导管内。

(3) 变换气门与座圈的位置,正确研磨。粗研后接触环带应整齐、无斑痕、无麻点状。

(4) 粗研完毕清洗各部位,用细研磨砂研磨,直至工作面出现一条灰色无光的环带为止。

(5) 洗净研磨砂,涂以机油,继续研磨数分钟。

3) 气门与气门座圈密封性检测

气门与气门座圈经修磨后,必须进行密封性检测。检测方法有画线检测和仪器检测,如图3-24所示。此外,还可采用渗漏法检测。

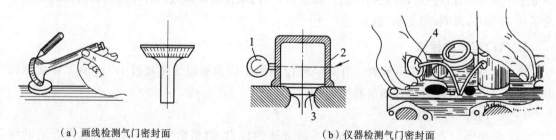

(a) 画线检测气门密封面　　　　　(b) 仪器检测气门密封面

图 3-24　气门密封性检测

1—气压表;2—空气容筒;3—气门;4—橡胶球

(1) 画线检测。如图 3-24(a)所示,检测前,必须将气门、气门座圈清洗干净,在气门锥面上用软铅笔沿轴向均匀地划上若干条线,然后与气门座圈接触,略压紧并转动气门 90°,取出气门,检查铅笔线是否被切断。若被切断,说明密封性良好,否则,应重新研磨。

(2) 仪器检测。如图 3-24(b)所示,检测时,先将空气容筒紧贴在气门头部周围,再压缩橡皮球,使筒内具有 68 MPa 左右的压力,保持半分钟,若气压表读数不下降,则说明密封良好。

(3) 渗漏检测。将气缸盖倒放在检测平台上,并装上待检测气缸同一缸的气门和火花塞,向气缸注入煤油或汽油,在 5 min 时间内,气门与座圈接触处应无渗漏现象。

3. 气门导管的检修

1) 检查气门导管与气门杆之间的配合间隙

将气缸盖倒置在工作台上,将气门顶升至高出座口约 10 mm,安装磁性百分表座,使百分表的触头触及气门头边缘,侧向推动气门头,同时观察百分表指针的摆动,其摆动量即为实测的近似间隙。若换上新气门,其间隙值仍超过允许值,则应更换气门导管。气门杆与气门导管的配合间隙超过极限值,应予以更换。也可按经验法检查气门杆与气门导管的间隙,方法如下:将气门杆和气门导管擦净,在气门杆上涂一层薄机油,将气门放入气门导管中,上下拉动数次后,气门在重力的作用下,能徐徐下落,表示气门杆与气门导管的配合间隙适当。

2) 更换气门导管

当气门导管磨损严重或气门导管与气门杆的配合间隙超过极限值时,应更换气门导管,其工艺要点如下。

(1) 用外径略小于气门导管内孔的阶梯轴冲出气门导管。

(2) 选择外径尺寸符合要求的新气门导管。

(3) 安装气门导管:用细砂布打磨气门导管承孔口,在承孔内壁与导管外表面上涂少许机油,并放正气门导管,安装好铜质的阶梯轴,用压力机或手锤将气门导管装入承孔内。

(4) 气门导管的铰削:采用专用成形气门导管铰刀铰削,进刀量不易过大,铰刀保持垂直,边铰边试,直至间隙合适为止。

4. 气门弹簧的检修

气门弹簧出现断裂、歪斜、弹力减弱现象时,应更换。气门弹簧的弹力在弹簧检验仪上进行。弹力小于原厂规定的 10% 时,应更换。无弹簧检验仪时,可用对比新旧弹簧的自由长度判断,若旧气门弹簧的自由长度差超过 2 mm,应更换。对气门弹簧进行垂直度测量,若有歪斜,应更换。

任务 3　气门传动组的构造与检修

一、气门传动组的功用与类型

气门传动组主要包括凸轮轴、正时齿轮、挺柱及其导管、推杆、摇臂和摇臂轴等,其作用是使进气门、排气门按配气相位规定的时刻进行开闭,并保证有足够的开度。

1. 气门传动组的功用

气门传动组将凸轮轴的旋转运动转换为气门的往复运动,定时驱动气门开闭,并保证气门有足够的开度和适当的气门间隙。凸轮轴的布置位置不同,气门传动组的零部件也各不相同。

2. 气门传动组的组成及类型

1) 凸轮轴下置式气门驱动机构

该驱动机构主要由凸轮轴、挺柱、推杆、摇臂和摇臂轴及气门间隙调整螺钉等组成,如图3-1所示。

2) 凸轮轴中置式气门驱动机构

与凸轮轴下置式气门驱动机构的组成相比,该机构减少了推杆,从而减小了配气机构的往复运动质量,增大了机构刚度。适用于较高转速的发动机。

有些凸轮轴中置式配气机构与凸轮轴下置式配气机构的组成区别很小,只是推杆较短而已。

3) 凸轮轴上置式气门驱动机构

该驱动机构的气门驱动形式有摇臂驱动、摆臂驱动和直接驱动三种类型。

(1) 摇臂驱动凸轮轴上置式配气机构。如图3-25所示,凸轮轴推动液压挺柱,液压挺柱推动摇臂,摇臂再驱动气门;或凸轮轴直接驱动摇臂,摇臂驱动气门。

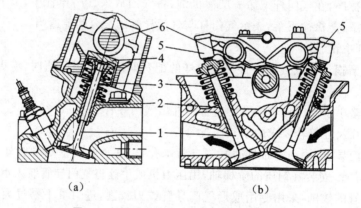

图 3-25 摇臂驱动凸轮轴上置式配气机构
1—排气门;2—气门导管;3—气门弹簧;4—挺柱;5—摇臂;6—凸轮轴

(2) 摆臂驱动凸轮轴上置式配气机构。由于摆臂驱动气门的配气机构比摇臂驱动的刚度更好,更有利于高速发动机,因此,在轿车发动机上应用较广泛。例如:CA488、克莱斯勒A452、奔驰M115等发动机为摆臂驱动、单凸轮轴上置式配气机构,如图3-26(a)所示;本田B20A、日产VH45DE、三菱3G81等发动机为摆臂驱动、双凸轮轴上置式配气机构,如图3-26(b)所示。

(3) 直接驱动凸轮轴上置式配气机构。该配气机构中,凸轮通过机械挺柱驱动气门,或通过液力挺柱驱动气门,如图3-27所示。与上述各种形式的配气机构相比,直接驱动式配气机构的刚度最大,驱动气门的能量损失最小,在高度强化的轿车发动机上得到广泛的应用。如奥迪、捷达、马自达6、奔驰320E、依维柯等汽车发动机均有应用。

二、气门传动组的构造

1. 凸轮轴

凸轮轴的功用是驱动和控制发动机各缸气门开启和关闭,使之符合发动机工作顺序、配气相位、气门开度编号规律的要求。有些发动机还用它来驱动机油泵、汽油泵等装置,是气门传动组中最主要的零件。

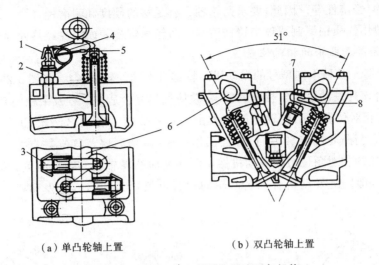

(a) 单凸轮轴上置　　　　　　(b) 双凸轮轴上置

图 3-26　摆臂驱动凸轮轴上置式配气机构

1、3、8—摆臂；2—摆臂支座；4—弹簧扣；5—气门间隙调整块；6—凸轮轴；7—锁紧螺母

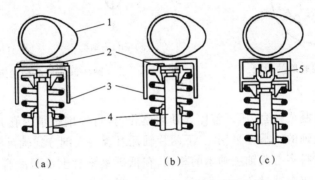

图 3-27　直接驱动凸轮轴上置式配气机构

1—凸轮；2—垫块；3、5—挺柱；4—气门

1) 凸轮轴的构造

如图 3-28 所示，凸轮轴主要由凸轮和凸轮轴轴颈组成。凸轮分为进气凸轮和排气凸轮，用于驱动气门的开启和关闭；凸轮轴轴颈用于支承凸轮轴。对于下置凸轮轴，还加工有驱动机油泵的螺旋齿轮和驱动汽油泵的偏心轮。

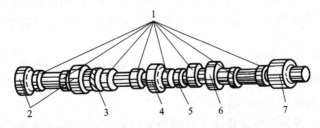

图 3-28　凸轮轴的构造

1—凸轮；2、4、6、7—凸轮轴轴颈；3—驱动机油泵的螺旋齿轮；5—驱动汽油泵的偏心轮

2) 凸轮轴的工作条件及材料

凸轮轴在工作中承受周期性的冲击载荷，凸轮与挺柱之间的接触应力很大，相对滑动速度也很高，因此，凸轮工作表面的磨损比较严重。凸轮的磨损直接影响到气门的开闭和升程，以及

发动机的动力性、经济性等。因此，要求凸轮轴具有足够的硬度和耐磨性。

凸轮轴一般用优质钢锻制或球墨铸铁铸制。凸轮和轴颈表面需要经热处理后精磨。

3) 凸轮的轮廓及凸轮的相对位置

(1) 凸轮轮廓。各种不同型号的发动机凸轮都有不同的轮廓形状，如图3-29所示。其轮廓形状应保证符合该种发动机配气相位的要求，并使气门有合适的升程及平稳的升降运动规律。

(2) 凸轮的相对位置。凸轮轴上凸轮数由气缸数而定。各同名凸轮（进气凸轮或排气凸轮）的相对角位置与凸轮轴旋转方向、各缸工作顺序、做功顺序及气缸数有关。从发动机前端看，各缸同名凸轮的相对角位置按发动机做功顺序逆向凸轮轴旋转方向排列，其夹角为曲轴做功间隔角的1/2，即四缸发动机各同名凸轮的相对角位置为90°，六缸发动机为60°，如图3-30所示。

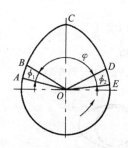

图3-29 凸轮轮廓的形状

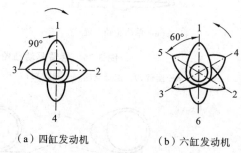

(a) 四缸发动机　　(b) 六缸发动机

图3-30 同名凸轮夹角

4) 凸轮轴轴承

凸轮轴轴承一般制成衬套，压入整体式轴承座孔内，再镗削轴承内孔并与凸轮轴轴颈相配合。有些上置式凸轮轴的轴承也采用上、下两片轴瓦对合装入剖分式轴承座孔内。

凸轮轴轴承的材料多与曲轴主轴承的相同，在低碳钢钢背上浇减摩合金层；有的凸轮轴轴承采用粉末冶金衬套或青铜衬套。

5) 凸轮轴的传动

凸轮轴由曲轴驱动，其传动方式有齿轮传动、链条传动、齿形带传动。

(1) 齿轮传动。齿轮传动用于下置式和中置式凸轮轴的传动。相距较近的一般只用一对定时齿轮，即直接由曲轴定时齿轮驱动凸轮轴定时齿轮，如图3-7(a)所示。若相距较远或需要同时驱动其他装置时，则增加一个或多个中间齿轮、传动齿轮。

为保证齿轮啮合平顺、噪声小、磨损小，凸轮轴正时齿轮多采用铸铁或夹布胶木材料制造成圆柱螺旋齿轮。为保证正确的配气正时和喷油正时，在传动齿轮上刻有正时记号，装配时必须对正记号。

(2) 链条传动。链条传动用于中置式和上置式凸轮轴的传动。链条一般为滚子链，为减小振动和噪声，链条工作时应保持一定的张紧度。为此，在链条传动机构中装有导链板并在链条的松边装置张紧器，如图3-7(b)所示。

(3) 齿形带传动。齿形带传动用于上置式凸轮轴的传动。为确保传动可靠，齿形带需要保持一定的张紧力，故设置有张紧轮，如图3-7(c)所示。与齿轮传动和链条传动相比，齿形带传动具有噪声小、质量小、成本低、工作可靠、不需要润滑、伸长量小等优点，满足精确正时传动的要求，广泛用于汽车发动机，特别是轿车发动机。

齿形带由氯丁橡胶制成，在使用中不能与水或机油接触，否则容易跳齿。齿形带轮由钢或铁基粉末冶金制造。

6) 凸轮轴的轴向定位

为了限制凸轮轴在工作中产生轴向移动或受螺旋齿轮传动时产生的轴向分力,避免轴向移动量过大而影响配气正时,凸轮轴需要轴向定位。

凸轮轴的轴向定位方式:上置式凸轮轴通常采用止推轴承定位,如图 3-31 所示;中、下置式凸轮轴的轴向通常采用止推凸缘板定位,止推板用螺栓固定在机体前端面上。还有一种方法是采用止推螺钉轴向定位。

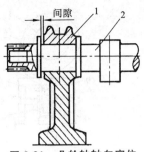

图 3-31　凸轮轴轴向定位
1—凸轮轴轴承盖;2—凸轮轴

2. 挺柱

1) 挺柱的功用及材料

挺柱是凸轮的从动件,其功用是将凸轮的运动和推力传给推杆或气门。挺柱常用镍铬合金铸铁或冷激合金铸铁制造。

2) 挺柱的构造

挺柱可分为普通挺柱和液压挺柱两大类,它们各有不同的结构形式。

(1) 普通挺柱。普通挺柱又分为平面挺柱、球面挺柱、滚轮式挺柱等形式,如图 3-32 所示。普通挺柱结构简单,质量小,但工作中易发生撞击噪声,且必须有气门间隙调整措施。一般在中、小型发动机中应用比较广泛。

普通挺柱工作时,挺柱底面与凸轮面摩擦很严重,易产生磨损,其中平面挺柱磨损最为严重,滚轮式挺柱磨损速度慢得多,因为它把滑动摩擦变成了滚动摩擦。为减小平面挺柱和球面挺柱的磨损,一是镶有耐磨材料,二是采用挺柱相对凸轮偏心安置,工作时挺柱可绕其中心线作匀速转动,使磨损均匀。

(2) 液压挺柱。液压挺柱的结构如图 3-33 所示,其工作原理如图 3-34 所示。

 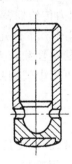 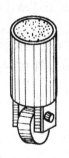 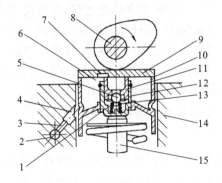

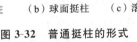

图 3-32　普通挺柱的形式

图 3-33　液压挺柱的结构
1—高压油腔;2—气缸盖油道;3—量油孔;4—斜油孔;
5—球阀;6—低压油腔;7—键形槽;8—凸轮轴;
9—挺柱体;10—挺柱焊缝;11—柱塞;12—油缸;
13—补偿弹簧;14—气缸盖;15—气门杆

在气门打开过程中,凸轮推动挺柱体和柱塞下移,而油缸受到气门弹簧的阻力不能立即下移,致使高压油腔油压升高,加上补偿弹簧的推力使球阀紧压在阀座上。于是,高低压油腔被球阀分隔开。由于液体的不可压缩性,整个挺柱如同一个刚体一样下移打开气门。此时,挺柱上的环形油槽已离开斜油孔并停止进油。

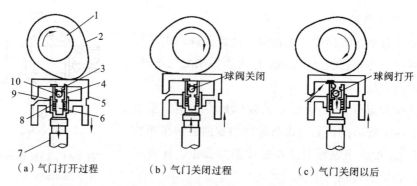

图 3-34 液压挺柱的工作原理
1—凸轮轴；2—凸轮；3—低压油腔；4—柱塞；5—挺柱体；
6—高压油腔；7—气门；8—补偿弹簧；9—油缸；10—球阀

在气门关闭过程中，气门弹簧推动气门及挺柱上移，由于仍受到凸轮和气门杆上、下两方面的顶压，高压油腔仍保持高压，球阀仍然关闭，液压挺柱仍相当于一个刚体，直至气门完全关闭为止。气门关闭后，补偿弹簧将柱塞和挺柱体继续向上推移一个微小的行程，以补偿因油液泄漏而缩短的那一段挺柱长度。与此同时，挺柱体上的环形油槽与气缸盖上的斜油孔对齐，球阀打开，润滑系统的油液经低压油腔进入高压油腔内，补充高压油腔中泄漏掉的油液。

气门受热膨胀伸长时，向上顶压油缸，高压油腔中的油通过柱塞与油缸之间的间隙挤入低压油腔，油缸相对于柱塞上移，从而使挺柱自动缩短，保证气门关闭严密。当气门冷却收缩时，补偿弹簧将油缸向下推动，挺柱自动伸长，保证无气门间隙。

采用液压挺柱，消除了配气机构中的间隙，减小了各零件的冲击和噪声。同时，凸轮轮廓可设计得陡一些，以便气门开启和关闭得更快，减小进气阻力、排气阻力，改善发动机的换气质量，提高发动机的性能，特别是高速性能。但是，液压挺柱结构复杂，加工精度要求较高。

3. 推杆

推杆处于挺柱和摇臂之间，其功用是将挺柱传来的运动和作用力传给摇臂。在下置式凸轮轴配气机构中，推杆是一根细长杆件，其结构有实心和空心两类，如图 3-35 所示。

推杆传递较大的力，故易弯曲。因此，要求推杆有较好的纵向稳定性和较大的刚度。

空心推杆一般用冷拔无缝钢管制造，两端焊上球头和球座；也可用中碳钢制成实心推杆，这时两端的球头或球座与推杆锻制成整体。

4. 摇臂及摇臂组

摇臂的功用是将推杆和凸轮传来的运动和作用力改变方向传给气门，使其开启。摇臂是一个双臂杠杆，以摇臂轴为支点，两臂不等长。短臂端加工有螺纹孔，用来拧入气门间隙调整螺钉；长臂端加工成圆弧面，是推动气门的工作面。摇臂的结构如图 3-36 所示。

摇臂在摆动过程中承受很大的弯矩，故要求具有足够的强度和刚度及较小的质量。摇臂常用锻钢、可锻铸铁、球墨铸铁或硬铝合金制造。

5. 摆臂与气门间隙自动补偿器

摆臂的功用与摇臂的相同，两者的区别只在于摆臂是单臂杠杆，其支点在摆臂的一端。在许多轿车发动机上用气门间隙自动补偿器代替摆臂支座，实现零气门间隙。气门间隙自动补偿器无论是结构还是工作原理都与液压挺柱的相同，之所以不称其为液压挺柱，是因为它不是凸轮的从动件，仅仅是摆臂的一个支承而已。因此，它既是摆臂的支座，又是补偿气门间隙变化的装置。

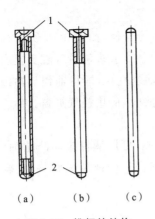

图 3-35 推杆的结构

1—球座;2—球头

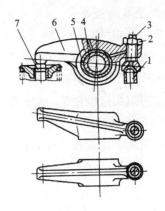

图 3-36 摇臂的结构

1—推杆;2—锁紧螺母;3—气门间隙调整螺钉;
4—摇臂轴;5—摇臂衬套;6—摇臂;7—气门杆尾端

三、气门传动组的检修

1. 凸轮轴的检修

凸轮轴常见的损伤为凸轮面的磨损、支承轴径磨损、凸轮轴的弯曲变形等。这些损伤会使气门的最大开度减小和充气效率降低,使配气相位发生变化,影响发动机的动力性和经济性。

凸轮轴检测

1) 凸轮工作面外观检视

检查凸轮工作面是否有擦伤和疲劳剥落现象,若有则应更换凸轮轴。

2) 凸轮工作面磨损的检修

凸轮表面磨损程度可用外径千分尺测量凸轮的高度 H 来判断,如图 3-37 所示。若高度超出使用限度,应更换凸轮轴。

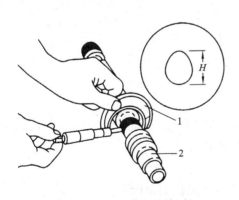

图 3-37 凸轮磨损的检测

1—外径千分尺;2—凸轮轴;H—凸轮高度

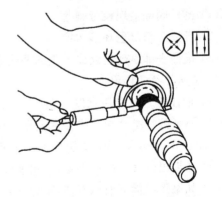

图 3-38 凸轮轴轴颈直径的测量

3) 凸轮轴弯曲变形的检修

将 V 形铁置于平板上,将凸轮轴置于 V 形铁上,使用百分表测量凸轮轴中间支承的径向圆跳动值。轻轻地回转凸轮轴 1 周,百分表指针的读数差即为凸轮轴的径向圆跳动值。若测量值超过极限值,则应进行冷压校正或更换凸轮轴。凸轮轴校直后,其径向圆跳动值应不大于规定值。

4) 凸轮轴轴颈磨损的检修

使用外径千分尺利用"两点法"测量每个凸轮轴轴颈的直径,如图3-38所示。在轴颈的两个不同截面上分别测量两垂直方向的直径尺寸,同时用内径百分表测量气缸盖上凸轮轴轴颈座孔的内径,如图3-39所示。用所测轴颈座孔内径减去相应轴颈直径,即得轴颈与轴颈座孔的配合间隙。如果该配合间隙超过极限值,则应更换凸轮轴,必要时,应更换气缸盖。

5) 凸轮轴轴向间隙的检测与调整

凸轮轴轴向间隙是靠止推板来保证的,测量该间隙时,可用撬杠拨动凸轮轴作轴向移动,用塞尺或百分表进行测量,如图3-40所示。如果测量值超限,则视情况调整、更换止推板或凸轮轴。

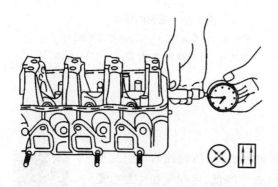

图3-39 凸轮轴颈座孔内径的测量

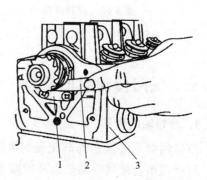

图3-40 凸轮轴轴向间隙的检测
1—止推板;2—塞尺;3—气缸盖

2. 挺柱的检修

1) 普通挺柱的检修

注意检测与凸轮接触面的磨损情况。如有轻微的不均匀磨损或擦伤划痕时,可用细砂布打磨;如果出现下列情况时应更换。

(1) 挺柱底部出现疲劳剥落。

(2) 挺柱底部出现环形沟槽。

(3) 挺柱底部出现裂纹或严重的擦伤划痕。

2) 液压挺柱的检修

检修液压挺柱时应注意以下几点。

(1) 测量液压挺柱导孔内径和液压挺柱外径,其配合间隙一般为 0.01～0.04 mm,最大间隙不得超过 0.1 mm,否则,应更换液压挺柱或对导孔镶套。

(2) 如果出现气门高度不足,应更换液压挺柱。

(3) 如果需要拆下液压挺柱,不允许互换,应在液压挺柱上做标记。

(4) 如果发现液压挺柱失灵,应更换新件。可拆解检查弹簧、钢球看其是否失效。

3. 摇臂、摇臂轴与摇臂轴弹簧的检修

1) 检视摇臂和调整螺钉的磨损

调整螺钉的端头如磨损严重,应更换调整螺钉。摇臂与凸轮的接触面如磨损严重或调整螺钉螺纹孔损坏,则应更换摇臂。

2）检测摇臂轴的弯曲变形

使用V形铁和百分表检测摇臂轴的弯曲变形,与检查气门杆弯曲变形的方法类似,直线度极限值为0.06 mm。如果测量值超限,可用冷压校正法校正或更换摇臂轴。

3）检测摇臂轴与摇臂孔的配合间隙

使用外径千分尺和内径百分表测量摇臂轴的直径和摇臂孔的内径,其差值即为两者的配合间隙,各数值应满足原厂要求。如果配合间隙超限,则应视摇臂轴直径和摇臂孔内径情况更换摇臂轴或摇臂,或两者都更换。

4. 同步齿形带和同步齿形带轮的检修

检查同步齿形带和同步齿形带轮有无磨损和裂纹,必要时,进行更换。一般轿车行程80 000～100 000 km后必须更换,否则,会严重损坏发动机。同步齿形带、同步齿形带轮和同步齿形带张紧轮不得沾有油和水,否则,会使齿形带橡胶膨胀,缩短使用寿命。

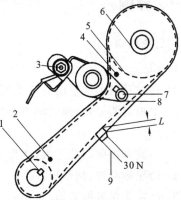

同步齿形带松紧度的检测,如图3-41所示。用30 N的力推压同步齿形带驱动侧的中间,检测其挠度L是否为6 mm;也可在同步带驱动侧的中间,用手扭转同步带,若刚好能达90°,则其张紧度合适,否则应予以调整。

图 3-41 同步齿形带松紧度的检测
1—同步齿形带轮半圆键;2、4、5、6—安装标记;
3—张紧轮螺栓;7—张紧轮固定螺钉;
8—张紧轮;9—推压计;L—同步齿形带挠度

5. 正时链轮和链条的检修

上置凸轮轴式配气机构的发动机采用链传动的很多,正时传动机构会因正时链条的磨损造成节距变长、噪声增大,严重时会使配气正时失准。因此,在维修中应认真检查。

1）正时链条的检修

测量全链长。测链条长度时,将链条以一定拉力拉紧后再测量其长度,如图3-42所示。测量时的拉力可为50 N,其长度不应超过该类发动机的规定值,否则应更换链条。如丰田2Y、3Y发动机的链条长度应不超过294.1 mm。

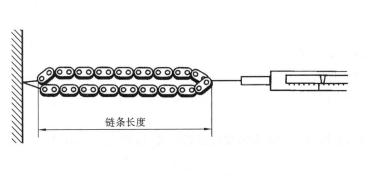

图 3-42 正时链条长度的测量

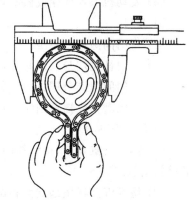

图 3-43 链轮直径的测量

2）正时链轮的检修

测量链轮直径。将链条分别包住凸轮轴正时链轮或曲轴正时齿轮,用游标卡尺测量其直径,如图3-43所示。其直径不得小于允许值,否则应更换链条与链轮。例如,丰田2Y、3Y发动机允许的最小值:凸轮轴正时链轮为114 mm,曲轴正时齿轮为59 mm。

任务4 配气机构的故障诊断与排除

一、异响

1. 凸轮轴响

1) 现象

(1) 在发动机上部发出有节奏较钝重的"嗒嗒嗒"的响声。

(2) 中速时明显,高速时响声杂乱或消失。

2) 原因

(1) 凸轮轴轴向间隙过大,产生轴向蹿动。

(2) 凸轮轴有弯、扭变形。

(3) 凸轮工作表面磨损。

(4) 凸轮轴轴颈磨损,径向间隙过大。

3) 诊断与排除

(1) 按任务3有关内容检查凸轮轴轴向间隙。如其轴向间隙过大,则应更换止推板;严重时,应更换凸轮轴。

(2) 如果凸轮轴轴向间隙正常,则表明有凸轮轴弯扭变形、凸轮磨损或凸轮轴轴颈磨损等不良现象。此时,应分解配气机构,查明具体原因,视情形更换凸轮轴。

2. 气门脚响

1) 现象

(1) 发动机怠速时,气缸盖罩内发出有节奏的"嗒嗒嗒"的响声。

(2) 发动机转速升高,响声增大。

(3) 发动机温度变化或做断火试验,响声不变。

2) 原因

(1) 气门间隙调整不当。

(2) 气门杆尾端与气门间隙调节螺钉磨损。

(3) 气门间隙调节螺钉的锁紧螺母松动。

(4) 凸轮磨损或摇臂圆弧工作面磨损。

3) 诊断与排除

(1) 拆下气缸盖罩,检查气门间隙调节螺钉的锁紧螺母是否松动;检查气门间隙值,并视情形重新调节。

(2) 检查气门杆尾部端面和调节螺钉的磨损情况,必要时更换气门或调节螺钉。

(3) 检查凸轮与摇臂圆弧工作面的磨损情况,视情形更换凸轮轴或摇臂。

3. 气门弹簧响

1) 现象

(1) 发动机怠速时有明显的"嚓嚓嚓"的响声。

(2) 各转速下均有清脆的响声,多根气门弹簧不良,机体有震抖现象。

2) 原因

气门弹簧过软或折断。

3) 诊断与排除

(1) 拆下气缸盖罩,用旋具撬住气门弹簧。若弹簧折断,可明显地看出。弹簧折断应予以更换。

(2) 用旋具撬住气门弹簧,怠速运转发动机,若响声消失,即为该弹簧过软。弹簧若过软,必须更换。

4. 气门座圈响

1) 现象

(1) 有节奏的类似气门脚响,但比气门脚响的声音大很多。

(2) 发动机转速一定时,响声时大时小,并伴有破碎声。

(3) 发动机中低速运转时,响声较清脆,高速时响声增大且变得杂乱。

2) 原因

(1) 气门座圈和气缸盖气门座圈座孔配合过盈量不足。

(2) 气门座圈镶入气缸盖气门座圈座孔后,滚边时没有将座圈压牢。

(3) 气门座圈因粉末冶金质量不佳,受热变形而松动。

3) 诊断与排除

拆下气缸盖罩,经检查不是气门脚响和气门弹簧响,即可断定为气门座圈响。分解配气机构后进一步检查,必要时,铰削气门座圈座孔,更换松动的气门座圈,并保证其压入后有足够的过盈量。

二、磨损和裂纹

配气机构的维护与修理就是恢复零件的工作性能,保证配气正时、气门关闭严密,使进气充分、排气彻底,工作平稳无异响,提高发动机的功率,降低燃油消耗。

气门与气门座的良好配合是决定配气机构正常工作的重要环节,直接影响到气缸的密封性。如果配气机构的磨损逾限,则会出现漏气的现象。

如果气门组和气门传动组出现磨损超过规定值,则直接把该组件换掉。

如果气门组件配合面出现剥落、裂纹、擦伤划痕和挺柱与导孔配合松旷等现象,则采用煤油测试法进行测试是否有裂纹;如果有裂纹则直接将该组件换掉。

任务5 可变配气相位控制技术

传统发动机的配气机构在发动机制造装配好之后,配气相位及气门升程是不变的。理想的配气相位应该随发动机的转速、负荷及其他工况变化而改变。但传统的配气机构难以同时满足这些要求。

为了解决此问题,近年来,现代轿车的一些发动机上已大量采用了可变配气正时控制系统,在一定范围内调整凸轮轴的转角和升程,优化控制配气正时,使发动机动力性和经济性提高,高低速性能和稳定性改善,减小了排放污染。

可变配气相位控制机构种类较多,目前,实际应用较多的有:丰田汽车和大众汽车帕萨特B5 的可变配气正时控制系统,本田汽车的可变气门行程控制系统。

1. 丰田汽车 VVT-i 系统

1）VVT-i 系统的构造

丰田雷克萨斯 LS VVT-i 系统如图 3-44 所示。

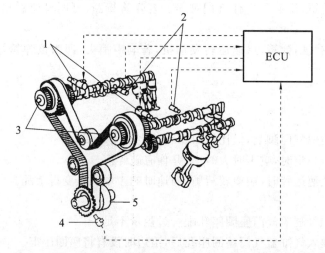

图 3-44　丰田雷克萨斯 LS VVT-i 系统示意图

1—凸轮轴正时控制阀；2—VVT-i 传感器；3—VVT-i 控制器；4—曲轴位置传感器；5—机油泵

2）VVT-i 控制器的结构

VVT-i 控制器的结构如图 3-45 所示。它包括由正时同步齿形带驱动的外齿轮和与进气凸轮轴刚性连接的内齿轮，以及一个位于内、外齿轮之间的可动活塞组成。活塞的内外表面上有螺旋花键，活塞沿轴向的移动会改变内、外齿轮间的相位，从而产生气门配气相位的连续改变。

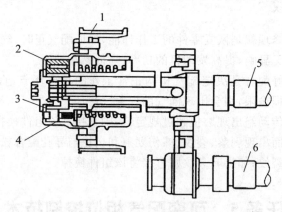

图 3-45　VVT-i 控制器

1—正时齿轮带；2—活塞；3—内齿轮；4—外齿轮；5—进气凸轮轴；6—排气凸轮轴

3）VVT-i 控制器的工作原理

如图 3-46 所示，凸轮轴正时控制阀根据 ECU 的指令控制阀轴的位置，从而将油压施加给凸轮轴正时同步齿形带轮以提前或推迟配气正时。发动机停机时，凸轮轴正时机油控制阀处于最延迟位置，如图 3-46(b)所示。

发动机运转时，根据发动机 ECU 的指令，当凸轮轴正时机油控制阀位于如图 3-46(a)所示的位置时，机油压力施加在活塞的左侧，使得活塞向右移动。由于活塞上螺旋花键的作用，进气凸轮轴相对于凸轮轴正时同步齿形带轮提前某一个角度。

发动机转速降低时,ECU 的指令使凸轮轴正时机油控制阀位于图 3-46(b)所示的位置时,活塞向左移动,进气凸轮轴相对于凸轮轴正时齿轮带延迟一定角度。

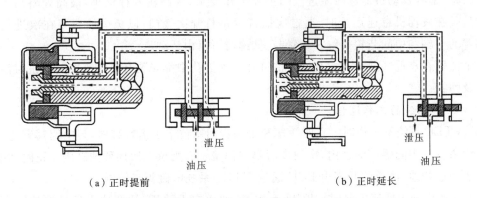

(a)正时提前　　　　　　　　　　(b)正时延长

图 3-46　VVT-i 控制器的工作原理

发动机转速恒定时,凸轮轴正时机油控制阀关闭油道,保持活塞两侧的压力平衡,保持配气相位在某一特定范围内,由此便得到理想的配气正时。

2. 本田汽车 VTEC 系统

本田汽车公司于 1989 年推出了自行研制的 VTEC 系统。它是世界上第一个能同时控制气门开闭时间及升程的气门控制系统。

1) VTEC 系统的结构

如图 3-47 所示,本田 ACCORD F22B1 发动机装有的 VTEC 系统,主要由气门、凸轮、摇臂和同步活塞等组成。

与一般高速发动机一样,本田 VTEC 系统发动机每缸配置有 2 进 2 排共 4 个气门,它的 2 个进气门有主进气门和次进气门之分。每个进气门均由单独的凸轮通过摇臂来驱动,驱动主、次进气门的凸轮分别称为主凸轮、次凸轮;与主、次进气门接触的摇臂称为主摇臂、次摇臂;主、次摇臂之间有一个特殊的中间摇臂,它不与任何气门直接接触。三个摇臂并列在一起组成进气摇臂总成,如图 3-48 所示。

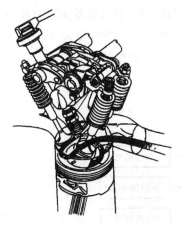

图 3-47　本田 VTEC 系统

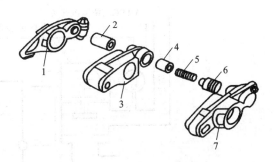

图 3-48　进气摇臂总成

1—次摇臂;2—次同步活塞;3—中间摇臂;4—中间同步活塞;
5—弹簧;6—正时活塞;7—主摇臂

凸轮有主凸轮、次凸轮、中间凸轮,分别驱动主摇臂、次摇臂和中间摇臂。三个凸轮升程不同:中间凸轮升程最大,适合发动机高速时主、次进气门工作时配气气相位要求;主凸轮升程小于中间凸轮,适合发动机低速时主进气门单独工作要求;次凸轮升程最小,最高处略高于基圆,其作用只是在发动机怠速运行时,通过次摇臂少量打开次气门,以免燃油聚集在次进气门口。中间摇臂的一端和中间凸轮接触,另一端在低速时可自由活动。

三个摇臂在靠近气门一端均有一个油缸孔。油缸孔中都安装有靠油压控制的正时活塞、同步活塞及弹簧。

2) VTEC 系统的工作过程

(1) VTEC 系统不工作时。正时活塞和主同步活塞位于主摇臂缸内,与中间摇臂等宽的中间同步活塞位于中间摇臂油缸内,次同步活塞和弹簧一起则位于次摇臂油缸内。正时活塞的一端和液压油道相通,油道的开闭由 ECU 通过 VTEC 系统电磁阀来控制。

(2) 发动机处于低速工况时。ECU 无指令,油道内无油压,活塞位于各自的油缸内,各个摇臂均独自作上下运动。主摇臂紧随主凸轮开闭主进气门,供给发动机在低速工况时所需的混合气;次凸轮迫使次摇臂微微起伏,次进气门微微开闭;中间摇臂虽随着中间凸轮大幅度运动,但它对任何气门均不起作用。因此,发动机处于单进、双排工作状态,吸入的混合气不到高速时的一半。因所有气缸参与工作,发动机运转十分平稳。

(3) 发动机高速运行时。即发动机转速、负荷、冷却液温度、车速达到定值时,ECU 向 VTEC 系统电磁阀供电并开启,来自润滑油道的机油压力推动正时活塞,正时活塞又推动两同步活塞,压缩弹簧;主摇臂、中间摇臂和次摇臂被主同步活塞、中间同步活塞和次同步活塞串联为一体,成为一个同步活动的组合摇臂。

因中间凸轮的升程大于另两个凸轮,配气定时提前,故组合摇臂随中间摇臂一起受中间凸轮驱动,主、次气门均大幅度地同步开闭,配气相位处于最佳状态,吸入的混合气增多,满足发动机高速、大负荷的进气要求。

3) VTEC 系统的控制原理

如图 3-49 所示,VTEC 系统是采用一根凸轮轴上设计高速型和低速型两种不同配气定时和气门升程的凸轮,利用液压进行切换的装置。切换原理是 ECU 根据传感器提供的发动机转速、负荷、冷却液温度及车速信号进行判断处理后输出相应控制信号,通过电磁阀调节摇臂内活塞液压系统,使发动机在不同工况下由不同的凸轮控制,从而使进气门的开度和正时处于较佳状态。电磁阀开启后,控制系统通过压力开关反馈信号给 ECU,以监控系统工作。

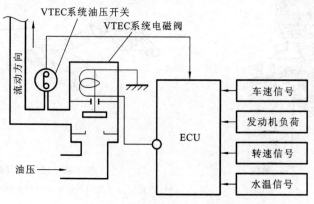

图 3-49 VTEC 系统的控制原理

项目实训　配气机构的拆装与检查

一、实训内容、要求与安排

1. 实训内容与要求

（1）学会配气机构的拆卸与安装。
（2）学会气门间隙的检查与调整。

2. 主要实训条件

（1）汽车发动机 1 台。
（2）汽车常用拆装工具 1 套。
（3）千分尺 1 把。
（4）空气压缩机 1 台。
（5）气门杆弯曲检查平台 1 台。
（6）柴油 1 kg 左右。
（7）相关的教具、视频和教学挂图。
（8）多媒体教室 1 间。

3. 实训安排

（1）实训课时：2 学时。
（2）实训组织：每组 5~6 名学生，由老师指导，学生动手拆装。

二、实训步骤、操作方法及注意事项

1. 配气机构的拆解

发动机配气机构的解体应在专用的拆装架上进行。解体时，应使用专用工具先拆除发动机各附件，然后按照由外到内的顺序进行拆解。具体步骤如下。

（1）从汽缸盖上拆下凸轮轴各道轴承盖的紧固螺母，取下轴承盖及凸轮轴，并把轴承盖按顺序排列或打上装配标记，不得错乱。

（2）取出气门尾端的挺柱（液压挺柱），按顺序排列或在内壁上做上标记。

（3）用气门弹簧拆装架拆气门弹簧，如图 3-50 所示。取出气门锁片、气门弹簧座、气门弹簧、气门油封及气门，各组件按顺序摆放好，不得错乱。

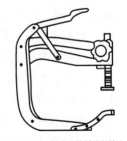

图 3-50　气门弹簧拆装架

气门弹簧拆装架是一种专门拆装顶置气门弹簧的专用工具。使用时，将拆装架托架抵住气门，压环对正气门弹簧座，然后压下手柄或旋转螺杆，使得气门弹簧被压缩，便可取下气门弹簧锁销（或锁片），再慢慢松开压环，即可取出气门弹簧座、气门弹簧和气门等零件。

2. 配气机构的装配

配气机构的装配按拆卸时的相反顺序操作，并应注意下列事项。

(1) 装配前对零部件进行清洗,并应用有关仪器、量具对凸轮轴、气门、气门弹簧、挺柱等零件进行检验操作方法训练。

(2) 气门组件、液压挺柱、凸轮轴轴承盖等部件必须按原位装入,不得装错。

(3) 各紧固件必须按规定顺序和力矩拧紧。

(4) 安装正时齿形带或正时链条前,必须使凸轮轴正时齿形带轮或正时链轮上的正时标记与气门罩盖上的正时标记对准。

3. 气门间隙的检查

(1) 摇转曲轴,使被检查气门处于完全关闭状态。

(2) 用塞尺插入气门杆尾部与气门摇臂之间,来回抽动塞尺检查,以抽动时稍有阻力为合适,其塞尺厚度即为气门间隙值,如图3-51所示。

气门间隙(冷态)为:

	进气门	排气门
EQ1092:	0.20～0.30 mm	0.25～0.35 mm
CA1092:	0.200～0.25 mm	0.200～0.25 mm

图3-51 气门间隙位置

图3-52 正时位置

4. 气门间隙的调整

1) 逐缸调整法的步骤

(1) 拆下气门室罩,慢慢地摇转曲轴,当两气门完全关闭时,观察到正时齿轮室盖指针的"零"位与曲轴皮带轮上的三角槽对准(见图3-52)或发动机飞轮上的"1—6"标志与飞轮壳上的刻线重合(见图3-53),此时,一缸活塞处于压缩行程上止点。

(2) 旋松该缸进、排气门,调整螺钉的锁紧螺母,并旋松调整螺钉。

(3) 用符合气门间隙值的塞尺尺片插入气门杆尾部与气门摇臂之间,边旋入调整螺钉,边抽动塞尺尺片,至拉动时稍有阻力为止,如图3-54所示。

(4) 固定调整螺钉,拧紧锁紧螺母,并复检一次。

(5) 按发动机的工作顺序,摇转曲轴180°(四缸发动机)或120°(六缸发动机),依次使下一缸处于压缩行程上止点,调整该缸进、排气门间隙。

2) 两次调整法的步骤

(1) 按上述方法找出第一缸压缩行程上止点位置。

(2) 根据发动机的工作顺序和配气相位,判断出可以调整的气门。对于EQ1092型和CA1092型发动机,可从前向后调整第1、2、4、5、8、9各气门。

(3) 对各可调气门间隙进行调整。

(4) 第一次调整结束后,再用塞尺复检一次,然后将曲轴摇转360°,使六缸处于压缩冲程上

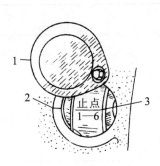

图 3-53 正时标记

1—盖板；2—飞轮壳刻线；3—飞轮

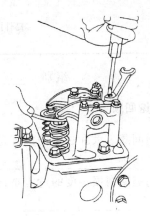

图 3-54 气门间隙调整

止点位置，再调整第 3、6、7、10、11、12 气门。

5. 液力挺柱的检查

(1) 启动发动机，并使散热器的风扇接通运转一次。

(2) 提高发动机转速至 2 500 r/min，并运转 2 min，这时液力挺柱不应有杂音。

(3) 若液力挺柱在运转过程中一直有杂音不消失，则应予以更换。

思考题

1. 简述发动机配气相位。
2. 为什么要留有气门间隙？气门间隙过小或者过大有何危害？
3. 为什么进气门、排气门要提前开启和延迟关闭？
4. 已知某型号发动机的进气提前角度数为 20°，气门叠开角度数为 39°，进气持续角度数为 256°，排气持续角度数为 249°，画出其配气相位图。
5. 为什么铰磨气门座圈前，先要检验气门与导管的配合间隙？

实训工单　配气机构检测

姓名_____　组别_____　组长_____　组员_____

一、理论回顾

1. 气门间隙过大和过小的危害是什么？_____

2. 气门座圈磨损过度的危害是什么？_____

二、实操测验

1. 配气相位包括（　　）。
 A. 进气提前角　　B. 进气迟闭角　　C. 排气提前角　　D. 排气迟闭角
2. 气门间隙的调整方法包括（　　）。
 A. 逐缸调整法　　B. 二次调整法　　C. 三次调整法　　D. 四次调整法
3. 气门与气门座圈的密封性检测方法包括（　　）。
 A. 划线检测　　B. 仪器检测　　C. 渗漏检测　　D. 目视检测
4. 同步齿形带松紧度检查时，其标准是：用手扭动齿形带，刚好转动（　　），表示松紧度刚好合适。
 A. 180°　　B. 45°　　C. 90°　　D. 60°

三、测量记录

1. 气门与气门座圈密封性检测（画线检测）

正常情况	
实际情况	
结果分析	

2. 凸轮轴检测

项　　目	检测结果	标　　准	合格与否
凸轮外观检视			
凸轮工作面磨损情况			
凸轮轴轴颈磨损情况			
结果分析			

四、评价（优、良、中、合格、不合格）

项　　目	自我评价	学生互评	老师评价
实训态度			
实训操作			

实训结论			
卫生打扫			
总评			

项目 4
汽油发动机燃油供给系统的构造与检修

发动机不同工况需要燃烧不同浓度的可燃混合气,弄清楚发动机可燃混合气的形成方法和各个系统组成功用和结构是本项目的关键。

◀ **知识要点**

(1) 汽油发动机燃油供给系统的组成。
(2) 燃油供给系统的构造。
(3) 空气供给系统的构造。

◀ **学习目标**

(1) 掌握燃油供给系统的油路及组成。
(2) 掌握燃油供给系统各组成部件的结构、原理、安装位置及作用。
(3) 认知空气供给系统各组成部件的名称及安装位置。
(4) 能对燃油供给系统进行目视检查及正确拆装。

◀ **知识导入**

汽油发动机
缸内直喷技术

任务1　汽油发动机燃油供给系统的认知

一、汽油发动机燃油供给系统的功用及类型

1. 汽油发动机燃油供给系统的功用

汽油发动机燃油供给系统的功用是根据发动机各种不同工况的要求，配制出一定浓度和数量的可燃混合气输入气缸，并将燃烧做功后产生的废气排入大气。

2. 汽油发动机燃油供给系统的类型

根据可燃混合气形成原理的不同，汽油发动机燃油供给系统可分为化油器式燃油供给系统和电控喷射式燃油供给系统。传统的化油器式燃油供给系统已经不能满足现代汽车节能减排的发展要求而被逐渐淘汰，目前汽车发动机广泛采用电控喷射式燃油供给系统。

电控喷射式汽油发动机燃油供给系统简称电控汽油喷射系统（EFI），它利用电子控制技术控制喷油器，将一定数量和压力的汽油以雾状直接喷入进气管道或气缸中，与进入的空气混合而形成可燃混合气。电控汽油喷射系统可以提高汽油的雾化质量，改善燃烧效果，同时可对可燃混合气的空燃比进行精确控制，使发动机在任何工况下都处于最佳工作状态，改善汽油发动机的性能。

二、电控汽油喷射系统的组成

电控汽油喷射系统的类型较多，但其组成基本相同，即由燃油供给系统、空气供给系统、电子控制系统组成，如图4-1所示。

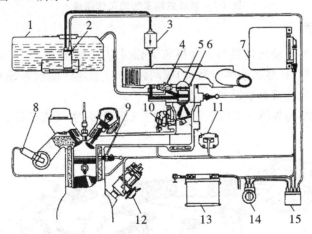

图 4-1　电控汽油喷射系统的组成

1—汽油箱；2—电动汽油泵；3—汽油滤清器；4—油压调节器；5—喷油器；6—进气温度传感器；
7—电控单元；8—氧传感器；9—冷却液温度传感器；10—怠速控制阀；11—节气门及节气门位置传感器；
12—曲轴位置传感器；13—蓄电池；14—点火开关；15—继电器

1. 燃油供给系统

燃油供给系统的功用是向气缸内供给燃烧时所需的一定量的燃油，该系统主要由油箱、汽油泵、汽油滤清器、压力调节器及喷油器等组成，如图4-2所示。汽油泵将汽油从油箱吸出后，

经过汽油滤清器除去杂质和水分;压力调节器控制供油总管的油压(一般为 0.25～0.3 MPa)后,送至各缸喷油器或低温启动喷油器,如图 4-3 所示。喷油器根据电控单元的喷油指令,把适量的汽油喷射到进气门前,在进气行程时,汽油与空气形成的可燃混合气被吸入气缸内。

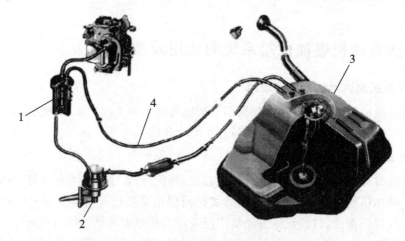

图 4-2 燃油供给系统的结构
1—汽油滤清器;2—汽油泵;3—油箱;4—油管

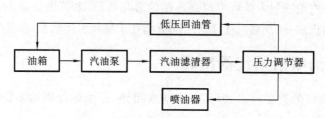

图 4-3 燃油供给系统的工作原理

2. 空气供给系统

空气供给系统是为发动机提供与发动机负荷相适应的、清洁的空气,同时对流入发动机气缸的空气量进行直接的(L 型燃油喷射系统)或间接的(D 型燃油喷射系统)计算,使之与喷油器喷油后形成的可燃混合气符合发动机工况要求。

空气供给系统的结构如图 4-4 所示,主要由空气滤清器、空气流量计、进气总管及进气歧管

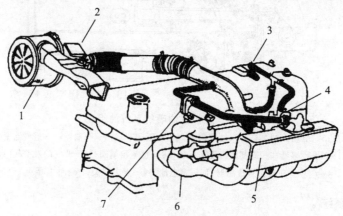

图 4-4 空气供给系统的结构
1—空气滤清器;2—空气流量计;3—PCV 管;4—怠速电磁阀;5—进气总管;6—进气歧管;7—空气阀

等组成。

L型燃油喷射系统中,发动机工作时,空气经过空气滤清器的过滤后,通过空气流量计、节气门体进入到进气总管,再通过进气歧管分配给各气缸。节气门体通过控制节气门的开度来控制进入发动机内的空气量,从而控制发动机的输出功率。在采用旁通式怠速控制系统的发动机上,节气门体的外部或内部设有与主进气道关联的旁通气道,并由怠速控制阀控制怠速时的进气量,如图4-5所示。

图 4-5　L型燃油喷射系统的工作原理

D型燃油喷射系统与L型燃油喷射系统不同的是,它没有空气流量计来检测空气量,它是通过进气歧管绝对压力传感器来检测进气总管内的压力从而间接地检测发动机的进气量,如图4-6所示。

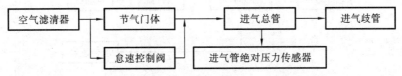

图 4-6　D型燃油喷射系统的工作原理

3. 电子控制系统

电子控制系统主要由电控单元(ECU)、各种传感器及执行器三部分组成,如图4-7所示。ECU是电子控制系统的核心,主要功用是控制和检测。ECU一方面接收来自各个传感器传来的信号,根据空气流量信号和转速信号确定基本的喷油量,再根据其他传感器(如冷却液温度传感器、节气门位置传感器等)对喷油量进行修正;另一方面完成对这些信息的处理,并发出相应指令控制执行器的动作,即控制喷油器喷油。传感器负责把各种反映发动机工况和汽车运行状况的参数转变成电信号(电压或电流)提供给ECU,使ECU正确地控制发动机运转或汽车运行。执行器用来完成ECU发出的各种指令,是ECU指令的执行者。

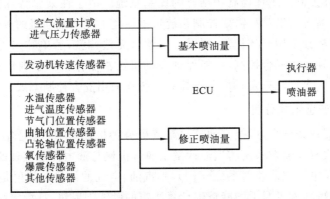

图 4-7　电子控制系统组成及工作原理

三、电控汽油喷射系统的类型

电控汽油喷射系统发展至今已有多种类型,根据其结构特点分为以下几种。

1. 按系统控制模式分类

按系统控制模式分类,电控汽油喷射系统可分为开环控制、闭环控制和混合控制三种类型。

1) 开环控制

开环控制把根据试验确定的发动机各种运行工况所对应的最佳供油量的数据事先存入ECU中,发动机在实际运行过程中,主要根据各个传感器的输入信号,判断发动机所处的运行工况,再找出最佳供油量,并发出控制信号,如图4-8所示。

图4-8 开环控制系统工作原理

2) 闭环控制

闭环控制系统又称为反馈控制系统,其特点是加入了反馈传感器,输出反馈信号并反馈给控制器,以随时修正控制信号,如图4-9所示。

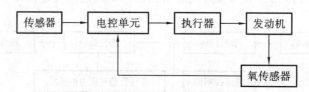

图4-9 闭环控制系统工作原理

闭环控制系统在排气管上加装了氧传感器,可根据排气管中氧含量的变化,测出发动机燃烧室内混合气的空燃比,并把它输入ECU,再与设定的目标空燃比进行比较,将偏差信号经功率放大器放大后再驱动电磁喷油器喷油,使空燃比保持在设定的目标值附近。因此,闭环控制可达到较高的空燃比控制精度,并可消除因产品差异和磨损等引起的性能变化对空燃比的影响,工作稳定性好,抗干扰能力强。

采用闭环控制的燃油喷射系统后,可保证发动机在理论空燃比(14.7)附近很窄的范围内运行,使三元催化转换装置对排气的净化处理达到最佳效果。

3) 混合控制

混合控制即开环控制和闭环控制相结合的控制系统。由于在某些特殊工况下(如启动、暖机、加速、怠速、满负荷等),发动机需要控制系统根据该类工况下发动机的具体工作情况提供较浓的混合气,此时若单独采用开环控制,则混合气浓度无法调整,若单独采用闭环控制,则混合气浓度偏小,因此必须采用混合控制,才能保证发动机正常工作。由于现代汽车经常处于以上特殊工况,所以目前大多数汽车发动机电子控制系统均采用混合控制方式。

2. 按喷射控制装置形式分类

按喷射控制装置形式分类,电控汽油喷射系统可分为机械式、机电混合式和电子控制式三种类型。其中机械式汽油喷射系统的汽油计量是通过机械与液力传动实现的,现已被淘汰。现代汽车广泛使用的是电控汽油喷射系统(EFI),其汽油、空气的计量和喷射是由ECU及电磁喷油器实现的,在发动机各种工况下均能精确计算所需的燃油喷射量,且稳定性好,能实现发动机运行的优化设计和优化控制。因此,它在汽油喷射系统中被广泛应用。

3. 按喷油器数目分类

按喷油器数目分类,电控汽油喷射系统可分为单点喷射(SPI)和多点喷射(MPI)两种形式,如图4-10所示。

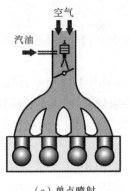
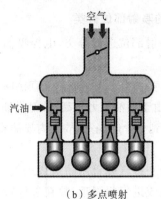

（a）单点喷射　　　　　　　　（b）多点喷射

图 4-10　喷射类型

1）单点喷射（SPI）

几个气缸共用一个喷油器的称为单点喷射。在进气管节流门上方装一个中央喷射装置，用1~2个喷油器集中喷射。汽油喷入进气气流中，形成的可燃混合气由进气歧管分配到各个气缸中。

2）多点喷射（MPI）

在发动机每一个气缸进气门前方的进气歧管上均安装一只喷油器的称为多点喷射。该系统的燃油喷射在节气门附近的进气歧管内，空气与燃油在靠近进气门外形成混合气，可保证各缸获得均匀的混合气。

显然，多点燃油喷射系统燃油分配均匀性较好，从而提高了发动机的综合性。

4．按喷射的控制方式分类

按喷射是否具有连续性分类，汽油喷射系统可分为连续喷射式和间歇喷射式两种。

1）连续喷射式

连续喷射式是指在发动机工作期间，喷油器连续不断地向进气道内喷油，且大部分汽油是在进气门关闭时喷射的。这种喷射方式大多用于机械控制式或机电混合控制式汽油喷射系统。

2）间歇喷射式

间歇喷射式是指在发动机工作期间，汽油被间歇地按一定规律喷入进气道内。电控汽油喷射系统都采用间歇喷射方式。

间歇喷射还可按各缸喷射时间分为同时喷射、分组喷射和顺序喷射等三种形式，如图4-11所示。同时喷射是电控单元发出同一个指令控制各缸喷油器同时喷油。分组喷射是指各缸喷油器分成两组，每一组喷油器共用一根导线与电控单元连接，电控单元在不同时刻先后发出两个喷油指令，分别控制两组的喷油器交替喷射。顺序喷射则是指喷油器按发动机各缸的工作顺序进行喷射。电控单元根据曲轴位置传感器信号，辨别各缸的进气行程，适时发出各缸喷油指令以实现顺序喷射。

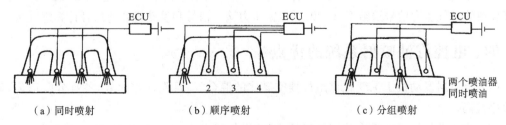

（a）同时喷射　　　　　（b）顺序喷射　　　　　（c）分组喷射

图 4-11　间歇喷射控制方式

5. 按喷油器的喷射部位分类

按喷油器的喷射部位进行分类,电控喷油系统可分为缸内喷射和缸外喷射两种形式。

1) 缸内喷射

缸内喷射是将喷油器安装在缸盖上直接向缸内喷油,如图 4-12 所示,因此需要较高的喷油压力(3~12 MPa)。由于喷油压力较高,故对供油系统的要求较高,成本也相应较高。同时由于要求喷出的汽油能分布到整个燃烧室,故缸内喷油器的布置及气流组织方向比较复杂,目前较少使用。

2) 缸外喷射

缸外喷射是指在进气歧管内喷射或进气门前喷射,如图 4-13 所示。在该方式中,喷油器被安装在进气歧管内或进气门附近,故在进气过程中汽油被喷射后与空气混合形成可燃混合气再进入气缸内。理论上,喷射时刻设计在各缸排气行程上止点前 70°左右为佳。喷射方式可以是连续喷射,也可以是间歇喷射。

图 4-12 缸内喷射

图 4-13 缸外喷射

相对而言,由于缸外喷射方式汽油的喷油压力(0.1~0.5 MPa)不高,且结构简单,成本较低,故目前应用较为广泛。

6. 按空气量的检测方式分类

电控汽油发动机在控制喷油时,需要确定当前的进气量,根据进气量的检测方式不同,燃油喷射系统分为流量型(L 型)和压力型(D 型)两大类。

1) 流量型

流量型又有体积流量型和质量流量型两种。体积流量型采用翼板(叶片)式空气流量计或(卡门)涡流式空气流量计计算气缸充气的体积量;质量流量型采用热线式或热膜式空气流量计直接测量进入气缸的空气质量。

2) 压力型

压力型电控汽油喷射系统根据进气管内绝对压力来间接计量发动机进气量。压力传感器将进气管内的进气压力信号送给 ECU,ECU 根据压力输入信号和发动机转速信号计算进气量。

四、电控汽油喷射系统的优点

(1) 能根据发动机工况变化供给最佳空燃比的混合气,且汽油雾化好,各缸分配均匀,使燃烧效率提高。

(2) 由于进气管道中没有狭窄的喉管,因此进气阻力小,充气性能好,充气效率高。

(3) 混合气质量高,因此发动机启动性能好;发动机的振动有所减轻,汽车的加速性能也有显著改善。

（4）当汽车在不同地区行驶时，对大气压力或外界环境温度变化引起的空气密度变化，可以进行适量的空燃比修正。

（5）在发动机启动时，可以用 ECU 计算出启动供油量，并且能让发动机顺利经过暖机运转，使发动机启动更容易，且暖机性能提高。

（6）能迅速减速和限速断油。

可见，电控汽油喷射发动机能很好地适应减少排放、降低油耗、提高输出功率及改善驾驶性能等使用要求，因此，电控汽油喷射发动机已成为现代汽油发动机的主流。

任务 2　燃油供给系统的构造与检修

一、燃油供给系统的构造

燃油供给系统主要由油箱、汽油滤清器、汽油泵、喷油器及油管等主要装置组成。

1. 油箱

1）作用

油箱的主要作用是储存汽油，其储备里程一般为 200～600 km。普通汽车有一个油箱，越野汽车常有主、副两个油箱。货车油箱位于车架外侧、驾驶员座位下面或货台下面，轿车油箱一般装在后备厢下部。

2）结构特点

图 4-14、图 4-15 所示分别为货车油箱和轿车油箱。

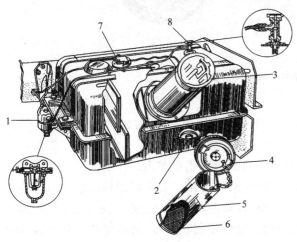

图 4-14　货车油箱

1—汽油滤清器；2—放油螺栓；3—加油管；4—油箱盖；
5—加油延伸管；6—滤网；7—油面指示表传感器；8—出油开关

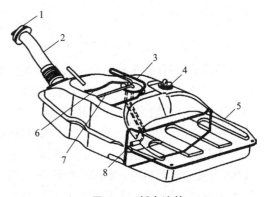

图 4-15　轿车油箱

1—油箱盖；2—加油管；3—输油管；4—油量传感器；
5—油箱体；6—燃油管；7—回油管；8—浮子

油箱的油箱体用薄钢板冲压焊接而成，油箱上部设有加油管，管内带有可拉出的加油延伸管，延伸管底部有滤网，加油管用油箱盖盖住。油箱上表面装有油面指示表传感器和出油开关及回油管，出油开关经输油管与汽油滤清器相通。油箱底部有放油螺栓，用于排除箱内的积水和污物。箱内装有隔板，可减缓汽车行驶时的燃油激烈振荡。现代汽车的油箱体采用高密度聚乙烯吹塑而成,其优点是抗冲击、防腐蚀、紧密性好、易成形,并且结构紧凑、质量小、成本低,提高了汽车行驶的安全性。

为了防止汽油在行驶中因振荡而溅出,油箱必须密封。但随着汽油输出,油箱内油液液面降低,油箱内将形成一定的真空度,会使汽油泵失去吸油能力。另一方面,在外界温度高的情况下,汽油蒸气过多会使油箱内压力过大。因此,必须要求油箱能与大气相通。为此,一般采用带有空气阀和蒸气阀的油箱盖。现代汽车上已经广泛采用汽油蒸发控制系统(EVAP)代替了蒸气阀。

2. 汽油泵

1)作用

汽油泵的作用是将汽油从油箱中吸出,为燃油供给提供足够的压力。

2)分类及工作原理

电控汽油喷射系统中应用的电动汽油泵通常有两种类型,即滚柱式电动汽油泵和叶片式电动汽油泵。

(1)滚柱式电动汽油泵。它由油泵电动机、泵体、滚柱和转子等组成,其结构如图 4-16 所示。由永磁电动机驱动的滚柱式电动汽油泵的转子偏心地安装在泵体内,滚柱装在转子的凹槽中。

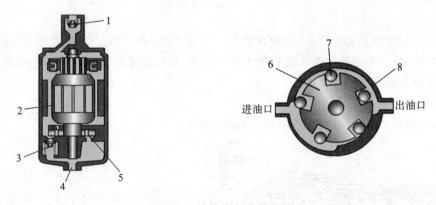

图 4-16 滚柱式电动汽油泵

1—出油阀;2—油泵电动机;3—安全阀;4—进口;5—泵室;6—转子;7—滚柱;8—泵体

当转子旋转时,滚柱在离心力的作用下紧压在泵体的内表面上;同时在惯性力的作用下,滚柱总是与转子凹槽的一个侧面贴紧,从而形成若干个工作腔。在汽油泵工作过程中,进口一侧的工作腔容积增大,成为低压吸油腔,汽油经进油口被吸入工作腔内。在出油口一侧的工作腔容积减小,成为高压压油腔,高压汽油从压油腔经出油口流出。安全阀的作用是当油压超过 0.45 MPa 时开启,使汽油回流到进油口,以防止油压过高损坏汽油泵。在出油口处装设单向出油阀,当发动机停机时,出油阀关闭,防止管路中的汽油倒流回汽油泵,借以保持管路中有一定的油压,目的是再启动发动机时比较容易。

滚柱式电动汽油泵运转时噪声大,油压脉动也大,而且泵体内表面和转子容易磨损。

(2)叶片式电动汽油泵。它由油泵电动机、叶轮、出油阀、安全阀等组成,其结构如图 4-17 所示。叶轮是一个圆形平板,在平板的圆周上加工有小槽,开成泵油叶片。

当叶轮旋转时,小槽内的汽油随同叶轮一同高速旋转。由于离心力的作用,使出口处油压增高,而在进口处产生真空,从而使汽油从进口吸入,从出口排出。

叶片式电动汽油泵运转噪声小,油压脉动小,泵油压力高,叶片磨损小,使用寿命长。

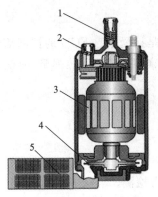
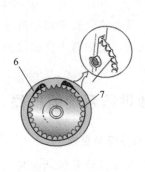

图 4-17 叶片式电动汽油泵

1—出油阀；2—安全阀；3—油泵电动机；4—叶轮；5—滤网；6—泵体；7—叶轮沟槽

3. 汽油滤清器

汽油滤清器的功用是把燃油中的氧化铁、粉尘等固体夹杂物除去，防止燃油系统堵塞，减小机械磨损，确保发动机稳定运转，提高可靠性。

目前，汽车发动机采用的汽油滤清器主要有两种，一种是货车和客车上常用的可拆分式汽油滤清器，另一种是轿车上常用的不可拆分式汽油滤清器。

1) 可拆分式汽油滤清器

可拆分式汽油滤清器结构如图 4-18(a)所示，由盖、滤芯及沉淀杯等组成。盖上有进油管接头和出油管接头。滤芯用螺栓装在盖上，中间用密封圈密封。用锌合金制成的沉淀杯与盖之间有密封垫，并用螺钉固联，沉淀杯底部有放油螺塞。

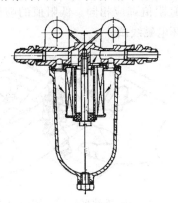
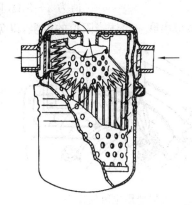

（a）可拆分式汽油滤清器　　　　（b）不可拆分式汽油滤清器

图 4-18 汽油滤清器

可拆分式汽油滤清器的工作原理是：发动机工作时，燃油在汽油泵作用下，经进油管接头流入沉淀杯中，由于水的密度大于汽油，故水分及较重的杂质颗粒沉淀于杯底，较轻的杂质随燃油流向滤芯时被黏附在滤芯上，而清洁的燃油通过滤芯渗入滤芯的内腔，然后从出油管接头流出。

2) 不可拆分式汽油滤清器

不可拆分式汽油滤清器的结构如图 4-18(b)所示，由一个中央多孔筒、特制折叠纸质滤芯和一个多孔滤纸外筒组成。滤芯形式除纸质滤芯外，还有金属片缝隙式和多孔陶瓷滤芯。纸质滤清器的性能良好，制造和使用方便，故目前广泛采用。

4. 喷油器

喷油器常安装在进气管末端靠近进气门处,作用是接受来自 ECU 的控制信号,将雾化良好的燃油喷入进气管。喷油器主要由滤网、线束连接器、电磁线圈、回位弹簧、衔铁和针阀等组成,针阀与衔铁制成一体。

二、燃油供给系统的检修

1. 汽油泵的检查与更换

汽油泵的检查项目常常包括保持压力和最大压力检测。点火开关置于"ON",使汽油泵作用 2~3 s 后关闭点火开关,5 min 后保持压力应符合规定。汽油泵的最大压力 440~589 kPa,若不符合,均应更换汽油泵。汽油泵在油箱中的布置如图 4-19 所示。

燃油系统压力检测

更换汽油泵前应先释放油箱和油管压力,更换时,其 O 形环组和密封橡胶必须更换。

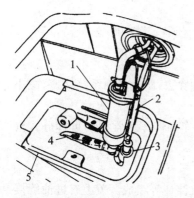

图 4-19 汽油泵在油箱中的布置
1—汽油泵;2—回油管;3—护盖;
4—滤网;5—油池

2. 喷油器的检查与更换

1) 喷油器线圈电阻的检查

如图 4-20(a)所示,断开点火开关,拔下喷油器插头,用万用表测量喷油器线圈电阻,高电阻型阻值为 11~17 Ω,低电阻型阻值为 2~3 Ω,且各缸阻值都应相同。低阻值的喷油器不可直接与蓄电池连接,应串联一个适当阻值的电阻,以免烧坏电磁线圈。

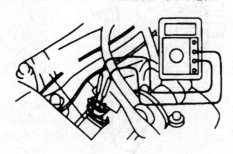

(a)喷油器线圈电阻的检查

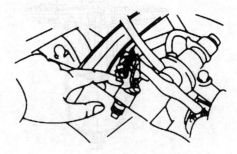

(b)喷油器电磁线圈的检查

(c)用听诊器探针检查喷油器电磁线圈

图 4-20 喷油器的检查

2）喷油器电磁线圈的检查

如图 4-20(b)所示，怠速运转发动机，手摸喷油器应有震动感；如图 4-20(c)所示，用听诊器探针接触喷油器应能听到清脆的吸合声，否则说明喷油器不工作。

3）喷油质量的检查

将喷油器拆下，放置在超声波喷油器清洗机上，观察喷油状况和喷油量。15 s 的喷油量应是 50～60 mL，喷出的燃油应是一定锥度的均匀雾状，如图 4-21 所示。

(a) 良好　　　　　　(b) 尚可使用　　　　　　(c) 差

图 4-21　喷油器雾化情况检查

4）喷油器的更换

喷油器出了故障只能整体更换，不可维修。安装喷油器时应更换 O 形密封圈，将喷油器装入燃油总管时应不断转动喷油器，以免损坏 O 形密封圈。用手转动喷油器，如果不能平顺转动，说明 O 形密封圈安装不当，应重新安装喷油器，如图 4-22 所示。装完后要用扭力扳手按规定力矩拧紧燃油导轨的连接螺栓。

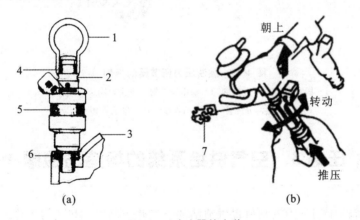

图 4-22　喷油器的安装

1—燃油共轨；2—扣夹；3—进气歧管；4—O 形环；5—喷油器；6—隔热垫圈；7—卡子

3. 汽油滤清器的更换

（1）释放油压（有些发动机如 Toyota Corona4A-FE 发动机未要求做油压释放）。

（2）将油盆置于接头下，并将拆开的接头用橡皮塞塞住，再拆开上端的出油管接头，即可拆下汽油滤清器。

（3）按照安装方向装上新的汽油滤清器，更换所有的垫片，装回进、出油管接头。

（4）启动发动机，检查油管接头是否漏油。

4. 燃油压力调节器的检查

燃油压力调节器常见的故障是阀门关闭不严、真空膜片破裂、真空软管破损或连接不可靠。阀门关闭不严会造成燃油管路中的保持压力过低，影响发动机的启动性能。真空膜片破裂会使燃油经真空软管漏至进气管，造成油耗过高、排气冒烟、发动机启动困难等故障。

1) 燃油压力调节器的就车检查

检查时用油压表测量发动机怠速运转时的燃油压力,然后拆下调节器上的真空软管。这时燃油压力应升高 50 kPa,否则应予以更换。

2) 燃油压力调节器的拆卸检查

如图 4-23 所示,拆下燃油压力调节器的进油管和真空软管,这时两者之间应不通;否则,表明有泄露,应予以更换。

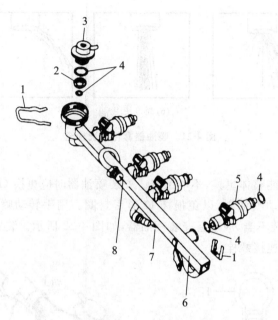

图 4-23 燃油压力调节器的拆卸

1—固定卡夹;2—过滤网;3—油压调节器;4—密封圈;5—喷油器;
6—燃油分配管;7—回油管接头;8—供油管接头

任务3 空气供给系统的构造与检修

空气供给系统的作用是为发动机提供清洁的空气并控制发动机正常工作时的供气量,是电控汽油喷射系统的重要组成部分。L 型空气供给系统的空气流线如图 4-24 所示。

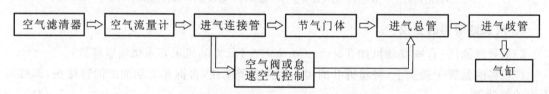

图 4-24 L 型空气供给系统的空气流线

一、空气供给系统的构造

空气供给系统主要由空气滤清器、进气歧管、进气压力传感器或空气流量计、节气门、怠速空气控制阀等组成。

1. 空气滤清器

1) 空气滤清器的功用

空气滤清器的功用是滤除流向进气通道的空气中的尘土、砂粒及吸收空气中的水分,以减少气缸、活塞和活塞环的磨损。此外,空气滤清器也有消减进气噪声的作用。因此对空气滤清器的基本要求是滤清能力强、进气阻力小、维护周期长等。

2) 空气滤清器的类型

空气滤清器的形式较多,主要有干式纸质空气滤清器、惯性式空气滤清器、综合式空气滤清器等。图4-25所示为干式纸质空气滤清器。

目前新型轿车上广泛使用的是干式纸质空气滤清器,其滤芯是由经过树脂处理的微孔滤纸制成的,具有滤清效果好、维护方便等特点。因车型不同,其结构形状有所区别,但其维护方法是基本相同的。在对其进行维护时,应遵照汽车制造厂方规定的使用里程进行,在沙尘程度较大的地区维护的间隔应相应缩短。

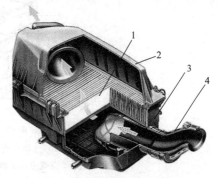

图 4-25 干式纸质空气滤清器
1—纸质滤芯;2—上壳体;3—下壳体;4—进气口

2. 进气歧管

发动机进气歧管指的是节气门体之后到气缸盖进气道之前的进气管路。它的功用是将空气、燃油混合气由化油器或节气门体分配到各缸进气道。之所以称为歧管,是因为空气进入节气门后,经过歧管缓冲后,空气流道就在此分歧了,对应引擎气缸的数量(如四缸引擎就有四道,五缸引擎则有五道)将空气分别导入各缸中。

进气歧管必须将空气燃油混合气或洁净空气尽可能均匀地分配到各个气缸,为此进气歧管内气体流道的长度应尽可能相等。为了减小气体流动阻力,提高进气能力,进气歧管的内壁应光滑。

进气歧管的材料现在主要有两种,即铝合金和塑料。铝合金进气歧管具有质量轻、强度高的特点,但是铸造毛坯比较粗糙,进气管内壁不平,对进气量影响较大。塑料进气歧管质量小且内壁光滑,可改进气体流动性,提高气体流量,进气效率高,隔热效果好,因而能提高发动机性能和燃油利用率,现在中高档车型上使用较多。

3. 空气流量传感器

空气流量传感器又称空气流量计,是发动机控制系统重要的传感器之一,用于测量进入气缸的空气质量或体积流量,并把信息输送到ECU,它是确定燃油喷射量的最关键的传感器。它安装在空气滤清器与节气门体之间,有翼片式、热线式或热膜式、卡门涡流式等。装有空气流量计的空气供给系统为L型空气供给系统。

1) 翼片式空气流量计

翼片式空气流量计于20世纪70年代较为流行,用于测量空气的体积流量,属于第一代产品,目前已较少采用。翼片式空气流量计的结构如图4-26所示。

2) 热式空气流量计

热式空气流量计能直接测量进气质量,主要测量元件是铂金制的热线,可分为热线式和热膜式两种类型,其结构和工作原理基本相同。

热式空气流量计主要由热线电阻、冷线电阻、电子电路和防护网组成。热线式空气流量计

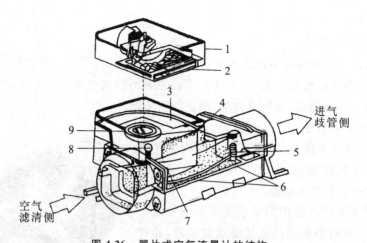

图 4-26 翼片式空气流量计的结构
1—电位计;2—线束连接器;3—缓冲室;4—补偿板;5—调整螺钉;
6—旁通空气道;7—测量翼板;8—进气温度传感器;9—回位弹簧

将热线缠绕在陶瓷管上,热线电阻安装在主进气道中或旁通气道中。热膜式空气流量计将测量元件镀在陶瓷片上,称为热膜。热线式空气流量计前后均有防护网,前端用于进气整流,后端防止因发动机回火而烧坏铂丝。温度补偿电阻能消除进气温度对测量的影响。热线和温度补偿电阻(冷线)均置于空气通道中的取气管内。当空气流经热线时,热线的温度发生变化,电阻减小或增大,使电路失去平衡。此时电子电路控制电流,使热线的温度保持一定。空气的流量多时,带走的热量增加,热线的电流就会增大,电流量的变化相当于空气量的变化。将流经铂丝的电流转换成电压或频率信号送给 ECU,即可计算出进气量。

热式空气流量计响应速度快,测量精度高,进气阻力小,但制造成本高。热线式空气流量计易受空气灰尘玷污,回火易造成铂丝损坏,属于第三代产品。热膜式空气流量计结构简单、使用寿命长,但空气流速不均匀会影响测量精度,属于第四代产品,电控发动机中使用非常广泛。某些热线式空气流量计设有自洁电路,发动机熄火后,自动将热线温度加热至 1 000 ℃,持续 1 s 来烧除污物。另外也有一些热线式空气流量计热线温度始终比大气温度高约 200 ℃,以防止污物黏附。

3) 卡门漩涡式空气流量计

卡门漩涡式空气流量计利用卡门涡流测量进气量,简化了进气道的结构,进气阻力小,能向ECU发送数字信号,不同空气流量下均能输出精确的空气信号。在气流通道中设有涡流发生器,气体通过时在涡流发生器后产生许多涡流即卡门涡流,卡门涡流的频率与空气的流速成正比,因此检测卡门涡流的频率即可知道进气量。卡门涡旋频率的测量方法有超声波检测法和反光镜检测法。

图 4-27 所示为反光镜检测式卡门漩涡空气流量计。空气流经过发生器时,压力发生变化,经压力导向孔作用在反光镜上,使反光镜发生振动,此时,发光二极管投射给光电管的光发生变化,使光电管产生的电流也发生变化,ECU 检测出光电管的电流即可计算出进气量。

图 4-28 所示为超声波检测式卡门漩涡空气流量计。空气流经过发生器时产生顺、逆向涡流,信号发生器发出的超声波经过涡流时产生加速和减速的作用,因而到达接收器的时间或变早或变晚,测出其相位差,利用放大器使之形成数字矩形波,矩形波的脉冲频率为卡门涡旋的频率。

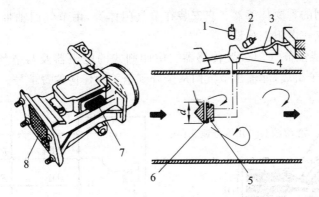

图 4-27 反光镜检测式卡门涡旋空气流量计
1—发光二极管;2—光电管;3—钢板弹簧;4—反光镜;5—导压孔;
6—涡流发生器;7—线束插头;8—滤网

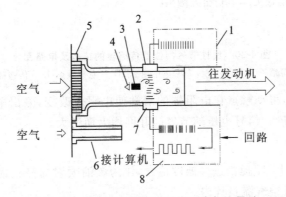

图 4-28 超声波检测式卡门涡旋空气流量计
1—超声波信号发生器;2—超声波发射探头;3—涡流稳定板;4—涡流发生器;
5—整流器;6—旁通空气道;7—超声波接收探头;8—转换电路

4. 进气压力传感器

进气压力传感器测量进气岐管内的绝对压力,并将压力信号转换成电信号输入ECU,作为燃油喷射和点火控制的主控制信号。它的真空软管连接在节气门后方的进气歧管上。该传感器发送的压力信号与转速信号一起对空气量进行间接测量,目前应用最广泛的是压敏电阻式和电容式。装有进气压力传感器的空气供给系统为D型空气供给系统。

图 4-29 所示为皇冠 3.0 轿车 2JZ-GE 发动机采用的压敏电阻式进气压力传感器。传感器单元内装有一个半导体材料制成的硅膜片,当歧管压力发生变化时,硅膜片弯曲,电阻改变。当电流流经硅膜片时,其电压降也随之改变,经放大电路处理后输送给 ECU。

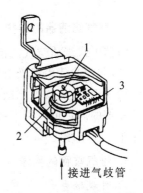

图 4-29 进气压力传感器
1—硅片;2—真空室;3—放大电路

进气压力传感器尺寸小,精度高,成本低,响应快,抗震性好,测量精度基本不受进气温度影响,不需要进行高海拔补偿修正。

5. 节气门位置传感器

节气门位置传感器用来检测节气门的开度及开度变化,以电压信号输入ECU,是控制燃油喷射及其他辅助控制的重要传感器。它安装在节气门体旁,由节气门轴带动,使传感器内的触点开闭或使可动触点在电阻上移动。

图 4-30 所示为线性节气门位置传感器。由印刷式的电阻器及与节气门轴连动的可动触点、怠速触点及各端子组成,能输出节气门从全开到全关的任何位置信号。

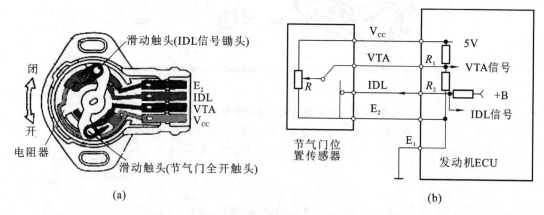

图 4-30 线性节气门位置传感器的结构及电路图

V_{CC}—电源端子(5 V);VTA—信号电压端子;IDL—怠速触点;E_2—传感器接地端

节气门开度变化时,可动触点在电阻体的滑动使电阻值改变,输出电压随之改变,ECU 根据该电压计算节气门开度。信号电压随节气门开度增大而增大。

6. 进气温度传感器

进气温度传感器给 ECU 提供进气温度信号,作为燃油喷射的修正信号。可安装在空气滤清器内、进气管歧管上或空气流量计内。

进气温度传感器内的热敏电阻随着进气温度的增大而减小,使得分压值也随之减小,ECU 根据分压来判断进气温度。进气温度越低,空气密度越大,需要增加喷油量;反之则减小喷油量。

二、空气供给系统的检修

1. 空气滤清器的维护

清洁干式纸质空气滤清器时,应将滤芯拿到室外,用压缩空气从滤芯内侧向外吹气,同时转动滤芯,并使吹管沿滤纸折痕方向移动,彻底吹掉滤芯中积存的灰尘。注意,吹洗时不要使吹管离滤纸太近,以免吹破滤纸;也不要用敲打滤芯的办法来清除灰尘,这样会使滤芯损坏或变形。滤芯外部的污物可以用干抹布擦去,滤清器壳体表面及密封安装平面上的尘土,可以用干净的湿抹布擦拭干净。

2. 进气歧管的检修

1) 外观检查

检查进气歧管有无机械损伤、裂纹、漏水、漏气、腐蚀等现象。

检查进气歧管结合平面上有无划痕、损伤而发生漏气、漏水现象。

检查进气歧管有无严重的变形。

检查进气歧管上的螺纹孔的螺纹有无损伤、脱扣,螺柱有无松动和旷动的现象。

2) 进气歧管与气缸盖进气侧结合平面的平面度检修

要求:进气歧管与气缸盖进气侧结合平面的平面度最大极限值为 0.1 mm。

检查:用直尺和塞尺检查结合面的平面度。

修理:进气歧管的平面度若超过最大值规定,应予修理。可用铣削加工方法进行修理,但铣削量不得大于 0.3 mm,否则,应更换进气歧管。

任务 4　汽油发动机的故障诊断与排除

一、不供油

1. 故障现象

(1) 点火系统工作正常,但发动机不能启动。
(2) 勉强能启动,但发动机不能正常运行。

2. 故障原因

(1) 油箱内存油不足。
(2) 油管堵塞、破裂或接头松动漏油。
(3) 汽油滤清器堵塞。
(4) 汽油泵、汽油泵继电器不工作,汽油泵熔断丝烧断或线路断路、短路。
(5) 压力调节器损坏,造成系统燃油压力过低,导致喷油器喷油量严重不足。

3. 故障诊断与排除

(1) 检查油箱是否有油,若存油量过少,则予以补足。
(2) 检查油管是否堵塞、破裂或接头松动漏油,若有异常予以修复或更换。
(3) 拆下汽油滤清器,检查是否堵塞或失效,若有异常,更换汽油滤清器。

二、急速不稳、易熄火

1. 故障现象

发动机启动正常,但不论冷车或热车急速均不稳定,急速转速过低时,易熄火。

2. 故障原因

(1) 进气系统漏气。
(2) 燃油压力过低。
(3) 空气滤清器堵塞。
(4) 喷油器雾化不良、漏油或堵塞。
(5) 急速调整不当。
(6) 急速控制装置工作不良。
(7) 空气流量计有故障。
(8) 气缸压缩压力过低。

3. 故障诊断与排除

(1) 进行故障自诊断,检查有无故障码。若有故障码,则按所显示的故障码查找故障原因和故障部位。

(2) 检查进气系统各管接头、各真空软管、废气再循环系统和燃油蒸发回收系统有无漏气。

(3) 检查怠速控制装置的工作是否正常。拔下怠速控制装置导线连接器,如果发动机转速无变化,说明怠速控制装置或控制电路有故障,应检修电路或更换怠速控制装置。

(4) 仔细听各缸喷油器在怠速时的工作声音。如果各缸喷油器工作声音不均匀,说明各缸喷油器喷油不均匀,应拆检、清洗或更换喷油器。

三、加速不良

1. 故障现象

(1) 踩下加速踏板后发动机转速不能马上升高,有迟滞现象,加速反应迟缓。

(2) 在加速过程中发动机有轻微的抖动。

2. 故障原因

(1) 点火提前角不正确。

(2) 燃油压力过低。

(3) 进气系统中有漏气。

(4) 节气门位置传感器或空气流量计有故障。

(5) 喷油器工作不良。

(6) 废气再循环系统工作不正常。

3. 故障诊断与排除

(1) 进行故障自诊断,检查有无故障代码。空气流量计、节气门位置传感器等故障都会影响汽车的加速性能。按显示的故障代码查找故障原因。

(2) 检查点火正时。在发动机怠速时点火提前角应为 10°～15°,如不正确,应调整发动机的初始点火提前角。加速时点火提前角应能自动加大到 20°～30°,若有异常,应检查点火控制系统或更换 ECU。

(3) 检查进气系统有无漏气。测量进气管真空度。怠速时真空度应大于 66.7 kPa。若真空度过小,则说明进气系统有漏气,应仔细检查各进气管接头处及各软管、真空管等。

(4) 检查空气滤清器。如有堵塞,应清洗或更换。

(5) 检查节气门位置传感器。

(6) 检查燃油压力。怠速时燃油压力应为 250 kPa 左右,加速时燃油压力应能上升至 30 kPa 左右。如油压过低,应检查油压调节器、电动汽油泵等。

(7) 拆卸、清洗各喷油器。检查喷油器在加速工况下的喷油量,如有异常,应更换喷油器。

◀ 项目实训 汽油发动机燃油供给系统的拆装与检查 ▶

一、实训内容、要求与安排

1. 实训内容与要求

(1) 了解电控汽油发动机燃油供给系统总体组成。

(2) 学会油箱、汽油滤清器、汽油泵和燃油压力调节器的正确拆装。

(3) 理解油箱、汽油滤清器、汽油泵和燃油压力调节器的基本工作原理。

2. 主要实训条件

(1) 电喷汽油发动机 1 台。

(2) 拆装台架及工具 1 套。

(3) 桑塔纳 2000GSi 轿车 AJR 型发动机、丰田 LS400 型发动机台架各 1 台。

(4) 相关的教具、视频及教学挂图。

(5) 多媒体教室 1 间。

3. 实训安排

(1) 实训课时：2 学时。

(2) 实训组织：每组 5～6 名学生，由老师指导，学生动手拆装。

二、实训步骤、操作方法及注意事项

1. 电控汽油发动机燃油供给系统总体拆装

图 4-31 所示为桑塔纳 2000GSi 轿车发动机的电控燃油供给系统分解图，其拆装步骤如下。

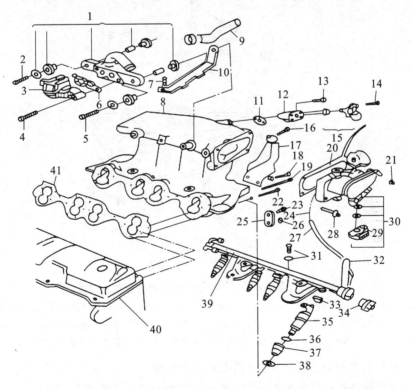

图 4-31 桑塔纳 2000GSi 轿车发动机的电控燃油供给系统分解图

1—怠速调节器组件；2、3、4、5、7、13、14、16、18、19、21、22、23、28、31—螺栓；3—怠速调节器；6—怠速调节器密封垫；8—进气歧管；9—软管；10—支架；11—法兰垫片；12—法兰；15—进气温度传感器；17—隔热板；20—节气门垫；24、27—真空管；25—进排气管支架；26、38—垫圈；29—节气门传感器；30—节气门组件；32—夹紧器；33—喷油器夹紧器；34—燃油压力调节器；35—喷油器；36—O 形圈；37—喷油器插入件；39—燃油分配管组件；40—气缸盖；41—进气管垫

(1) 拆下蓄电池的接地线，放掉油箱中的汽油。

(2) 放掉发动机的冷却液，并将冷却液存放在适当的容器中，以备再用。

(3) 释放燃油系统的压力。

(4) 拆下怠速调节器组件，并进行分解。

(5) 拆下燃油分配管组件，并进行分解。

(6) 拆下节气门组件，并进行分解。

注意：

① 为了安全起见，在进行燃油供给系统的拆装前应先拆下蓄电池的接地线；

② 燃油供给系统有一定的压力，在打开系统前应先在开口处放置抹布，然后小心地松开接头以放出压力；

③ 将拆下的零件放置在干净的地方并覆盖，不要使用带纤维的布；

④ 安装时一定要更换新的O形密封圈。

2．油箱的拆装

图4-32所示为桑塔纳2000GSi轿车油箱及其附件的分解图，其拆装步骤如下。

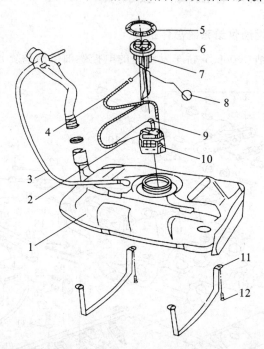

图4-32　桑塔纳2000GSi轿车油箱及其附件分解图

1—油箱；2—汽油泵导线；3—加注燃油透气管；4—进油管（接到燃油分配器）；5—塑料紧固螺母；
6—透气管（连接到活性炭罐）；7—油箱密封凸缘；8—浮子（用于燃油表传感器）；
9—回油管（来自燃油分配器）；10—汽油泵总成；11—油箱夹带；12—夹带螺栓

(1) 在点火开关断开的情况下，拔下蓄电池的搭铁线。

(2) 使用专用设备抽取油箱内的燃油，使油箱内燃油的容量不能超过2/3。

(3) 旋下位于行李厢内地毯下的油箱密封凸缘。

(4) 如图4-33所示，拔下导线插头。

(5) 打开加油口盖板，撬出环绕在加油口颈部的橡胶件系统的夹环。

(6) 将橡胶件推入。

(7) 旋下在车底部的加油颈口固定螺栓。

(8) 拔下位于车辆底部的进油管、回油管和通气管，如图4-34所示。

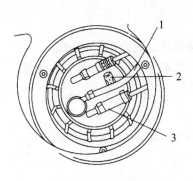

图 4-33 拔下导线插头

1—喷气管；2—导线插头；3—进油管

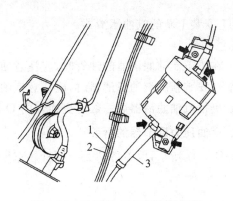

图 4-34 拔下进、回油管和通气管

1—回油管；2—通气管；3—进油管

(9) 将托架放置在油箱下。

(10) 松开油箱夹带，如图 4-35 所示，放下油箱。

(11) 按拆卸的相反顺序装配油箱。

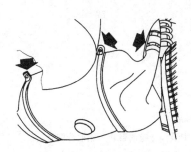

图 4-35 松开燃油箱夹带

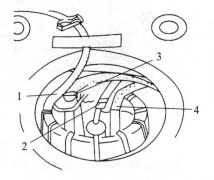

图 4-36 燃油表传感器的拆装

1—回油管；2—通气管；3—导线插头；4—吸油管

3. 燃油表传感器的拆装

如图 4-36 所示为燃油表传感器的拆装，其步骤如下。

(1) 拆下油箱盖板（在行李箱地毯下）。

(2) 拔出吸油管、回油管和通气管。

(3) 拆卸燃油表的导线插头。

(4) 旋开环形大螺母，取下燃油表传感器。

(5) 按拆卸相反顺序进行安装。

注意：

① 不要使皮肤接触燃油，操作时要带防护手套；

② 装配时应注意燃油表传感器上的记号应朝向汽车行驶方向。

4. 汽油滤清器的拆装

现代轿车上一般都使用不可拆式汽油滤清器，如出现故障应整体更换，桑塔纳 2000GSi 轿车汽油滤清器更换的步骤如下。

(1) 松开车辆底部汽油滤清器托架的紧固螺栓，取下汽油滤清器托架。

(2) 松开夹箍，拔下汽油滤清器的油管。

(3) 取下汽油滤清器。

(4) 安装上新的汽油滤清器。

注意:

① 在拔下汽油滤清器的油管时,应注意使用一块抹布防止剩余的燃油滴落;

② 在安装新的汽油滤清器时,应注意汽油滤清器上的箭头应该指向燃油的流向;

③ 更换汽油滤清器后一般应更换新的O形密封圈。

5. 燃油压力调节器的拆装

如图 4-37 所示,以桑塔纳 2000GSi 轿车燃油压力调节器为例,其拆装步骤如下。

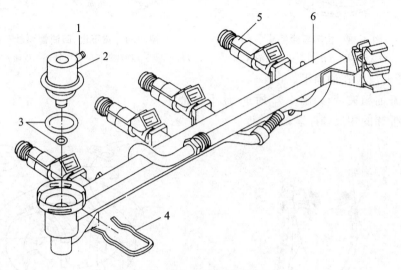

图 4-37 燃油压力调节器的拆装

1—与进气歧管相连;2—燃油压力调节器;3—O形密封圈;4—卡簧;5—喷油器;6—燃油分配管

(1) 按要求拆下节气门体。

(2) 卸下燃油分配管上的发动机线束固定螺栓,把线束与燃油分配管脱开。

(3) 拔下四个喷油器的导线插接器。

(4) 拆下燃油压力调节器上的真空软管和燃油回流软管。

(5) 卸下燃油分配管的固定螺栓,并拆下燃油分配管。

(6) 卸下燃油压力调节器的卡簧,然后拆下燃油压力调节器并从燃油压力调节器上拆下O形密封圈。

(7) 按拆卸的相反顺序进行燃油压力调节器的安装。

注意:

① 在安装时,要在新的O形密封圈上涂一层润滑油;

② 应对所有拆卸下来的零件进行清洗,避免污染燃油。

6. 燃油压力调节器的检测

如图 4-38 所示为燃油压力调节器的检测,其步骤如下。

(1) 检查蓄电池电压是否在 12 V 以上。

(2) 拔下汽油泵继电器。

(3) 启动发动机并怠速运转,直至发动机自动熄火。

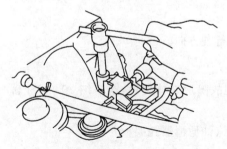

图 4-38 燃油压力调节器的检测

(4) 把油压表串接在燃油分配管和进油管之间,重新接上汽油泵继电器。

(5) 启动发动机并怠速运转,观察油压表,额定值应为 0.25 MPa。

(6) 瞬间加大节气门开度,观察油压表,其值应增大到约 0.29 MPa。

(7) 从燃油压力调节器上拔下真空管,燃油压力必须提高到约 0.30 MPa。

(8) 关闭点火开关,通过油压表上的压力降检查密封性和保持压力,在 10 min 后应至少还有 0.20 MPa 的压力。如果油压表压力低于 0.2 MPa,检查管路是否有泄漏现象;检查汽油泵单向阀是否工作正常;检查燃油分配管和喷油器接口 O 形密封圈的密封性是否良好;检查油压表的密封性是否良好,必要时更换故障部件。

(9) 如果以上检查均正常,启动发动机并怠速运转,待压力形成后,关闭点火开关,用钳子夹住回油管,观察压力表上的压力降。若 10 min 后表压力低于 0.20 MPa,则应更换燃油压力调节器。

 思考题

1. 汽油发动机燃油供给系统的作用是什么?
2. 为什么油箱在必要时应与大气相通?
3. 汽油滤清器是如何去除汽油中的杂质和水分的?
4. 简述 L 型空气供给系统的空气流动路线。
5. 简要分析燃油系统压力过低的可能原因。
6. 怎样释放燃油系统的油压?什么情况下应释放油压?

实训工单　汽油发动机燃油供给系统检测

姓名_____　组别_____　组长_____　组员_____

一、理论回顾

1. 燃油供给系统油压过大和过小的危害是什么？_____

2. 燃油供给系统拆卸前，首先必须进行_____

二、实操测验

1. 下列喷油嘴工作情况正常的是（　　　）。

A. 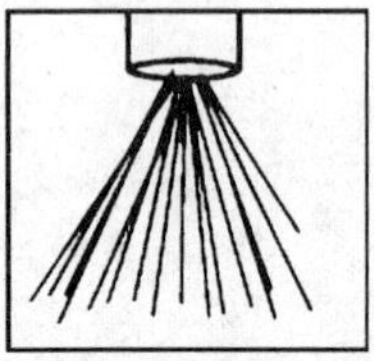　　　　B. 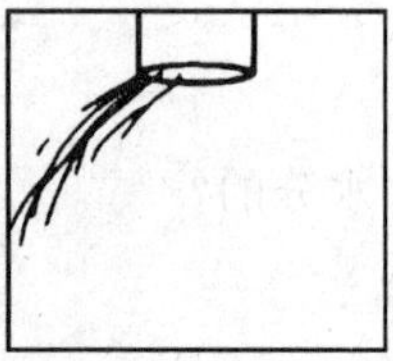　　　　C. 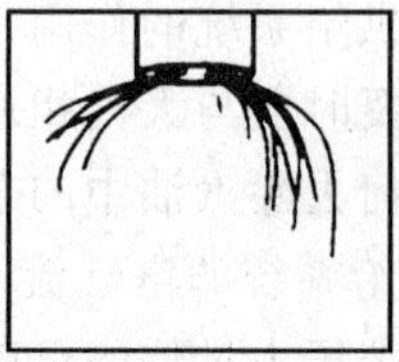　　　　D.

2. 汽油滤清器装反后，一旦启动发动机，汽油滤清器必须更换。（√/×）（　　）

三、测量记录

1. 喷油器就车检测			
操作步骤	标准	测量结果	合格与否
（1）检查喷油器的工作情况：用听诊器或手指触摸检查喷油器工作情况。			
（2）检查喷油器的电阻：拆下喷油器的导线插接器，用万用表欧姆挡测量喷油器电阻值。			
（3）检查喷油器的供电电压：点火开关置于"ON"位置时，用万用表的直流电压挡测量线束连接器的＋B端子与搭铁之间的电压。			
结果分析			

2. 燃油压力调节器检测			
操作步骤	标准	测量结果	合格与否
（1）检测蓄电池电压。			
（2）卸除燃油系统的压力。			
（3）安装汽车专用燃油压力表。			

（4）启动发动机并怠速运转,记录燃油压力表数值（静态油压）。		
（5）从燃油压力表上拔下真空管,记录燃油压力表数值（动态油压）。		
（6）关闭点火开关,10 min后,检查燃油压力表数值（保持油压）。		
结果分析		

四、评价（优、良、中、合格、不合格）

项　　目	自我评价	学生互评	老师评价
实训态度			
实训操作			
实训结论			
卫生打扫			
总评			

项目 5
柴油发动机燃油供给系统的构造与检修

柴油发动机具有热效率高、输出扭矩大、对环境污染小的特点,目前越来越多的汽车使用柴油发动机。燃油供给系统是柴油发动机的重要组成部分,其工作性能好坏主要取决于燃油供给系统的主要部件的工作情况。本项目主要介绍柴油发动机燃油供给系统主要部件的结构、工作原理和拆装检修方法。

◀ 知识要点

(1) 柴油发动机燃油供给系统的组成。
(2) 喷油器的结构。
(3) 喷油泵的工作原理。
(4) 喷油泵与调速器的调试。

◀ 学习目标

(1) 了解柴油发动机混合气的形成与燃烧室的结构特点。
(2) 掌握喷油器的工作原理,喷油泵柱塞副、出油阀副的结构。
(3) 掌握调速器的工作原理及分类。

◀ 知识导入

柴油发动机的
发展史

任务1 柴油发动机燃油供给系统的认知

一、柴油发动机燃油供给系统的功用与组成

1. 柴油发动机燃油供给系统的功用

柴油发动机燃油供给系统的功用是储存和滤清柴油,根据柴油发动机工作要求,定时、定量、定压地将雾化质量良好的柴油以一定喷油规律喷入燃烧室与空气混合,为混合气的形成与燃烧提供良好条件。

2. 柴油发动机燃油供给系统的组成

柴油发动机燃油供给系统主要由燃油供给、空气供给、混合气形成、废气排放等装置组成,如图5-1所示。

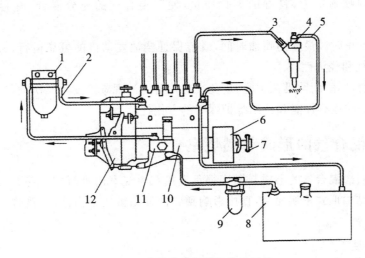

图 5-1 柴油发动机燃油供给系统

1—细滤器;2—低压油管;3—高压油管;4—喷油器;5—回油管;6—供油提前角自动调节器;
7—联轴器;8—油箱;9—粗滤器;10—喷油泵;11—输油泵;12—调速器

(1) 燃油供给装置:主要包括油箱、油水分离器、输油泵、低压油管、柴油滤清器、喷油泵、高压油管、喷油器和回油管等。

(2) 空气供给装置:包括空滤器、进气歧管、进气道等。

(3) 混合气形成装置:燃烧室。

(4) 废气排放装置:包括排气道、排气歧管、消声器等。

二、柴油发动机燃油供给系统的基本油路

1. 低压油路

从油箱到喷油泵入口处的这段油路中的油压是由输油泵建立起来的,而输油泵的油压仅有 0.15~0.3 MPa,这段油路称为低压油路。

2. 高压油路

从喷油泵到喷油器这段油路中的油压是由喷油泵建立起来的,一般油压在 10 MPa 以上,故这段油路称为高压油路。

3. 回油油路

由于输油泵的供油量比喷油泵的最大喷油量高 3~4 倍,为了保持进入喷油泵进油室内的油压稳定,喷油泵进油室的一端装有限压阀(又称溢流阀),大量多余的柴油经限压阀和回油管流回输油泵的进口端或直接流回油箱。喷油器工作间隙泄漏的极少量柴油也经回油管流回油箱。

三、柴油发动机燃油供给系统的要求

根据柴油发动机使用和运行的不同工况,柴油发动机燃油供给系统必须按各种工况要求,对燃油进行有效控制和有效供给。基本要求如下。

(1) 能按柴油发动机的各种工况,均匀可靠、保质定量地将清洁的燃油喷入气缸。

(2) 足够高的喷射压力,良好的雾化质量,便于混合气的充分混合,有利于燃油的充分燃烧。

(3) 保证喷油正时。最佳的喷油时间,既能保证柴油发动机的可靠运行,又能充分发挥柴油发动机的动力性和经济性。

(4) 燃油喷射良好,断油迅速干脆,避免二次喷射滴油现象或发生二次喷射。

(5) 具备良好的运行性能和使用维护保养的方便性。

四、可燃混合气的形成与燃烧室

柴油发动机可燃混合气的形成与燃烧都是直接在燃烧室内进行的。混合气的品质和燃烧性能与燃烧室的结构形式密切相关,直接影响到柴油发动机的动力性、经济性、排放指标、噪声指标和工作寿命等。

1. 柴油的特性

柴油是在 260~350 ℃ 的温度范围内,由石油中提炼出来的碳氢化合物,碳的质量分数为 87%,氢的质量分数为 12.6%,氧的质量分数为 0.4%。柴油的发火性、蒸发性、黏度和凝点对柴油发动机正常工作有很大影响。

1) 柴油的发火性

柴油的发火性是指其自燃能力。柴油发动机在压缩过程接近终了时,才将柴油喷入燃烧室的空气中,依靠压缩空气的温度使柴油自燃。实践证明,柴油喷入气缸后并不能立即燃烧,而必须经温度升高、蒸发、扩散和混合等准备过程才能燃烧。发火性好的柴油由于自燃能力强,所需要的准备时间短,柴油发动机工作比较柔和,且可在较低的温度下发火,有利于启动。不同燃料的自燃温度是不同的,同一燃料的自燃温度也不是固定不变,而是随着气缸内压力的增加而降低。

柴油的发火性可用"十六烷值"来表示,十六烷值高的柴油,自燃温度低,发火性好,蒸发性差,凝点高。柴油发动机所用柴油的十六烷值应不低于 40~50。且过高的十六烷值对一般柴油发动机来说也不适宜,当十六烷值高于 65 时,柴油中部分十六烷值燃烧时容易析出黑色固体的碳粒子,使燃烧不完全,排气管冒黑烟,增加柴油的消耗。

2) 柴油的蒸发性

柴油的蒸发性常由蒸馏试验决定,就是将一定数量的柴油加热,分别测定蒸发出50%、90%、95%馏分时的温度,并分别定名为50%馏出的温度、90%馏出的温度和95%馏出的温度。馏出的温度越低,柴油的蒸发性越好。

3) 柴油的黏度

柴油的黏度表示其稀稠程度和流动难易程度,黏度越低,流动性越好。若柴油黏度过高,则滤清沉淀困难,流动阻力大,喷进燃烧室内的油粒直径较大,喷雾射程远、锥角小,影响雾化和混合气的均匀性,燃料难以充分燃烧,从而使排气冒黑烟,油耗增加。若柴油黏度过小,会增加喷油泵和喷油器内精密配合件的磨损。

柴油的黏度与温度有很大关系,温度越低,黏度越大。冬季柴油黏度会增大,在使用中应根据具体情况适当加以预热。

4) 柴油的凝点

柴油的凝点(凝固点)是指柴油冷却到开始失去流动性的温度。好的柴油应具有较低的凝点,凝点过高,对柴油发动机燃油供给系统工作有不利的影响,特别是在低温下可能造成中断供油,使柴油发动机无法工作。

国产柴油分为轻柴油和重柴油,轻柴油的挥发性较重柴油的好,比汽油的差。我国轻柴油的规格根据凝点而分为不同牌号:10号、0号、−10号、−20号、−35号。数字表示凝点的温度,如−10号柴油的凝点是−10℃,10号柴油的凝点则是10℃。柴油的选用与很多因素有关,一般转速在1 000 r/min以上的柴油发动机选用轻柴油,并根据当地气温条件选用合适的柴油牌号。

2. 可燃混合气的形成与燃烧

混合气的形成和燃烧是一个非常复杂的物理化学变化过程。与汽油发动机相比,柴油发动机可燃混合气的形成与燃烧条件要差得多,其特点如下。

1) 燃料的混合和燃烧在气缸内进行,混合空间小,时间短

喷油、汽化、混合和燃烧都是在狭小的燃烧室空间内重叠进行,即边喷油、边混合、边燃烧。由于是在压缩行程接近终了时才喷油,混合气的形成时间极短,只有汽油发动机的1/20~1/10,只占曲轴转角的15°~35°,混合与燃烧的时间仅0.001 7~0.004 s(气缸内)。

2) 混合气不均匀,α值变化范围很大

理论上1 kg柴油完全燃烧大约需要14.5 kg的空气,由于混合气的形成受空间和时间的限制,因而混合气在燃烧室内各处的分布是很不均匀的,燃烧室内各局部区域α值相差很大。为使喷入气缸的柴油尽可能完全燃烧,必须供给比理论值更多的空气量。

3) 可燃混合气的形成和燃烧过程是同时、连续重叠进行的

柴油发动机每一个循环都要重复地进行着边喷油、边混合、边燃烧的重叠过程,这就造成了燃烧室内混合气成分的不断变化。混合气过浓的地方,柴油因缺氧而燃烧不完全,引起排气冒黑烟;混合气过稀的地方,空气得不到充分利用,燃烧室内在高温作用下会产生NO_x,增大了排放污染。

3. 可燃混合气的形成方式

1) 空间雾化混合方式

空间雾化混合方式指喷油器将柴油以一定压力、射程、雾化质量喷向燃烧室并形成油雾,再在燃烧室吸热、蒸发、汽化,在涡流作用下扩散,与空气混合形成可燃混合气。

为使雾状油粒与空气更好地混合,最有效的措施是组织适当的空气涡流,常见的有以下两种措施。

(1) 产生进气涡流。在进气道结构上设计出切向进气道或涡流螺旋进气道,如图5-2所示,以使进气行程中的空气流绕气缸轴线高速旋转,加速混合。它能一直持续到燃烧膨胀过程结束。

(2) 产生挤压涡流。利用活塞顶部特殊形状的凹坑,当活塞接近压缩行程上止点时,活塞顶部环形空间中的空气被挤入凹坑内,气体产生挤压流动;当活塞下行时,由于容积增大,燃烧室中的气体产生膨胀向外流到环行空间,形成膨胀流动,如图5-3所示。柴油发动机转速愈高,空气涡流强度愈强,混合气的形成与燃烧将更为充分。

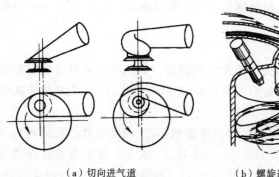

图5-2 产生进气涡流的进气道及涡流的形成　　图5-3 挤压涡流的形成

2) 油膜蒸发混合方式

喷油器将大部分柴油(约95%)喷射到燃烧室的壁面上形成油膜,而少量的油粒(约5%)悬浮在空间蒸发汽化,形成着火源。油膜在空间火源和燃烧室壁面上的热能作用下逐层蒸发,在强烈的空气涡流作用下扩散,与空气混合形成可燃混合气并着火燃烧,其燃烧速度是前期慢后期快,直至燃烧结束。

柴油发动机在实际喷射中,两种混合方式兼而有之,只是主次、多少不同而已。目前多数柴油发动机仍以空间雾化混合为主,只有球形燃烧室是以油膜蒸发混合方式为主;低速时以空间雾化混合燃烧为主,高速时以油膜蒸发混合燃烧为主。

4. 可燃混合气的燃烧过程

可燃混合气的形成与燃烧大体分备燃期、速燃期、缓燃期和补燃期四个时期。

(1) 备燃期(着火延迟期,滞燃期)。从柴油开始喷入气缸到着火开始为止的这一段时间,称为备燃期。在备燃期中,柴油尚未着火,混合气进行着火前一系列复杂的物理变化和化学变化。

(2) 速燃期。从开始着火到出现最高压力为止的这一段时间,称为速燃期。在速燃期间,混合气着火后形成多点火焰中心,它们各自向四周传播使混合气迅速燃烧,放出的热量瞬间达到最大值,气缸内压力和温度迅速上升,速燃期结束时压力达到最大值(6~9 MPa)。

(3) 缓燃期。从燃气最高压力开始到出现燃气最高温度时为止这一段时间,称为缓燃期。在缓燃期间,最高温度可达1 427~1 727℃,放热量达到循环放热量的70%~80%。

(4) 补燃期(后燃期)。从燃气最高温度开始到燃烧过程结束这一段时间,称为补燃期。补燃期的终点很难确定,很可能一直延续到排气过程。补燃期间,由于活塞下行了相当的距离,气缸内容积增大很多,缸内压力和温度迅速下降,因此燃烧速度很慢,所放出的热量很难有效利用。但此时却使机件的热负荷增大,排气温度升高,并增加了传给冷却水的热量,因此补燃期要尽量缩短。

5. 燃烧室

柴油发动机的燃烧室是指当活塞到达上止点时,气缸盖和活塞顶组成的密闭空间。根据可燃混合气的形成方式以及燃烧室的结构特点,柴油发动机燃烧室可以分为直喷式(统一式)燃烧室和分隔式燃烧室两大类。

1) 直喷式(统一式)燃烧室

直喷式燃烧室的结构是仅有一个呈盆形的燃烧室,喷油器喷嘴直接伸入燃烧室内。其特点是结构紧凑,散热面积小,因燃油直接喷入燃烧室,故发动机启动性能好,做功效率高。直喷式燃烧室一般采用孔式喷油器,可选配双孔或多孔喷油嘴。根据燃烧室的形状,直喷式燃烧室又可分为ω形燃烧室、球形油膜燃烧室等形式,如图5-4所示。

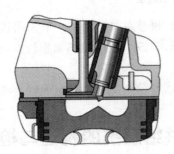 

(a) ω形燃烧室　　　　　　　(b) 球形油膜燃烧室

图5-4　直喷式燃烧室

(1) ω形燃烧室。其结构如图5-4(a)所示,由平的气缸盖底平面和活塞顶上的凹坑(纵切面类似ω形)及气缸壁组成,属于直接喷射式和空间混合方式的燃烧室。

ω形燃烧室的特点如下。

① 主要依靠喷油器喷孔雾化并在空间形成可燃混合气。

② 喷孔直径较小(0.25~0.4 mm),喷油压力较高。

③ 结构紧凑,燃烧过程热损失小,热效率高,经济性好,易启动。

④ 燃烧初期同时着火的油量较多,因此工作"粗暴"。这种燃烧室压缩比较小,一般为15~18。

(2) 球形油膜燃烧室。其结构如图5-4(b)所示,位于活塞顶部的中央,形状大于半个球,与喷油器喷孔相对应的位置开有缺口与球面相切。柴油从这里顺气流方向喷在室壁上形成油膜。

球形油膜燃烧室的特点如下。

① 柴油喷入燃烧室时,在空气涡流作用下,约95%的柴油被喷涂均布在室壁上,形成油膜;约5%的柴油分散在燃烧室空间形成火源,点燃油膜蒸发形成的可燃混合气。

② 可燃混合气的形成和燃烧速度是前期慢后期快,工作柔和,燃烧完全。

③ 燃油消耗率较低,且能适应多种不同着火性能的柴油。

④ 柴油发动机冷启动较困难。

2) 分隔式燃烧室

分隔式燃烧室由两部分组成,两部分之间有一个或几个孔道相连。一部分位于活塞顶与气缸盖底面之间,称为主燃烧室;另一部分在气缸盖中,称为副燃烧室。分隔式燃烧室常见的形式有预燃室式燃烧室和涡流室式燃烧室两种,如图5-5所示。

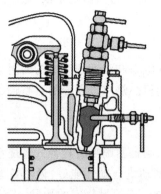 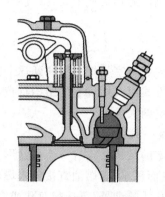

（a）预燃室式燃烧室　　　　　　　（b）涡流室式燃烧室

图 5-5　分隔式燃烧室

（1）预燃室式燃烧室。其结构如图 5-5(a)所示，预燃室式燃烧室一般采用浅盆形或平顶活塞，以减少散热面积。特点是燃烧室工作较柔和，噪声较小；但因散热面积较大，放热效率较低，目前较少采用。

（2）涡流室式燃烧室。其结构如图 5-5(b)所示，与预燃室式燃烧室的特点类似。

任务 2　柴油发动机燃油供给系统的构造与检修

一、喷油器

喷油器的作用是将喷油泵供给的高压柴油雾化成细微颗粒，以一定的速度和形状喷入燃烧室，有利于混合气的形成与燃烧。另外，喷油器在规定的停止喷油时刻能迅速切断柴油供给，不发生泄漏现象。

柴油发动机广泛采用闭式喷油器。闭式喷油器分为孔式和轴针式两类，孔式喷油器多用于直接喷射式燃烧室，轴针式喷油器多用于分隔式燃烧室。

1. 孔式喷油器

1）结构

孔式喷油器的结构如图 5-6 所示，它由针阀、针阀体、顶杆、调压弹簧、调压垫片、调整螺钉、锁紧螺母及喷油器体等组成。其中最主要的部件是用优质合金钢制成的针阀和针阀体，两者合称针阀偶件，通过紧固螺母与喷油器体紧固在一起。调压弹簧的预紧力由调压螺钉调节，旋进调压螺钉，喷油器开启压力增大，旋出调压螺钉，喷油器开启压力减小，调压螺钉锁紧螺母可防止调压螺钉松动。

如图 5-7 所示，针阀的圆柱面与阀体相应内圆柱面为高精度间隙配合，配合间隙为0.002～0.003 mm。间隙过大，会漏油，降低油压；间隙过小，针阀则难以自由滑动。针阀下端的圆锥面与针阀体下端的环形锥面配合称为密封锥面，以实现内腔密封，用于切断或打开高压油腔和燃烧室的通路。调压弹簧的预紧力（喷油压力）通过顶杆作用在针阀上，将针阀压紧在针阀体内的密封锥面上，使喷油器关闭阀中部锥面露出在环形油腔中。用于承受油压的面称为承压锥面。

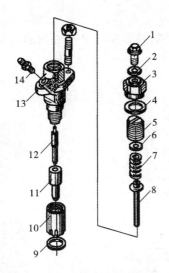 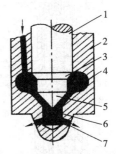

图 5-6　孔式喷油器的结构

1—回油管接头；2—衬垫；3—调压螺钉锁紧螺母；
4—调压螺钉垫圈；5—调压螺钉；6—调压弹簧垫圈；
7—调压弹簧；8—顶杆；9—密封垫；10—紧固螺母；
11—针阀体；12—针阀；13—喷油器体；14—进油管接头

图 5-7　孔式喷油器针阀的结构

1—针阀；2—针阀体；3—承压锥面；
4—环形高压油腔；5—密封锥面；
6—压力室；7—喷孔

为防止细小杂物堵塞喷孔，有些喷油器进油管接头上装有缝隙式滤芯，并且滤芯有磁性，可以吸住金属磨屑，防止金属杂质进入。

2) 工作原理

柴油发动机工作时，喷油泵输出的高压柴油从进油管接头进入，经喷油器体和针阀体的油道孔进入针阀中部的环形高压油腔。油压作用在针阀的承压锥面上，形成一个向上的轴向推力，当此推力足以克服调压弹簧的预紧力和针阀与针阀体之间的摩擦力时，针阀随即向上移动而打开喷孔，高压柴油从针阀体下端的喷油孔喷入燃烧室中。当喷油泵停止供油时，高压油路中的油压迅速下降，针阀在调压弹簧的作用下，迅速回位关闭喷孔。

喷油器工作时，有少量的柴油从针阀与针阀体配合面之间的缝隙处漏出，这些柴油对针阀偶件进行润滑后，沿顶杆周围的空隙上升，通过回油管接头流回柴油滤清器或油箱。

孔式喷油器的特点是喷孔数目多（一般有 1~8 个喷孔），喷孔直径小（一般为 0.25~0.5 mm），喷孔的数目和分布的位置根据燃烧室形状和要求而定。对于多缸柴油发动机，为使各缸喷油器工作一致，应采用长度相同的高压油管。

YC6105QC 和 YC6110Q 柴油发动机采用孔式喷油器，有 4 个喷孔，孔径为 0.32 mm，喷油压力为 (18.62±0.49) MPa。康明斯 B 系列柴油发动机采用长型多孔式喷油器，喷油器标准开启压力为 24.5~25.3 MPa。

2. 轴针式喷油器

1) 结构

轴针式喷油器的结构如图 5-8(a) 所示，它与孔式喷油器相似，只是针阀偶件结构不同。该针阀密封锥面以下有一段圆柱面（见图 5-8(b)）或倒锥面（见图 5-8(c)），即轴针。轴针的一部分伸出针阀体的喷孔之外，圆柱或锥体与喷孔间有一径向间隙，一般为 0.02~0.06 mm，使喷孔呈圆环形。

2）工作原理

轴针式喷油器的工作原理与孔式喷油器的相同,喷雾形状呈空心的圆柱面或扩散的锥面,以配合燃烧室的形状,如图5-9所示。

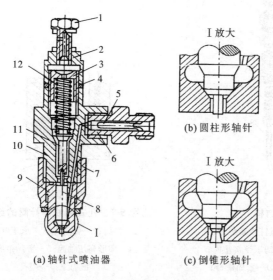

图 5-8　轴针式喷油器的结构

1—回油管接头；2—锁紧螺母；3—调压螺钉；4—垫圈；5—滤芯；6—进油管接头；
7—紧固螺母；8—针阀；9—针阀体；10—喷油器体；11—顶杆；12—调压弹簧

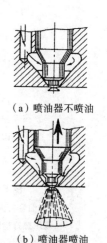

图 5-9　轴针式喷油器的工作原理

3. 喷油器的检修

喷油器针阀偶件在长期的工作中,受到高压油的冲刷、机械杂质的研磨和压力弹簧的落座等联合作用,针阀和阀体的配合表面会受到磨损,从而引起喷油前的泄漏和断油后的滴油的现象,造成雾化不良、燃烧不完全、炭烟急剧增加、积炭严重。所以,对喷油器必须进行定期检修。

1）喷油器的检测

（1）解体时要记住各喷油器的缸序。

将喷油器从缸盖下卸下,进行简单的外部清洗,然后逐一解体、检验、组装,以防止不同喷油器的相同零件在组装时互相掺混。

具体的步骤是:先将喷油器的喷孔向下夹紧在台钳上,拆下调压螺钉护帽、调压螺钉及弹簧,清洗干净。再将喷油器调头固定在台钳上,松开偶件紧固螺套,卸下针阀偶件,做必要的清洗后进行下面的检验。

（2）检验分为目测检查和滑动性试验。

目测针阀和阀体的配合表面,不得有烧灼或腐蚀现象,针阀的轴针不得有变形或其他损伤。做滑动性试验时,须将阀体倾斜60°左右,将针阀抽出约1/3行程后放开,针阀应能靠其自重平稳地下滑。转动针阀位置,重复上述操作,如果针阀不是在任何位置都能平稳地下滑,则应更换针阀偶件。

（3）组装。

清洗本体及其油道,将调压弹簧、调压螺钉部分组装在一起。注意:调压螺钉不能拧得太紧,这样在后期进行性能检查时便于排气和整体清洗。将可用的或更换后的针阀偶件放在装有干净柴油的塑料盆中,来回游动针阀进行彻底清洗。使喷油器调压部分(应在下方)固定在台钳上,将针阀偶件按定位要求扣在结合面上,而后拧紧偶件紧固螺套,再进行下面的性能检查。

2）喷油器的性能检查

检查喷油器的喷油压力和雾化状况，应在喷油器的试验台上进行，如图5-10所示。

(1) 喷油压力的检查。

检查时，放松喷油器上的调压螺钉，将喷油器装在试验台上，上下反复压动试验台的手柄，使喷油器和高压油管内完全充满柴油。然后再缓慢地压动手柄，同时注意观察油压表读数。当读数开始下降时，即为喷油器的开启压力，其数值应符合标准要求。如6135型柴油发动机的喷油压力为17.5 MPa，否则就要调整。

国产机型喷油器的调压大多数是通过调整调压螺钉改变调压弹簧的预紧力来实现的，而个别的进口机型，则是通过改变垫片的厚度来实现调压的，如丰田L系列柴油发动机等。

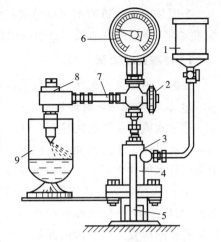

图5-10 喷油器试验台
1—油罐；2—止回阀；3—放气螺钉；
4—手压油泵；5—压油手柄；6—油压表；
7—高压油管；8—喷油器；9—接油杯

(2) 喷雾质量的检查。

应缓慢、连续地按下试验台手柄以检查喷油器的喷油质量。对于多孔喷油器，各个喷孔喷出的油均应形成一个雾化良好小锥状油束，各油束的间隔角应符合原厂规定。对于轴针式喷油器，要求喷雾为圆锥形，不得偏斜，且油雾应细小而均匀。

(3) 密封性试验。

① 针阀偶件锥面密封性试验。在低于喷油器正常压力2 MPa的条件下，10 s之内针阀体头部允许有湿润。但不允许出现油滴。如渗漏太多，可用细研磨砂涂于针阀锥面相互研磨。

② 导向部分配合严密性试验。将喷油器喷油压力调到19.6 MPa，10 s内允许最大压降为2 MPa。压降太大，则说明装配不当或偶件与壳体贴合面不密封，应重新清洗喷油器或更换针阀偶件。

3）喷油器在车上检查调整

拆下需检查的喷油器，用三通管把它和标准（压力）喷油器并联在喷油泵上，松开其他各缸的高压油管接头，油门放在最大位置，摇转曲轴，观察两个喷油器的喷油情况，若同时喷油，则说明两喷油器的喷油压力相等，否则应调整之。喷油质量的其余各项指标也可同时检查。

二、喷油泵

喷油泵即高压油泵，一般与调速器连成一体。其作用是将输油泵提供的柴油升高到一定压力，并根据柴油发动机的运行工况和各缸的工作顺序，以一定的规律，定时、定量地将高压柴油送至喷油器。

车用多缸喷油泵应满足以下要求。

(1) 为保证各缸工作的均匀性，各缸的相对供油时刻和供油压力等参数应相等，各缸供油量不均匀度在标定工况下不大于3%～4%。

(2) 各缸供油提前角相差不大于0.5°曲轴转角。供油提前角应随柴油发动机工况的变化而变化。

(3) 供油顺序必须和柴油发动机各缸工作顺序一致。必须保证供油停止迅速，以避免喷油器出现滴漏现象或不正常喷射。

车用柴油发动机的喷油泵形式很多,根据其作用原理不同,大体可分为柱塞式喷油泵、喷油器-喷油泵、分配式喷油泵。目前应用较多的是柱塞式喷油泵,其性能良好,使用可靠。

1. 柱塞式喷油泵

柱塞式喷油泵由泵体、分泵(泵油机构)、油量调节机构和传动机构四部分组成。

1)柱塞式喷油泵的结构

柱塞式喷油泵是利用柱塞在柱塞套内的往复运动进行吸油和压油,每一副柱塞和柱塞套向一个气缸供油。单缸柴油发动机由一副柱塞偶件(柱塞和柱塞套)组成单体泵;多缸柴油发动机由多副柱塞偶件在同一壳体中组成多缸泵,分别向各缸供油。

图 5-11 所示为柱塞式喷油泵分泵的结构。其关键部件是泵油机构,由柱塞偶件(柱塞和柱塞套)和出油阀偶件(出油阀和出油阀座)等组成。柱塞的下部固定有调节臂,通过它可调节和转动柱塞的位置。出油阀由弹簧压紧在阀座上,柱塞弹簧通过弹簧座使柱塞的下端与滚轮架的垫块相接触,并使滚轮与凸轮轴上的凸轮相接触。凸轮轴由曲轴通过传动机构驱动。对于四冲程柴油发动机,曲轴转两周,喷油泵凸轮轴转一周。

柱塞偶件由柱塞和柱塞套构成,如图 5-12 所示。柱塞偶件一般是用优质合金钢制成,经过精细加工和配对研磨,使其配合间隙在 0.001 5~0.002 5 mm 范围内。正是由于柱塞偶件的精密配合及柱塞的高速运动,才得以实现对柴油的增压。柱塞头部加工有螺旋槽和直槽,柱塞下部加工有榫舌。柱塞套安装在喷油泵泵体的座孔中。

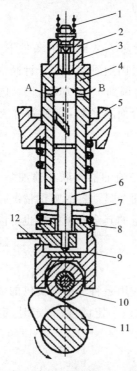 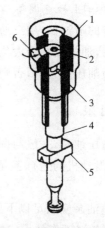

图 5-11 柱塞式喷油泵分泵的结构　　　　　图 5-12 柱塞偶件的结构

1—出油阀弹簧;2—出油阀座;3—出油阀;4—柱塞套;　　1—柱塞套;2—直槽;3—螺旋槽;
5—泵体;6—柱塞;7—柱塞弹簧;8—弹簧下座;9—滚轮体总成;　　4—柱塞;5—榫舌;6—低压进油口
10—滚轮;11—凸轮轴;12—调节臂;A、B—低压油孔

出油阀偶件由出油阀体和阀座组成,位于柱塞偶件的上方。出油阀头部的密封锥面与出油阀座的接触表面经过精细研磨,中间有一环形减压带,尾部铣出四个三角形槽,使导向部分的横

截面为十字形。出油阀体被出油阀弹簧压紧在阀座上。在有些出油阀座中装有减容器,以减小高压管路系统的容积,改善燃油的喷射质量;同时,减容器还可限制出油阀的最大升程。

2) 柱塞式喷油泵的工作原理

柱塞式喷油泵的工作原理如图 5-13 所示。柱塞套上有两个圆孔,都与喷油泵体上的低压油腔相通,柱塞套装于泵体内部,与泵体相对固定。柱塞表面上铣有斜槽(直线形或螺旋线形),斜槽内腔与柱塞上面的泵腔经孔道相连接。柱塞由凸轮驱动,柱塞在柱塞套内可做往复直线运动,也可绕自身轴线在一定角度内转动。

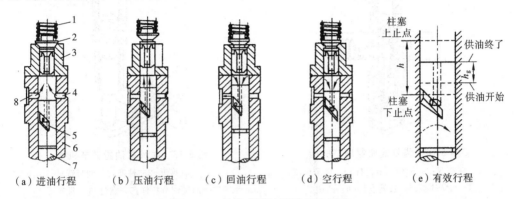

图 5-13　柱塞式喷油泵的工作原理

1—出油阀弹簧;2—出油阀;3—出油阀座;4、8—柱塞套油孔;5—斜槽;6—柱塞套;7—柱塞

(1) 进油过程。如图 5-13(a)所示,当柱塞下移使柱塞套油孔被打开时,柴油在输油泵压力和柱塞上腔真空吸力的作用下,自低压油腔经油孔进入并充满柱塞上腔,直至柱塞运动到下止点。

(2) 压油过程。如图 5-13(b)所示,当柱塞自下止点向上移动时,有一部分柴油经油孔被压回低压油腔,直至柱塞套油孔被封闭时,柱塞上腔油压迅速升高。当压力大于出油阀弹簧预紧力时,出油阀被打开,此时高压柴油经高压油管向喷油器供油。

(3) 回油过程。当柱塞继续上移到图 5-13(c)所示位置时,斜槽和柱塞套油孔接通,泵腔内的柴油经斜槽流回低压油腔,压力迅速下降,出油阀在弹簧作用下迅速回位,喷油泵停止泵油。此后柱塞继续上行,但不再泵油,直至达到上止点。

柱塞的最大行程 h(上、下止点间的距离)取决于凸轮的高度。如图 5-13(e)所示,喷油泵工作时,行程 h 不变,但并非整个工作过程都在泵油,只是在柱塞封闭柱塞套油孔之后到斜槽和油孔接通之前这一段行程 h_g 内才泵油,h_g 称为有效行程。有效行程越长,供油量越多;欲改变供油量,只需转动柱塞即可。

(4) 停止供油状态。当柱塞转到图 5-13(d)所示位置时,柱塞根本不能完全封闭柱塞套油孔,柱塞的有效行程为零,喷油泵处于不泵油状态。

3) 油量调节机构

油量调节机构的作用是根据柴油发动机负荷和转速的变化,根据驾驶员的操纵或调速器的控制,通过转动柱塞来改变柱塞的有效行程,从而改变喷油泵的供油量,并使各缸供油量一致。常用的油量调节机构有齿杆式和拨叉式两种。

(1) 齿杆式油量调节机构。

齿杆式油量调节机构如图 5-14 所示。柱塞下端的条状凸块(榫舌)伸入旋转套筒的槽内,旋转套筒则松套在柱塞套的外面。旋转套筒的上部用固定螺钉锁紧一个调节齿杆。齿圈与齿杆相啮合,拉动油量调节齿杆可带动柱塞转动,从而改变供油量。各缸供油均匀度和最大供油量可通过改变齿圈与旋转套筒的相对位置进行调整。国产 A 型喷油泵采用齿杆式油量调节机构。

(2) 拨叉式油量调节机构。

拨叉式油量调节机构如图 5-15 所示。柱塞下端有一个调节臂,调节臂的端头固定在调节叉的槽内。调节叉用螺钉固定在同一油量调节拉杆上,这样,移动油量拉杆就可以通过调节叉转动柱塞,从而改变供油量。松开固定螺钉,改变调节叉与拉杆的相对位置即可调节各缸的供油量。国产 Ⅰ、Ⅱ、Ⅲ 号喷油泵采用拨叉式油量调节机构。

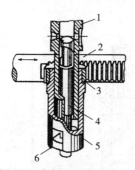 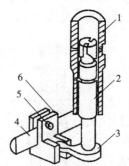

图 5-14　齿杆式油量调节机构
1—柱塞套;2—油量调节齿杆;3—调节齿圈;
4—柱塞;5—旋转套筒;6—凸块

图 5-15　拨叉式油量调节机构
1—柱塞套;2—柱塞;3—调节臂;
4—油量调节拉杆;5—螺钉;6—调节叉

4) 传动机构和供油正时的调整

喷油泵传动机构的作用是控制喷油泵柱塞的上下移动。它由凸轮轴和挺柱传动部件组成,喷油泵的挺柱传动部件多采用滚轮式,如图 5-16 所示。凸轮轴由轴承支承在泵体下部,前端装有联轴器从动盘,后端装有调速器。带有衬套的滚轮松套在滚轮轴上,滚轮轴装在滚轮架的座孔中。滚轮架外形为圆柱体,只能在泵体的圆孔中做上下移动而不能转动。其上部装有调整垫块,以支承喷油泵柱塞。

凸轮轴上凸轮的数量与喷油泵柱塞偶件数量相同,各凸轮间的夹角与气缸工作顺序相适应。凸轮轴一般由曲轴的正时齿轮驱动,四冲程柴油发动机的喷油泵凸轮轴与曲轴的转速比是 1∶2,以保证凸轮轴每转一周,喷油泵向各缸供油一次。

喷油泵的供油正时用供油提前角表示。供油提前角的调整方法有两种:一是改变喷油泵凸轮轴和曲轴的相对角位置,但这只能使各分泵做同一数量的改变;二是改变滚轮传动部件的高度,高度增大,则供油正时提前,反之供油正时滞后。这样可以单独改变某一分泵的供油量。如图 5-17(a) 所示,更换不同厚度的调整垫块即可改变滚轮传动部件的高度 h。该结构简单,调整垫块易于淬硬,工作可靠;但更换时须拆开泵体,否则易使已调整好的油量发生变化。另一种调整高度的方法如图 5-17(b) 所示,通过调整滚轮架上的调整螺钉来改变滚轮高度,然后用锁紧螺母将调整螺钉锁紧。这种方法较简单,但调整螺钉头部易磨损。

5) 国产柱塞式喷油泵系列

国产柱塞式喷油泵的系列化是根据柴油发动机单缸功率范围对喷油泵供油量的要求不同,以柱塞行程、缸心距和结构形式为基础,再分别配以不同尺寸的柱塞直径,组成若干种在一个工作循环内供油量不等的喷油泵,以满足各种柴油发动机的需要。

解放 CA6110-2 柴油发动机所用 A 型喷油泵的结构如图 5-18 所示。A 型喷油泵由泵体、分泵、油量调节机构和传动机构组成。

分泵为带有一副柱塞偶件的泵油机构,喷油泵中的分泵数与发动机气缸数相等,各分泵的结构与尺寸完全相同。分泵主要由柱塞偶件、柱塞弹簧、弹簧座、出油阀偶件、出油阀弹簧、减容

项目 5 柴油发动机燃油供给系统的构造与检修

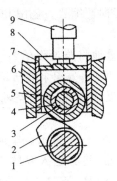

图 5-16 喷油泵传动机构

1—凸轮轴；2—凸轮；3—滚轮轴；4—衬套；
5—滚轮；6—泵体；7—滚轮架；8—垫块；9—柱塞

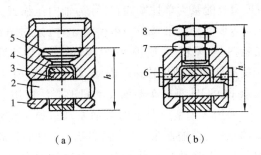

图 5-17 供油正时的调整

1—挺柱体；2—滚轮轴；3—滚轮套筒；4—滚轮；
5—调整垫块；6—导向销；7—锁紧螺母；8—调整螺钉

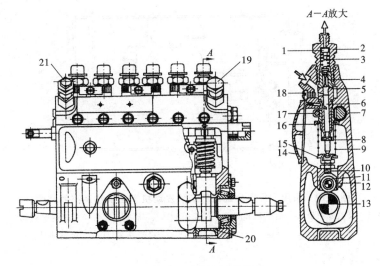

图 5-18 A 型喷油泵的结构

1—减容器；2—出油阀压紧座；3—出油阀弹簧；4—出油阀；5—柱塞套；6—柱塞；7—齿杆；
8—油量控制套筒；9—柱塞弹簧；10—正时调整螺钉；11—滚轮；12—挺柱体；13—凸轮轴；14—窗口盖板；
15—弹簧下座；16—弹簧上座；17—齿圈螺钉；18—挡油螺钉；19—进油空心螺钉；20—堵塞；21—限压阀

器、出油阀压紧座等组成。油量调节机构采用齿杆式油量调节机构。传动机构由凸轮轴和挺柱传动部件组成。泵体为铝合金铸成的整体式结构，分泵、油量调节机构及传动机构都装在泵体上。泵体上有纵向油道，即低压油腔。柴油经滤清后，由进油空心螺钉进入油道，再从柱塞套上的油孔进入分泵泵腔。油道另一端装有限压阀，当油压大于 0.05 MPa 时，多余的柴油流回输油泵进油口；限压阀还兼有放气作用，当需要放气时，可将限压阀上端螺钉旋出少许，再抽动手油泵，即可驱净空气。

位于泵体下部的内腔加有润滑油（即柴油发动机润滑油），依靠润滑油飞溅保证传动机构的润滑。喷油泵凸轮轴前端轴承外面装有油封。

国产 B 型喷油泵的结构和工作原理与 A 型喷油泵的基本相同，都是直列柱塞式喷油泵，但结构参数有所不同，以适用于不同缸径的柴油发动机。P 型喷油泵采用不开侧窗口的箱式封闭泵体，使喷油泵结构得到强化。

2. VE 型分配式喷油泵

分配式喷油泵简称分配泵，有转子式和单柱塞式两大类。英国 CAV 公司的 DPA 型分配泵和法国 SIGMA 公司的 PRS 型分配泵均属于转子式,也称径向压缩式。德国 BOSCH 公司的 VE 型分配泵为单柱塞式,又称为轴向压缩式。

VE 型分配泵采用一组供油元件,通过分配机构定时、定量地将柴油供给各气缸。分配泵结构简单、体积小、质量小、成本低,使用中故障少,容易维修。另外,分配泵的凸轮升程小,有利于提高柴油发动机转速。因此,在康明斯 6BT 系列柴油发动机、南京依维柯柴油发动机、德国大众 BOSCH 型轿车柴油发动机上广泛应用。

采用 VE 型分配泵的柴油发动机燃油供给系统的结构如图 5-19 所示。柴油经过膜片式输油泵(一级输油泵)从油箱吸出,经油水分离器和柴油滤清器,将其送入泵体内的滑片式输油泵(二级输油泵),柴油经二级输油泵加压后压入 VE 型分配泵,通过 VE 分配泵增压、计量,经过高压油管从喷油器喷出。当油压超过规定值时,柴油便从油压调节阀的入口一侧流回输油泵。

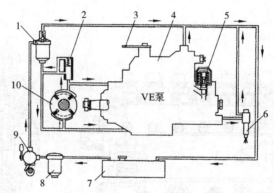

图 5-19 采用 VE 型分配泵的柴油发动机燃油供给系统的结构
1—柴油滤清器;2—油压调节阀;3—调速手柄;4—VE 型分配泵;5—断油电磁阀;
6—喷油器;7—油箱;8—油水分离器;9—一级输油泵;10—二级输油泵

1) VE 型分配泵的结构

VE 型分配泵的结构如图 5-20 所示。整个分配泵由驱动机构、滑片式输油泵、高压分配泵

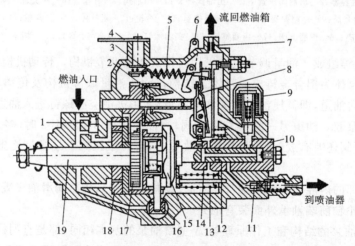

图 5-20 VE 型分配泵的结构
1—调压阀;2—飞锤;3—调速套筒;4—调速手柄;5—调速弹簧;6—停车手柄;7—溢流阀;8—调速张力杠杆;
9—断油电磁阀;10—柱塞套;11—出油阀;12—分配柱塞;13—柱塞弹簧;14—油量调节套筒;
15—平面凸轮盘;16—喷油提前器;17—调速器驱动齿轮;18—二级滑片式输油泵;19—驱动轴

和电磁式断油阀等组成。

VE型分配泵的曲轴带动驱动轴转动,驱动轴带动滑片式输油泵工作,并通过调速器驱动齿轮带动调速器轴旋转。在驱动轴的右端通过联轴器与平面凸轮盘连接,如图5-21所示,利用平面凸轮盘上的传动销带动分配柱塞。柱塞弹簧将分配柱塞压紧在平面凸轮上,使平面凸轮盘压紧滚轮,平面凸轮盘与分配柱塞同步旋转,而且在滚轮、平面凸轮和柱塞弹簧的共同作用下,凸轮盘还带动分配柱塞在柱塞套内做往复运动。凸轮盘上平面凸轮数目与柴油发动机气缸数目相同。

滑片式输油泵可将一级输油泵输入的柴油提高压力后压入VE型分配泵,其结构和工作原理与滚柱式电动汽油泵的相似。

VE型分配泵的高压泵采用单柱塞式,分配柱塞的结构如图5-22所示。在分配柱塞的中心加工有中心油孔,其右端与柱塞腔相通,左端与泄油孔相通。分配柱塞上有燃油分配孔,还有与气缸数目相同的进油槽。所以VE型分配泵的柱塞同时具有压油和配油的功能;柱塞的往复运动起吸油和压油作用,旋转运动起配油作用。

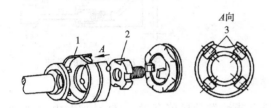 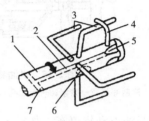

图5-21 滚轮、联轴器及平面凸轮
1—滚轮架;2—联轴器;3—滚轮

图5-22 分配柱塞的结构
1—柱塞;2—中心油孔;3—分配油路;4—进油道;
5—进油槽;6—燃油分配孔;7—泄油孔

2) VE型分配泵的工作原理

(1) 进油过程。如图5-23所示,滚轮由平面凸轮的凸起部分移到最低位置,柱塞弹簧将柱塞向左推移,在柱塞接近终点位置时,柱塞上的进油槽与柱塞套上的进油孔相通,柴油经电磁阀下部的油道流入柱塞右端的柱塞腔内。

(2) 泵油与配油过程。如图5-24所示,随着滚轮由平面凸轮的最低处向凸起部分移动,柱塞在旋转的同时受平面凸轮推力的作用向右移动。当进油孔关闭后,柱塞即开始压缩油腔内的柴油,使油压迅速升高。此时,柱塞上的燃油分配孔与柱塞套的出油孔相通,高压柴油经出油孔和出油阀从喷油器喷出。

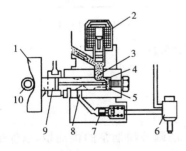 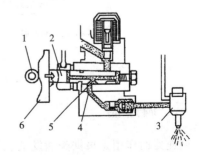

图5-23 进油过程
1—平面凸轮;2—电磁阀;3—进油孔;4—进油槽;5—柱塞腔;
6—喷油器;7—出油阀;8—出油孔;9—柱塞;10—滚轮

图5-24 泵油与配油过程
1—滚轮;2—柱塞;3—喷油器;4—出油孔;
5—燃油分配孔;6—平面凸轮

平面凸轮上的凸起数与气缸数相等，因此，平面凸轮每转一周，柱塞上的燃油分配孔与各缸分配油路接通，轮流向各缸喷油器供油一次。

(3) 供油结束。如图 5-25 所示，柱塞在平面凸轮的推动下继续右移，当柱塞左端的泄油孔与分配泵内腔相通时，柱塞内的高压油立即经泄油孔流入泵内腔中，柴油压力迅速下降，出油阀关闭，供油停止。

(4) 供油量的调节。柱塞上的泄油孔何时与泵内腔相通，由控制套筒的位置来控制。如图 5-26 所示，当移动控制套筒时，柱塞上的泄油孔与泵内腔相通的时刻改变，使供油有效行程 h 改变，即结束供油的时刻改变。向左移动控制套筒，有效行程 h 减小，供油量减少；向右移动控制套筒，有效行程 h 增大，供油量增加。

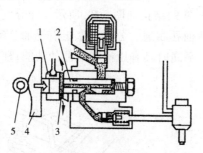 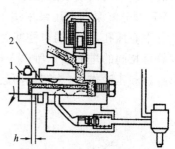

图 5-25 供油结束　　　　　　　　　　图 5-26 供油量的调节
1—控制套筒；2—柱塞；3—泄油孔；4—平面凸轮；5—滚轮　　　1—控制套筒；2—柱塞

(5) 柴油发动机停车。如图 5-27(b) 所示，需要柴油发动机停车时，可转动控制电磁阀的旋钮，使电路触点断开，电磁线圈对阀门的吸力消失，在阀门弹簧的作用下，阀门向下移动，使泵体内进油孔关闭，停止供油，柴油发动机熄火。

如图 5-27(a) 所示，启动柴油发动机时，先将电磁阀的触点接通，阀门在电磁线圈吸力的作用下克服阀门弹簧弹力向上移动，使泵体内进油孔打开，供油开始。

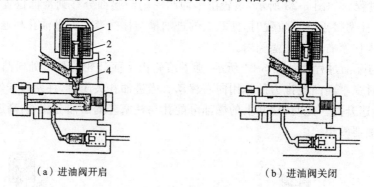

图 5-27 电磁阀停油装置
1—电磁线圈；2—弹簧；3—阀门；4—进油孔

三、调速器

调速器的作用是根据柴油发动机负荷的变化，自动调节喷油泵的供油量，以保证柴油发动机在各种工况下稳定运转。

喷油泵每一循环供油量主要取决于柱塞有效行程，其次还受柴油发动机转速的影响。在柱塞的有效行程（油量调节拉杆）不变时，当柴油发动机转速增加，喷油泵的供油量也略微增加；反之,供油量略微减少。上述供油量与转速的关系称为喷油泵的速度特性。喷油泵的速度特性对工况多变的车用柴油发动机是非常不利的。

汽车柴油发动机的负荷经常变化:当负荷突然减小(满载汽车从上坡行驶刚刚过渡到下坡行驶)时,若不及时减少喷油泵的供油量,则柴油发动机的转速迅速上升,甚至会超过标定的最高转速而出现"飞车"现象;相反,当负荷突然增大时,若不及时增加喷油泵的供油量,则柴油发动机的转速将急速下降直至熄火。此外,柴油发动机在急速工况下工作,即柱塞保持在最小供油量位置不变时,当内部阻力增大使柴油发动机转速降低时,喷油泵的供油量自动减少,使柴油发动机转速进一步降低,如此循环作用,最后将使柴油发动机熄火。

由于喷油泵速度特性的作用,使柴油发动机转速的稳定性变差,特别是在急速和高速时根本无法维持正常工作。因此,车用柴油发动机都装有调速器,根据柴油发动机负荷的变化自动调节供油量,以达到稳定急速、限制超速,并保证柴油发动机在工作转速范围内稳定运转。

在车用柴油发动机上应用最广泛的是机械离心式调速器。按调速器起作用转速的范围不同,分为两极式调速器和全程式调速器。

1. 两极式调速器

两极式调速器用于转速变化频繁的中、小型柴油发动机,以起到稳定急速和限制超速的作用,而在急速和最高转速之间的任何转速,调速器则不起调速作用,而由驾驶员通过加速踏板直接操纵喷油泵油量调节机构来实现。

1) 工作原理

图 5-28 所示为两极式调速器的工作原理。调速器的飞球为感应元件,滑动盘为执行机构。当柴油发动机负荷改变引起转速变化时,飞球产生的离心力随之改变。而飞球的离心力通过飞球臂作用到滑动盘上,产生的轴向分力使滑动盘移动。柴油发动机不工作时,低速弹簧通过球面顶块将齿杆压在最左边,即供油最大位置。启动后,喷油泵的凸轮轴通过支承盘使飞球转速升高,飞球产生的离心力克服低速弹簧弹力推动杠杆向右移动,带动齿杆右移使供油量减少。当转速上升到一定程度,飞球的惯性力使球面顶杆与弹簧滑套相接触,飞球的惯性力不足以推动高速弹簧右移,即齿杆不再随转速变化而移动,只能通过操纵杆进行人工操作。

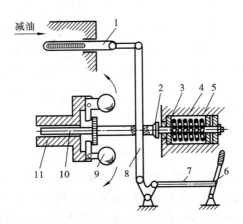

图 5-28 两极式调速器的工作原理
1—齿杆;2—球面顶块;3—弹簧滑套;4—高速弹簧;5—低速弹簧;
6—操纵杆;7—拉杆;8—杠杆;9—飞球;10—滑动盘;11—支承盘

2) 典型结构与工作过程

图 5-29 所示为 RAD 型两极式调速器的结构。调速器与喷油泵用螺钉连接成一体。两个飞块装在凸轮轴上,当转速上升、飞块张开时,飞块臂上的滚轮推动滑套沿轴向右移。导动杠杆上端与速度调定杠杆、拉力杠杆一起铰接在调速器壳体上,下端连在滑套上,中部与浮动杠杆相连。浮动杠杆上部通过连杆与供油调节齿杆相连,下部与支承杠杆连接,启动弹簧装在浮动杠杆顶部。支承杠杆的上部与控制杠杆相连,控制杠杆的另一臂由驾驶员通过加速踏板和杆系进行操纵。速度调定杠杆用速度调整螺钉顶住,使装在速度调定杠杆和拉力杠杆之间的调速弹簧保持拉伸状态。所以,在所有中间转速范围内,拉力杠杆始终靠在调节齿杆行程调整螺钉的头部。拉力杠杆的中部有一销轴插在支承杠杆上端的凹槽内。怠速弹簧装在拉力杠杆的下部,用于怠速控制。

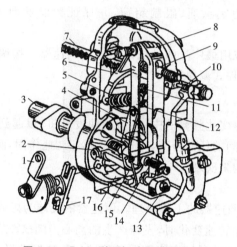

图 5-29 RAD 型两极式调速器的结构
1—控制杠杆;2—滚轮;3—凸轮轴;4—浮动杠杆;5—调速弹簧;6—速度调定杠杆;
7—供油调节齿杆;8—拉力杠杆;9—速度调整螺钉;10—稳速弹簧;11—启动弹簧;12—导动杠杆;
13—齿杆行程调整螺钉;14—怠速弹簧;15—滑套;16—飞块;17—支承杠杆

RAD 型两极式调速器的工作过程分为启动加浓、稳定怠速、正常工作时的油量调节和限制超速。

(1) 启动加浓。如图 5-30 所示,发动机静止时,飞块处于向心极限位置。启动前,应将控制杠杆推至全负荷供油量位置 I。此时,支承杠杆绕 DC 逆时针转动,浮动杠杆也绕 B 点逆时针转动,因此齿杆向左移动,增加供油。在启动弹簧作用下,浮动杠杆绕 C 点逆时针偏转,同时带动 BA(销轴)和 A 点(滑套)进一步向左移动,直至飞块到达向心极限位置为止,从而保证供油调节齿杆越过全负荷进入启动最大供油量位置(启动加浓位置)。此时的供油量约为全负荷额定供油量的 150%。

(2) 稳定怠速。如图 5-31 所示,柴油发动机启动后,将控制杠杆拉到怠速位置 II,柴油发动机进入怠速工况。飞块的离心力使滑套压缩怠速弹簧,当离心力与怠速弹簧和启动弹簧的弹力达到平衡时,供油调节齿杆便保持在某一位置,柴油发动机就在某一相应转速下稳定运转。若此时阻力增大使柴油发动机转速下降,则飞块离心力减小,原来的平衡被破坏,在怠速弹簧和启动弹簧弹力的作用下,滑套向左移动,从而使导动杠杆绕上端支点顺时针转动,供油齿杆左移使供油量增加,柴油发动机转速回升。相反,若转速上升,则飞块的离心力增大,齿杆右移,使供油量减少,转速下降,从而使怠速稳定。调整怠速弹簧的预紧力即可改变怠速的稳定转速。

项目 5　柴油发动机燃油供给系统的构造与检修

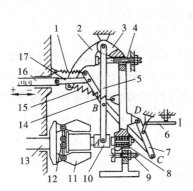 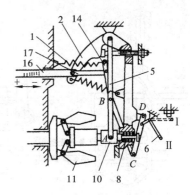

图 5-30　两极式调速器的启动加浓工作示意图

5-31　两极式调速器的怠速工作示意图（图注同图 5-30）

1—启动弹簧；2—速度调定杠杆；3—拉力杠杆；4—速度调整螺钉；
5—导动杠杆；6—控制杠杆；7—支承杠杆；8—怠速弹簧；
9—齿杆行程调整螺钉；10—滑套；11—飞块；12—滚轮；13—凸轮轴；
14—浮动杠杆；15—调速弹簧；16—供油调节齿杆；17—连杆

(3) 正常工作时的油量调节。如图 5-32 所示，当转速超过怠速时，怠速弹簧完全被压入拉力杠杆内，滑套直接与拉力杠杆端面接触。由于拉力杠杆被很强的调速弹簧拉住，若转速低于最大工作转速，则飞块离心力不足以推动拉力杠杆，导动杠杆的位置保持不变，即 B 点位置不会移动，若控制杠杆的位置一定，则浮动杠杆的位置也固定不动，供油调节齿杆的位置保持不动，即供油量不会改变，调速器不起作用。

在全部中间转速范围内，如果需要改变供油量，则必须由驾驶员改变控制杠杆的位置才能实现。如控制杠杆从怠速位置 Ⅱ 推到部分负荷位置 Ⅲ，则支承杠杆绕 Ⅱ 点转动，同时浮动杠杆绕 B 点逆时针转动，齿杆左移，供油量增加。

(4) 限制超速。如图 5-33 所示，无论柴油发动机是在全负荷或部分负荷工况下工作，只要转速超过额定转速时，飞块的离心力就能克服调速弹簧的拉力，推动滑套和拉力杠杆并带动导动杠杆绕其上支点向右移动，使支点 B、D、C 分别移动到 B'、D'、C'，从而使供油调节齿杆向右移动，供油量减少，限制柴油发动机转速不超过额定转速。利用速度调整螺钉改变调速弹簧的预紧力，即可改变柴油发动机的最高转速。

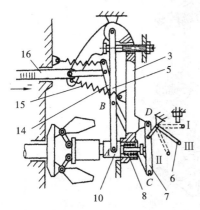 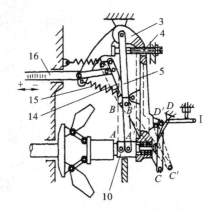

图 5-32　两极式调速器在正常工作转速范围内的工作示意图（图注同图 5-30）

图 5-33　两极式调速器限制最高转速的工作示意图（图注同图 5-30）

2. 全程式调速器

全程式调速器不仅能稳定怠速和限制超速，而且还能控制柴油发动机在允许转速范围内的

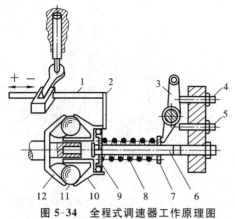

图 5-34 全程式调速器工作原理图

1—供油拉杆；2—传动板；3—操纵臂；
4—最高转速限位螺钉；5—怠速限位螺钉；
6—支承轴；7—调速弹簧滑座；8—调速弹簧；
9—弹簧座；10—推力盘；11—飞锤；12—传动盘

各种转速下稳定工作。

1）工作原理

全程式调速器与两极式调速器不同，供油拉杆只由推力盘的轴向位置决定。如图 5-34 所示，柴油发动机不工作时，推力盘在调速弹簧的作用下处于最左端，供油量最大。调速弹簧被操纵臂和支承轴的左端凸缘压紧，弹力大小取决于操纵臂。操纵臂的转动范围受低速限位螺钉（即怠速限位螺钉）和最高转速限位螺钉的限制。

柴油发动机工作后转速上升至一定值时，飞锤产生离心力，其轴向分力可与调速弹簧的弹力平衡（即保持操纵臂不动）。若外界负荷减小，发动机转速上升，则飞锤的离心力增大，推力盘压缩调速弹簧推动供油拉杆右移，供油量减少，转速下降；反之则供油量增加，转速上升。操纵臂位置改变，则转速也随之而变。操纵臂的各个位置都有与之对应的稳定工作转速，所以称为全程式调速器。

2）典型结构与工作过程

图 5-35 所示为 RSV 型全程式调速器的结构，与 RAD 型两极式调速器结构基本相同。为了实现在柴油发动机工作转速范围内全速调节控制，增设了以下结构：在拉力杠杆的下端设转矩校正加浓装置，该装置由校正弹簧和转矩校正器顶杆组成，以便在超负荷时使用；采用了弹力可调的调速弹簧，而没有专门的怠速弹簧，但在拉力杠杆中部增设了怠速稳定弹簧，使怠速运转平稳；调速弹簧的弹簧摇臂上装有调整螺钉，它可以调整调速弹簧安装时预紧力的大小；在拉力杠杆的下端增设可调的全负荷供油量限位螺钉，以限制拉力杠杆的全负荷位置。在拉力杠杆

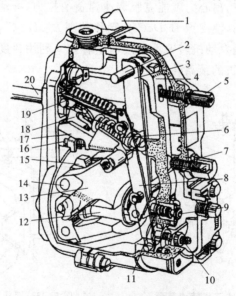

图 5-35 RSV 型全程式调速器的结构

1—操纵杆；2—销轴；3—导动杠杆；4—拉力杠杆；5—怠速调整螺钉；6—调速弹簧；7—怠速稳定弹簧；
8—浮动杠杆；9—转矩校正器顶杆；10—全负荷供油限位螺钉；11—校正弹簧；12—调速套筒；13—飞锤；
14—飞锤销；15—飞锤支架；16—调整螺钉；17—弹簧摇臂；18—弹簧挂耳；19—启动弹簧；20—供油调节齿杆

上方的后壳体上装有怠速调整螺钉,用来调整怠速的高低,并限制弹簧摇臂低速时的摆动位置。

如图 5-36 所示,弹簧摇臂与弹簧挂耳相连,弹簧挂耳右端连接着调速弹簧,左端设有调整螺钉。弹簧摇臂的支点 O 与拉力杠杆凸缘上的弹簧孔 C 点稍微有一点偏心。操纵杆可根据需要装在弹簧摇臂的左侧或右侧,拨动操纵杆时弹簧摇臂随之转动。由于存在偏心,使调速弹簧的预紧力发生变化,从而改变调速器起作用时的转速。

RSV 型全程式调速器的调速过程如下。

(1) 启动加浓。如图 5-37 所示,启动前,启动弹簧的预紧力通过浮动杠杆、导动杠杆和调速套筒,使飞锤处于向心极限位置。启动时,驾驶员将加速踏板踩到底,使操纵杆接触高速限位螺钉而置于启动加浓位置 A,浮动杠杆把供油调节齿杆向左推至启动供油位置,使柴油发动机顺利启动。

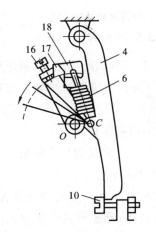

图 5-36 调速弹簧张力的改变

(图注同图 5-35)

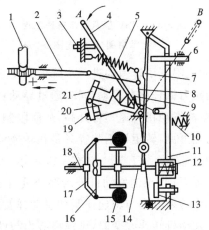

图 5-37 RSV 型调速器启动工况示意图

1—柱塞;2—供油调节齿杆;3—高速限位螺钉;4—操纵杆;
5—启动弹簧;6—怠速限位螺钉;7—导动杠杆;8—浮动杠杆;
9—调速弹簧;10—怠速稳定弹簧;11—拉力杠杆;12—校正弹簧;
13—行程调节螺钉;14—调速套筒;15—飞锤;16—活动杠杆;
17—飞锤支架;18—凸轮轴;19—调整螺钉;20—摇臂;21—调整摆片

(2) 怠速工况。如图 5-38 所示,柴油发动机启动后,驾驶员松开加速踏板,操纵杆转至怠速位置。此时,调速弹簧处于放松状态。飞锤的离心力通过调速套筒推动导动杠杆向右偏转,并带动浮动杠杆以下端为支点顺时针方向摆动,克服启动弹簧的弹力,将供油调节齿杆拉到怠速位置。同时,调速套筒通过校正弹簧使拉力杠杆向右摆动,其背部与怠速稳定弹簧相接触。怠速的稳定平衡作用由调速弹簧、怠速稳定弹簧和启动弹簧共同来保持。

发动机转速降低时,飞锤离心力变小,弹簧力把拉力杠杆推向左侧,齿杆向增油的方向移动,使发动机转速上升;反之,发动机转速下降,从而使发动机保持稳定怠速运转。

(3) 全(额定)负荷及转矩校正工况。如图 5-39 所示,驾驶员将加速踏板踩到底,使操纵杆处于极限位置 A 与高速限位螺钉接触。这时,拉力杠杆在调速弹簧的作用下,下端紧靠在行程调节螺钉上。此时柴油发动机转速很高,为额定转速。

当外界阻力增大,柴油发动机转速低于额定转速时,飞锤产生的离心力也随之下降,此时被压缩的校正弹簧开始伸张,通过导动杠杆推动调速套筒向左移动一段距离(即校正 1 次行程),带动导动杠杆和浮动杠杆向左偏摆,将供油齿杆向左推移,实现加油,柴油发动机的输出转矩增

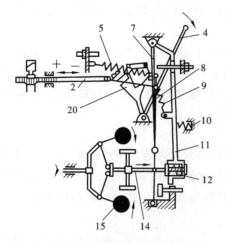

图 5-38　RSV 型调速器怠速工况
示意图（图注同图 5-37）

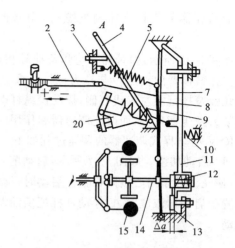

图 5-39　RSV 型调速器额定工况
示意图（图注同图 5-37）

加，同时也限制了转速的进一步降低。反之，当负荷减小、转速升高时，飞锤离心力增大，调速套筒推动拉力杠杆向右摆动，同时通过导动杠杆、浮动杠杆使供油调节齿杆向供油减少的方向移动，使柴油发动机转速不再升高，从而限制了柴油发动机的最高转速。

由此可见，转矩校正装置只是在转速低于标定转速时的一定范围内起作用。

（4）部分负荷工况。如图 5-40 所示，驾驶员将操纵杆置于怠速与高速限位螺钉之间的某一选定位置 C 时，柴油发动机进入部分负荷工况。这时调速弹簧对拉力杠杆的拉力也被选定，使飞锤产生的离心力与调速弹簧和启动弹簧的拉力平衡，油量调节齿杆处于某一相对稳定位置。当柴油发动机转速改变时，飞锤离心力与调速弹簧作用力的平衡被破坏，调速套筒产生轴向位移，并通过导动杠杆、浮动杠杆带动供油调节齿杆轴向移动，自动减少或增加供油量，以维持柴油发动机在给定的某一转速下稳定运转。

（5）停止供油工况。如图 5-41 所示，调速器的下部装有停车手柄，需要停车时，可转动停车手柄，通过支持杠杆带动浮动杠杆，使供油调节齿杆向减油（向右）方向移动，直至汽油泵停止供油，柴油发动机熄火。停机后，放松停车手柄，停车手柄在复位弹簧的作用下自动复位。

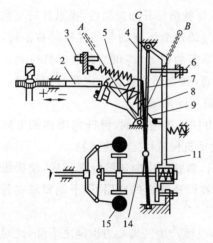

图 5-40　RSV 型调速器部分负荷工况
示意图（图注同图 5-37）

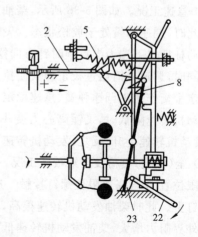

图 5-41　RSV 型调速器停止供油工况示意图
22—停车手柄；23—支持杠杆（其余图注同图 5-37）

四、供油正时

1. 供油提前角调节装置的作用

车用柴油发动机工作时,转速变化范围很大。当柴油发动机的转速升高时,活塞往复运动周期缩短,但柴油的燃烧速度并不能相应的改变,使可燃混合气的燃烧拖延到缓燃期和后燃期进行,导致柴油发动机的动力性、经济性和排放性变差。因此,喷油提前角应随发动机转速的增加而加大。在实际使用中,一般通过调整供油提前角来控制喷油提前角。

供油提前角调节装置由两部分组成:静态调节部分,即在静态时把供油提前角调整到适当值;动态调节部分,即在柴油发动机运转时随转速变化而自动改变供油提前角。

2. 联轴器

1) 联轴器的作用

联轴器用来连接喷油泵正时齿轮与供油提前角自动调节器,以传递动力。同时弥补喷油泵安装时造成的喷油泵凸轮轴和驱动轴的同轴度偏差,并用少量的角位移调节供油提前角。

喷油泵正时齿轮的输出轴与供油提前角自动调节器的主动凸缘盘之间用联轴器连接,如图5-42所示,以驱动喷油泵转动。

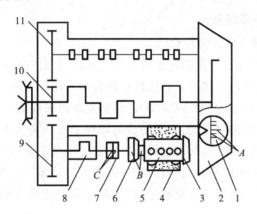

图 5-42 喷油泵的驱动与供油正时

1—飞轮;2—飞轮壳;3—调速器;4—托板;5—喷油泵;6—供油提前角自动调节器;7—联轴器;
8—空气压缩机;9—喷油泵正时齿轮;10—曲轴正时齿轮;11—凸轮轴正时齿轮;A、B、C—各处正时标记

2) 联轴器的结构

联轴器的结构如图5-43所示。主动凸缘盘固定在喷油泵正时齿轮输出轴上,主动传动钢片用螺栓与主动凸缘盘相连,主动凸缘盘上的螺孔为圆弧孔,主动传动钢片用螺栓与十字形中间凸缘盘连接。中间凸缘盘用螺栓与从动传动钢片相连,从动传动钢片与喷油泵的凸轮轴连为一体。这样,喷油泵正时齿轮输出轴的动力通过上述各零件即可传递到供油提前角自动调节器上。

3) 供油提前角的静态调节

柴油发动机出厂前及工作一段时间或拆装后,均须对供油提前角进行检查、调整,实际上就是对喷油泵凸轮轴和柴油发动机曲轴相对转角位置的调整。

按柴油发动机工作转向旋转曲轴,使第一缸活塞处于压缩冲程上止点附近时,飞轮和飞轮壳体上的供油提前角刻线记号对齐(见图5-42中的标记A),然后再观察喷油泵提前器(即供油

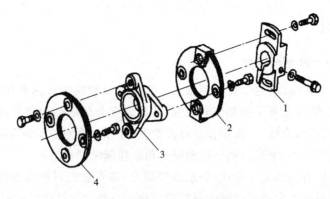

图 5-43　联轴器的结构

1—主动凸缘盘；2—主动传动钢片；3—十字形中间凸缘盘；4—从动传动钢片

提前角自动调器)壳体上的刻线与喷油泵泵体上的刻线是否对齐(见图 5-42 中的标记 B)。如对齐,则说明供油提前角正确;如没对齐,则需要调整。

由于主动凸缘盘上开有弧形孔,旋松螺栓可使主动传动钢片相对于主动凸缘盘沿弧形转过一个角度(见图 5-42 中的标记 C),这样就改变了喷油泵凸轮轴与发动机曲轴之间的相位关系,即可以改变各缸的喷油时刻(初始供油提前角)。

3. 供油提前角自动调节装置

1) 供油提前角自动调节装置的结构

柴油发动机工作时,供油提前角随转速的变化是通过供油提前角自动调节器来实现的。目前车用柴油发动机采用较多的是机械离心式供油提前角自动调节器。

如图 5-44 所示为 YC6105QC 和 YC6110Q 柴油发动机采用的供油提前角自动调节器的结构。调节器装在联轴器与喷油泵之间,其驱动盘的辐板上压装着两个销轴,两个飞块一端套在此销轴上,另一端压装着两个销钉,每个销钉上各松套着一个滚轮和内座圈,滚轮和从动盘的弧形侧面相接触,从动盘的侧面则压在两个弹簧上,弹簧的另一端固定在弹簧座圈上,由螺栓将座圈固定在销轴上。从动盘上还固定有筒状盘,其外圆柱面与驱动盘的内圆柱面相配合,并有较

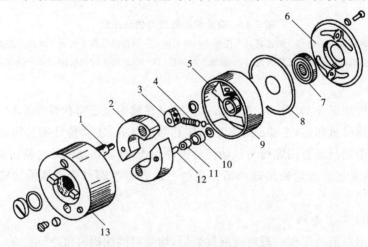

图 5-44　供油提前角自动调节器的结构

1—销轴；2—飞块；3—弹簧座圈；4—弹簧；5—从动盘；6—盖板；
7—油封；8—密封圈；9—筒状盘；10—滚轮；11—内座圈；12—销钉；13—驱动盘

高的同轴度。整个调节器为一个密闭体,内腔充有润滑油以润滑。

2) 供油提前角的动态调节

柴油发动机工作时,驱动盘连同飞块受曲轴的驱动而旋转。两个飞块的活动端向外甩开,通过滚轮迫使从动盘也沿着旋转方向转动一个角度,直至弹簧的弹力和飞块的惯性力平衡为止,此时驱动盘与从动盘同步转动。当转速升高时,飞块活动端进一步向外甩出,使从动盘相对于驱动盘沿着转动方向再前进一个角度,直至弹簧弹力与飞块的惯性力再次平衡,供油提前角也相应再次增大;反之,柴油发动机转速降低,供油提前角相应减小。

五、柴油发动机燃油供给系统的辅助装置

1. 柴油滤清器

柴油在储存、运输过程中,往往会混有水分、尘土或机械杂质,而柴油的清洁度对喷油泵和喷油器内精密配合偶件的工作可靠性和使用寿命都有很大的影响。柴油滤清器的作用正是滤除柴油中的水分和杂质。此外,柴油发动机上还装有其他辅助滤清元件。

柴油滤清器的结构及工作原理与汽油滤清器的相似,主要由滤清器壳、滤清器盖和滤芯等组成。滤芯材料有绸布、毛毡、金属丝及纸质材料等,其中纸质滤芯成本低,滤清效果好,使用较广泛。柴油滤清器有粗滤器和细滤器之分。粗滤器一般安装在输油泵之前,细滤器一般安装在输油泵之后,分别用来滤除较大颗粒及微小颗粒的杂质。

图 5-45 所示为一种两级柴油滤清器。它由两个结构基本相同的滤清器串联而成,两个滤清器的盖制成一体。第一级滤清器盖上装有限压阀,当油压超过设定值时,限压阀开启,多余的柴油流回油箱;第二级滤清器盖上装有放气螺钉。从输油泵来的柴油经过第一级纸质滤芯粗滤,再经过第二级毛毡及绸布的滤芯精滤后,从出油管到达喷油泵的低压油腔。

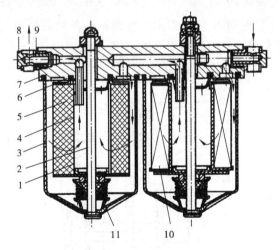

图 5-45 两级柴油滤清器

1—绸布滤芯;2—紧固螺杆;3—外壳;4—滤油筒;5—毛毡滤芯;6—毛毡密封圈;
7—橡胶密封圈;8—油管接头衬套;9—出油管接头;10—纸质滤芯;11—滤芯衬垫

2. 输油泵

输油泵的作用是保证柴油在低压油路中正常流动,并将足够数量和一定压力的柴油输送到喷油泵。输油泵的输油量一般为柴油发动机全负荷时最大供油量的 3~4 倍。

输油泵有膜片式、滑片式、齿轮式和活塞式等。活塞式输油泵因其输油压力较高、自润滑性好,故得到广泛应用。

活塞式输油泵装在喷油泵壳体的侧面,并由喷油泵凸轮轴上的偏心轮驱动。其结构如图5-46所示,由输油泵体、活塞、推杆、挺柱总成、出油阀、进油阀及手油泵总成等组成。

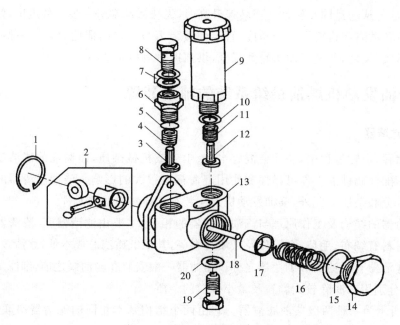

图 5-46 活塞式输油泵的结构

1—弹簧挡圈;2—挺柱总成;3—出油止回阀;4、11、16—弹簧;5、10—O形密封圈;
6—管接头;7、15、20—垫圈;8—出油空心螺栓;9—手油泵总成;12—进油止回阀;
13—输油泵体;14—螺母;17—活塞;18—推杆;19—进油空心螺栓

活塞式输油泵的工作原理如图5-47所示。喷油泵凸轮轴旋转时,偏心轮克服推杆弹簧的弹力,通过推杆推动输油泵活塞下行。由于泵腔A的容积减少,油压升高,使进油止回阀关闭,

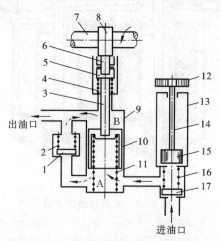

图 5-47 活塞式输油泵的工作原理

1—出油止回阀;2—出油止回阀弹簧;3—推杆;4—推杆弹簧;5—挺柱;6—滚轮;7—喷油泵凸轮轴;
8—偏心轮;9—输油泵体;10—输油泵活塞;11—活塞弹簧;12—手油泵拉钮;13—手油泵体;
14—手油泵泵杆;15—手油泵活塞;16—进油止回阀弹簧;17—进油止回阀

出油止回阀压开,柴油经泵腔 A 流向泵腔 B。

当偏心轮凸起部分转离滚轮时,在活塞弹簧弹力的作用下,输油泵活塞上行。由于泵腔 B 的容积减小,油压升高,使出油止回阀关闭,柴油从泵腔 B 经出油口流向滤清器。由于输油泵活塞上行,使泵腔 A 的容积变大,压力下降,进油止回阀被吸开,柴油又进入泵腔 A。输油泵供油量的多少取决于活塞的行程,而输油压力的大小取决于活塞弹簧的弹力。当喷油泵需油量减小时,泵腔 B 的油压将随之增高,使活塞上行速度减慢,活塞有效行程减小,输油量减少,并限制油压进一步升高,从而实现了供油量和供油压力的自动调节。

输油泵上装有手油泵。当柴油发动机长时间停机后再启动或低压油路中有空气时,可利用手油泵输油或放气。用手油泵泵油时,先将手油泵拉钮上提,使手油泵活塞向上,在手油泵泵体内形成一定的真空度,这时进油止回阀被吸开,柴油被吸入手油泵泵体内;当压下手油泵拉钮时,活塞下行,手油泵泵体内油压升高,使进油止回阀关闭,柴油经泵腔 A 从出油止回阀输出。停止使用手油泵后,应将手油泵拉钮压下,并拧紧在手油泵体上。

3. 废气涡轮增压器

提高柴油发动机功率的最有效措施是增加进气量和供油量。目前,采用较多的是废气涡轮增压器,即利用柴油发动机排放的废气来驱动涡轮机,带动压气机,以提高进气压力,从而增加进气量。采用废气涡轮增压不仅可以提高柴油发动机功率(可达 30%～100%,甚至更高),而且还可以改善燃油经济性,降低排放污染,缩小柴油发动机的外形尺寸。

4. 冒烟限制器

冒烟限制器用于废气涡轮增压柴油发动机中。随着柴油发动机转速的变化,受废气涡轮增压器的影响,进气压力也发生变化。冒烟限制器的作用是自动调节供油量,以减少冒烟的可能性。冒烟限制器装在喷油泵的一端,通过接头、管道与发动机进气管相通。当无增压空气输入或输入增压空气的压力很低时,冒烟限制器不工作。此时限制了供油调节拉杆向增加供油量方向的位移量,即起到限制供油量的作用。当输入到冒烟限制器内的增压空气达到某一定值时,通过气压的作用,使供油调节拉杆进一步向增加供油量的方向移动,适当增加供油量,以便与增压空气压力相适应。

5. 增压补偿器

增压补偿器的作用是根据增压压力的大小,自动加大或减少各缸的供油量。避免了柴油发动机在低速运转时,因增压压力低、空气量不足而造成燃烧不充分、燃料经济性下降;并使柴油发动机在高速运转时可获得较大功率,同时提高燃料经济性。

6. 启动辅助装置

由于柴油发动机具有压缩比大、启动阻力矩大、启动转速高等特点,为了改善柴油发动机的低温启动性能,柴油发动机中常采取改善着火条件,使燃料易于燃烧,或降低启动阻力矩等措施,使柴油发动机在低温下顺利启动。

(1) 安装电热塞。采用分隔式燃烧室的柴油发动机,因为燃烧室散热面积大,压缩冲程终了时气缸内的空气温度较低。为了改善着火条件,一般在涡流室或预燃室中装有一电热塞。电热塞内有电阻丝和发热体等零件。柴油发动机启动前,接通电热塞开关,电流流经电热塞内的电阻丝,电阻丝被加热,使电阻丝和发热体的温度迅速升高,从而给气缸内的空气加热,保证柴油发动机顺利启动。

（2）降低启动阻力矩。为了降低启动阻力矩，在一些柴油发动机中常设有减压机构，以减少启动时活塞上方的压缩阻力，便于冷车启动。

柴油发动机中最常用的减压机构是通过驱动摇臂来开启气门，当冷车启动需要减压时，通过减压机构将气门打开，从而达到降压的目的。

任务3　柴油发动机的故障诊断与排除

柴油发动机的故障大部分是由燃油供给系统引起的，因此，弄清柴油发动机燃油供给系统的组成、结构和常见故障的部位是非常必要的。柴油发动机供给系统除了因磨损引起油压下降外，还会引起供油量、供油时间、喷油质量、喷油规律和调速性能等性能指标不正常，进而造成柴油发动机燃油供给系统的常见故障有启动困难、动力不足、工作粗暴、飞车等。

一、柴油发动机不能启动

启动机能以正常转速带动曲轴旋转，但柴油发动机不能启动，同时伴有排出白色或黑色烟气。这是柴油发动机最常见的故障。其原因多是燃油供给系统工作不良引起的。

1. 发动机不能启动，排气管不冒烟

1）故障现象

启动发动机时，听不到爆发声音，排气管不排烟或排出甚少，无启动迹象。

2）故障原因

此故障主要是由于燃油供给系统不工作，不能向燃烧室喷油所致。因此，既无爆发声音，又无烟气排出，发动机也就不能启动。

应首先判别故障是出在燃油供给系统的低压油路还是高压油路。为此可先将喷油泵上的放气螺塞旋松，用手油泵泵油。如放气螺孔不流油或流出泡沫柴油，表明低压油路有故障；如放气螺孔流油正常且无气泡出现，但各缸喷油器无油喷出，则说明故障在高压油路。

（1）低压油路故障原因。

① 熄火拉钮没有退回。

② 油箱无油，存油不足，油箱开关未打开或油箱盖空气孔堵塞。

③ 油路中有空气、水分和漏气部位。

④ 油管堵塞、破裂、折断或管接头松动。

⑤ 柴油滤清器滤芯和输油泵滤网堵塞。

⑥ 输油泵进、出油阀磨损或弹簧失效；活塞、推杆卡死或胶圈失效。

（2）高压油路故障原因。

① 供油拉杆卡死在不供油位置。

② 柱塞与套筒磨损间隙过大或柱塞卡在套筒上端位置。

③ 凸轮和挺杆滚轮磨损过甚，使柱塞脚与挺杆间隙过大，造成泵油量下降。

④ 出油阀密封不良、卡住或其弹簧折断。

⑤ 油门操纵拉杆脱落。

⑥ 喷油泵驱动联轴节损坏，柴油发动机不能驱动喷油泵。

⑦ 供油时间过早或过迟。

⑧ 高压油管破裂或接头松动，高压油管内有空气。

⑨ 针阀过热卡死在关闭位置，喷孔被积炭堵塞；针阀磨损过甚而漏油。

⑩ 喷油压力调整过高，使燃油无法喷入气缸内，喷油器（调压）弹簧变形或折断，致使燃油不能雾化，成油束喷入缸内。

⑪ 喷油器密封垫密封不良。

3) 故障诊断与排除

（1）低压供油部分。

① 检查油箱开关是否打开，柴油发动机熄火拉钮是否退回，油箱内油面是否过低，油箱盖空气孔是否堵塞，然后视情况予以补充或修理。

② 旋松喷油泵上的放气螺塞，用手油泵泵油。如从放气螺孔流出的燃油中夹有气泡，说明油路中有空气窜入，应查明原因，是否由于油箱油量不足、油管接头松动、柴油滤清器衬垫密封不严或油管破裂而引起。此外，还应注意油箱内的上油管的焊接处是否有裂缝或漏孔，如有，应对裂缝处焊修，并紧固油管接头。

③ 通过手油泵泵油，如觉得来油不畅，说明低压油路中有堵塞或破损，应检查柴油滤清器和管路是否堵塞，并视情况予以清洗或更换。

④ 若用手油泵泵油，发现自放气孔流出的柴油中夹有水珠，则说明油中有水，应将滤清器与油箱的放污塞旋开，放出沉淀物和积留的水。必要时清洗油箱。

⑤ 检查输油泵的工作情况。用手油泵泵油时，无正常的泵油阻力，并泵油多次也泵不出油，说明手油泵活塞磨损过多，出油阀黏滞或不密封、弹簧折断，应予以拆检修理。

⑥ 拉出手油泵手柄，感到有明显吸力，放开手柄会自行回位，说明油箱至输油泵的油路堵塞，应卸下柴油滤清器及输油泵进油管清洗，使之畅通。

⑦ 如果在拉手柄时感到无吸力，但在压下手柄时感到阻力很大，说明输油泵至喷油泵之间的油路堵塞。手油泵盖密封不严，也会引起输油泵泵油不良。

⑧ 在低温地区和低温季节，柴油标号选用不当或油中有水，容易产生结蜡和结冰而堵塞油管。应选用规定牌号柴油，进行必要的季节维护。

（2）高压供油部分。

若柴油供给系低压部分正常，而发动机仍未能发动，则应检查其高压部分的技术状况。

① 检查油门拉杆是否脱落，再接通启动机，观察喷油泵输入轴是否转动。若喷油泵输入轴不转动或转动太慢，应检查联轴节有无断裂、固定螺栓是否松动、半圆键是否损坏。若不正常会引起供油时间失准，应予以修理或更换新配件。

② 检查各高压油管有无破裂或接头松动而漏油，引起供油不足。如有破裂应予以焊修。

③ 将喷油泵侧盖卸下，检查供油调节拉杆是否移动灵活，柱塞弹簧是否折断而卡住或柱塞卡在上行位置，拨叉式油量调节机构的调节叉或齿条式调节机构的扇形小齿轮的固定螺栓是否松动，调节臂有无脱出。如有，视情调整或修理。

④ 将喷油泵的高压油管拆下，用手油泵泵油。若出油阀处有油溢出，说明出油阀坏损或密封不良、出油阀弹簧折断或密封面有污物，应予以清洗、修理或更换磨损件。

⑤ 按上述方法检查，如出油阀无油溢出，应检查高压油路中有无空气。可将调节拉杆放在最大供油量位置上，用起子撬动喷油泵柱塞弹簧座，做泵油动作，使柴油从出油阀中喷出，直到不夹有气泡时为止。旋紧高压油管，再撬动喷油泵柱塞弹簧座几次，使喷油器喷出柴油，听到有清脆的泵油声音为止，故障即可排除。

⑥ 经过以上检查如均正常，仍不能启动，可将喷油器从缸体上拆下，喷油器在缸外接到高压油管上，用起子撬动喷油泵柱塞弹簧座，做泵油动作。若喷雾质量不良，应拆检喷油器，查看

弹簧弹力是否正常,喷孔有无堵塞,针阀有无卡滞等。如有,视情调整、修理或更换零件。

2. 发动机不能启动,排气管冒白烟

1) 故障现象

启动时可听到间断的爆发声音,排气管排少量白烟或排大量灰白烟,但柴油发动机不能启动。

2) 故障原因

此现象表明柴油已进入气缸,但未能正常燃烧。

(1) 柴油中渗入水分。油箱盖不密封,在雨天行车中,水分混入油箱内;缸体、缸盖裂纹、缸垫损坏或装配不当等原因,致冷却水渗漏入燃烧室内。这样水分在气缸蒸发成水蒸气,并随废气排出,在排气管口形成白色烟雾。

(2) 柴油发动机温度过低或供油时间过迟,使进入气缸内的柴油未能完全燃尽。未参加燃烧部分呈灰白色烟雾状,随废气自排气管口排出。

(3) 喷油压力低或针阀磨损,使喷入缸内的柴油雾化不良。未燃烧部分呈灰白色烟状,随废气排出。

3) 故障诊断与排除

(1) 启动时冒白烟。

用手挡在排气管口,手心有水珠,即为水分蒸发成白烟排出。抽出曲轴箱上的油尺,若附有水迹,即是冷却水渗漏入燃烧室,并进入曲轴箱机油中;反之即为柴油中渗入水分。

① 柴油中有水分,应拧松油箱及柴油滤清器壳下的排污螺塞,将积水排净,并排净油路中水分。

② 缸体、缸盖有裂纹,气缸垫损坏使冷却水漏入燃烧室,可补焊修复或更换损坏的零件。

(2) 启动时排出灰白色烟。

这是由于柴油燃烧不完全所致。

① 低温启动预热装置失效,如电路断路、短路、电热丝烧坏等,视情修理或更换。

② 喷油时间过迟,应检查喷油泵联轴节紧固情况,如有无损坏及错位,视情况予以调整或修理。

③ 喷油泵的定时调整螺钉如有松动,使喷油量过少,应予以调整。

④ 喷油泵柱塞、挺杆或凸轮磨损严重或出油阀不密封等引起供油量小,应予以修理。

⑤ 喷油雾化不良,应调整或修理喷油器。

3. 发动机不能启动,排气管冒大量黑烟

1) 故障现象

启动发动机时,可听到爆发声,同时排气管冒大量黑烟,但发动机不能启动。

2) 故障原因

(1) 喷油泵出油阀磨损或弹簧过软、折断。

(2) 喷油泵部分凸轮、挺杆磨损严重,或挺柱调整螺钉松动、间隙过大。

(3) 喷油泵个别柱塞卡在上部,个别扇形小齿轮固定螺栓松动,致使供油改变。

(4) 喷油器针阀关闭不密封,或卡在开启位置。

(5) 喷油器喷油压力调整螺钉松动,调压弹簧过软或折断,使喷油压力下降。

(6) 供油时间过早。

(7) 其他有关影响因素:缸垫、气门漏气,间隙调整不当,空气滤清器堵塞,油面过高(油浴式),排气制动阀未完全打开,以及柴油牌号不对或油质低劣等。

3) 故障诊断与排除

(1) 喷油时间过早。检查喷油泵联轴节主、从动两凸缘盘上正时记号及凸轮轴接盘与壳纠上的记号是否对正,供油提前角自动调节装置工作是否正常。如有问题视情况重新调准或修理。

(2) 喷油器雾化不良、滴油,喷油压力、射程不足,喷雾锥角不准或偏斜。如不正常,应予校正或修理。

(3) 供油量过大,应调至规定值。

(4) 空气滤清器或进气道堵塞,排气制动阀未能全打开、卡滞,应予以清洗或修理。

二、柴油发动机动力不足

柴油发动机动力不足是指柴油发动机转速提不高,且不能输出额定功率。除启动系统之外,几乎每个机构和系统的技术状况不良原因都会引起柴油发动机无力,只是在影响程度上有所差异。柴油发动机动力不足的常见表现为:柴油发动机运转均匀,但无高速且排烟少;柴油发动机运转不均匀,排大量白烟;柴油发动机运转不均匀,排气管大量排黑烟;柴油发动机运转不均匀,排黑烟并有敲击声等。

1. 发动机运转均匀,但无高速且排烟少

1) 故障现象

柴油发动机运转均匀,排烟较少,但无力。急加速时有少量黑烟排出,柴油发动机达不到最高车速。

2) 故障原因

上述现象说明气缸内混合气燃烧较完全,但最大供油量达不到要求,导致柴油发动机难以输出额定功率。具体原因如下。

(1) 加速踏板销松旷、加速踏板拉杆长度不合适,引起操纵机构不能将喷油泵加速摇臂推到最大供油位置。

(2) 低压油路供油阻力过大,造成供油压力过低。

(3) 输油泵滤网、油管、柴油滤清器堵塞或低压油路溢流阀失效,引起低压油路供油压力过低。

(4) 喷油泵柱塞和出油阀磨损,漏油增多。喷油泵供油量调整不当,全负荷供油量不足。

(5) 喷油泵出油阀磨损,使喷油量减少。

(6) 调速器高速弹簧变软或因调整不当,引起额定转速下降。

(7) 油路中有空气或柴油黏度过大,流动不畅。

3) 故障诊断与排除

(1) 按燃油供给系统排除空气的顺序先松开喷油泵的放气螺塞排气。用手油泵(或电动汽油泵)泵油,检查低压油路是否畅通。如泵油时来油不畅,或者来油中含有气泡,则应查明进气部位或堵塞部位,并予以排除。若来油正常,则用启动机带动柴油发动机运转来泵油,检查输油泵的工作情况。如果输油泵供油不足,应对输油泵进行检修。

(2) 检查油量调节拉杆行程。将加速踏板踏到底,若喷油泵操纵臂不能使油量调节拉杆移动到最大供油位置,应检修加速踏板拉杆或加速踏板轴。

(3) 若经上述检查仍无效,则应检查转速和供油量。踏下离合器踏板,并将加速踏板踏到底。如果车上的转速表指示的转速低于柴油发动机的最高转速,则应检查调整调速器高速限制螺钉和最大供油量限制螺钉。旋出高速限制螺钉,则高速增高;旋进最大供油量螺钉,则供油量增加。通过两调节螺钉的调整,转速表指示的转速达到规定值,说明故障在于两调节螺钉或调整不当。若车上无转速表,通过上述两螺钉的反复调整,直到柴油发动机急加速时排气管排黑烟,即认为供油量调整较适宜。

（4）若不属上述情况,即应检查喷油泵、调速器等高压油路部分。拆下喷油泵边盖,检查喷油泵柱塞、挺杆滚轮、凸轮是否磨损严重,出油阀是否密封,调速器弹簧弹力是否不足。若上述检查均正常,则应拆下喷油器,检查喷油器针阀的密封性和喷油压力。

（5）在低温季节,还应检查柴油标号是否符合要求。

2. 发动机运转不均匀、无力且排白烟

1) 故障现象

（1）排灰白色的烟雾。

（2）排水汽白烟。

（3）柴油发动机刚启动时排白烟,温度升高后变成黑烟。

2) 故障原因

（1）喷油时间过迟。

（2）气缸垫水道孔冲穿与气缸相通。

（3）柴油内含有水分。

（4）气缸破裂漏水。

（5）气缸压力过低。

3) 故障诊断与排除

（1）若柴油发动机无力时排灰白色烟雾,一般是喷油时间过迟。其现象是:柴油发动机高速运转时工作不均匀,加速不灵敏,温度过高,排灰白烟。喷油过迟的原因,多是驱动轴联轴节固定螺栓松动或柴油发动机装配不当。

（2）若柴油发动机无力冒水汽白烟,可将手靠近消声器管口处。若手上有水珠,说明气缸中进水。此时,可用单缸断油法找出漏水部位,即逐缸旋松喷油泵一端的高压油管接头,使单缸断油。若断油后柴油发动机转速变化,说明该缸工作良好;反之,说明该缸不工作,应当拆下喷油器,检查有无水迹。若发现有水,应查明进水原因是气缸破裂还是气缸垫冲坏。若各缸工作情况一样,柴油发动机仍然无力并冒水汽白烟,则应检查柴油中是否有水。

（3）若柴油发动机刚启动时冒白烟,温度升高后排黑烟,说明气缸压力不足,虽尚能维持柴油发动机启动,但启动时因温度过低,使许多雾化柴油未经燃烧便排出。柴油发动机温度升高后,柴油仍不能完全燃烧,呈黑烟排出。引起气缸压力不足的原因是:气门关闭不严、配气相位失准、气缸垫或喷油器座孔的密封垫漏气、气缸磨损过大、活塞环有卡滞或备环开口重合等。

3. 发动机运转不均匀、无力且排黑烟

1) 故障现象

柴油发动机无力,运转不均匀且排黑烟。加大油门时,出现敲击声。

2) 故障原因

故障实质是个别缸燃烧不完全。诊断时,可踏下油门,若黑烟增多并有敲击声,则说明是个别缸喷油过多或雾化不良所致。具体原因如下。

（1）个别柱塞黏滞、出油阀磨损或弹簧折断。

(2) 个别缸供油时间过迟。
(3) 个别缸喷油压力过低或喷雾质量差。
(4) 个别缸油量过大。

3) 故障诊断与排除

(1) 在发动机运转时,可逐缸断油试验。当某缸断油时,若发动机转速明显降低,黑烟减少,敲击声减弱或消失,说明该缸供油量过多;若发动机转速变化小而黑烟消失,说明该缸喷油器喷雾质量差。找出有故障缸后,再进一步查明故障原因,如该缸喷油泵柱塞有无磨损情况、扇形齿轮固定螺栓有无松动、柱塞弹簧有无折断等。若均正常,可换装新喷油器进行对比试验。若用新喷油器时故障消失,说明原喷油器有故障。拆下喷油器,检查其喷油压力、喷雾质量。必要时进行清洗和调试。

(2) 拆下喷油泵边盖,比较故障缸与其他各缸的挺杆上升到最高位置时,柱塞顶部的余隙(可用螺丝刀撬动检查)。若余隙的差值较大,则可能是该缸挺杆调整螺钉调整不当或松动,引起个别缸供油时间过迟。旋松锁紧螺母,即可通过转动调整螺钉予以调整,直到黑烟和敲击声均减轻或消失为止。必要时,应拆下喷油泵,在试验台上进行调试。

(3) 若上述检查均正常,但该缸仍燃烧不良,则故障是因气缸压力低引起的。应检查气缸、活塞和活塞环是否磨损漏气或气门密封不良。

三、柴油发动机"游车"

1) 故障现象

柴油发动机在运转时,油门踏板位置固定不动,但柴油发动机的转速在比较大的范围内周期性地忽高忽低地变化;在加速、减速时,柴油发动机转速变化不及时、反应迟钝。

2) 故障原因

(1) 喷油泵齿圈与齿杆(或调节叉与调节臂)之间运动阻力过大。
(2) 喷油泵凸轮轴轴向间隙过大。
(3) 联轴器松动。
(4) 喷油泵柱塞密封性能下降,供油量不足。
(5) 油路中有空气和水。
(6) 调速器内部机件配合过紧;或调速器内部机油太脏,过于黏稠等。
(7) 飞球组合件(或飞锤)与保持架之间运动不灵活。
(8) 调速器内部机件因磨损松旷或油量调节机构机件配合松旷。
(9) 调速器飞球组合件(或飞锤)的收张距离不一致。
(10) 调速弹簧变形、弯曲或断裂,调速器飞球组合件(或飞锤)行程过大或调速弹簧的预紧度过大等。

3) 故障排除

转速不稳的大多数原因与调速器有关,其次是与喷油泵和供油油路有关。油泵及油路部分故障,一般驾驶员可自己处理;而调速器的故障,一般需要在试验台上由专业人员进行检查调试。

若柴油发动机转速不稳且无规律时,应首先检查低压油路中有无空气和水分,检查方法和排除空气、水分的方法同前述。若油路中没有空气和水分,则主要检查喷油泵和调速器。打开喷油泵侧盖,用手推动供油调节齿杆或供油拉杆,检查齿杆或拉杆移动是否灵活;若移动不灵活,将其拆下去锈、去毛刺、校直,可向供油调节齿杆或供油拉杆与泵体配合处加注少许新润滑油,并用手反复推动,使其活动灵敏。

当柴油发动机出现"游车"时,应按照上述原因分析结果分步进行检查、调整和试验,必要时需更换机件。若仍然不能使供油调节齿杆或供油拉杆移动灵活,可将喷油泵出油阀紧座上全部的高压管接头松开,并拧松出油阀紧座。若当某缸的出油阀紧座拧松后,供油调节齿杆(或供油拉杆)的移动变灵活了,说明此缸的油量调节机构安装调试不良,应重新调试安装。安装时,出油阀紧座拧紧力矩要符合规定,尤其是有问题的缸,在拧紧高压油管接头时,必须用扳手将出油阀紧座固定好,防止其随着转动。

四、柴油发动机"飞车"

1) 故障现象

柴油发动机运转过程中,转速突然急剧升高并超过允许的最高转速,同时伴有粗暴的巨大响声,排气管冒浓烟,抖动厉害。对柴油发动机"飞车"现象若不及时控制降速,短时间内就会造成柴油发动机事故性损坏,甚至会发生人员伤亡事故。

2) 故障原因

引起柴油发动机"飞车"主要是由于调速器失去调速功能,或者喷油泵柱塞卡在供油位置,或者有额外的柴油或润滑油进入气缸燃烧等原因造成的。

(1) 供油调节齿杆或供油拉杆卡在供油位置。

(2) 某一缸的柱塞或柱塞套卡死在供油位置不能转动。

(3) 供油调节齿杆或供油拉杆与调速拉杆或导动杠杆之间的连接中断。

(4) 飞球组合件锈死甩不开,或飞锤连接销折断或脱出。

(5) 调速弹簧折断并卡住。

(6) 调速器滑动销轴与轴套之间被卡住。

(7) 调速器总成从凸轮轴上脱落,使调速器驱动件无法转动。

(8) 飞球与斜盘或推力盘之间的滑动阻力太大,无法甩开外移。

(9) 调速器内机油面过高,机油太稠、过脏,飞球或飞铁甩不开。

(10) 装有火焰预热启动装置的柴油发动机,预热启动装置的电磁阀关闭不严,使低压油路的柴油经电磁阀进入进气管。

(11) 空气滤清器的滤芯清洗后,滤芯上的柴油或机油未被吹干净而被吸入气缸。油浴式空气滤清器内的机油过多被吸入气缸。

3) 故障排除

一旦发生"飞车"现象,必须立刻采取措施进行制止。否则,由于"飞车"产生的巨大冲击,极易引起柴油发动机连杆螺栓或连杆折断,以及拉缸等恶性事故发生。强制柴油发动机停下来的方法有加大负荷,切断供油和切断空气供给。

(1) 加大负荷。挂高挡并强行制动刹车,迫使柴油发动机熄火。这种方法对迫使柴油发动机熄火很有效,但很容易造成柴油发动机和变速箱零件损坏,而且很危险,易发生交通事故,只有在万不得已的情况下才采取此办法。

(2) 切断供油。"飞车"多发生在供油量比额定转速时的供油量大,这些柴油喷入气缸后无法完全燃烧,并以大量浓黑烟的形式排出,而且还有部分柴油滞留在柴油发动机活塞顶部。因此在发生"飞车"时,即使立即切断柴油供给(如采用熄火拉钮、拧松喷油泵进油接头、旋松高压油管接头、关闭油箱开关等),但在油管、滤清器和活塞顶上的残余柴油仍能维持一段时间的继续燃烧,很难将柴油发动机的转速降下来。

(3) 切断空气供给。此方法是制止"飞车"最有效的方法。因为气缸中没有空气,柴油会因无氧气而不能燃烧。不同结构的柴油发动机切断空气的方法也不一样。有减压机构的柴油发动机,应立即使柴油发动机减压;由机械操纵或气动操纵的进、排气制动装置的柴油发动机,应立即实行阻气制动;若没有这些机构,可堵住柴油发动机进气口。有的空气滤清器没有管状进气口而不便封堵,则需将空气滤清器拆下,直接堵住柴油发动机进气口。

"飞车"故障多数与调速器故障有关,特别是那些由收油慢而逐渐演变成的"飞车"故障的,需将喷油泵拆下送修调试。对于没有任何先兆而突然发生的"飞车"故障,在制止了"飞车"之后,应做以下检查。

① 仔细观察在放松油门踏板时,喷油泵的油门操纵臂摆动是否正常,操纵臂与怠速止动螺钉是否接触。若不能接触,可调节拉杆行程使其接触。如果操纵臂回位弹簧折断,应更换。

② 拆下喷油泵检视盖(边盖),一只手拉动熄火拉钮(停供手柄),一只手扳动操纵臂加油,观察供油调节齿杆或供油拉杆移动是否正常。若供油调节齿杆或供油拉杆不能移动,而用手拨动齿圈或拨叉都转动灵活,说明调速器内部供油调节齿杆或供油拉杆连接销脱钩,或推力盘传动板与供油拉杆的连接螺母松脱,也可能是操纵臂定位锁紧螺母或螺栓松脱。此类情况应打开调速器后盖,将松脱处安装好,损坏件应修复或换件,最后将操纵臂定位处紧固锁紧。

③ 如果供油调节齿杆或供油拉杆能移动,但感到阻力较大移动费力,也可能是其锈蚀、脏污、弯曲变形等所引起,应对其进行清洗、加机油、校直处理。柱塞弹簧折断会使供油调节齿杆或供油拉杆卡住,需要拆下喷油泵总成送修。如果仍然没有起色,移动还是费力,应将高压油泵总成送修。

五、柴油发动机异响

柴油发动机异响分为机械系统异响和供给系统引起的异响。柴油发动机各运动零件间有一定的配合间隙,在工作中会发出轻微的响声。但是正常机件运转发出的响声是有节奏和较柔和的。如果运动零件配合间隙过大或运动不协调时,运动则会产生撞击而发出响声,而且其响声也与柴油发动机的转速高低和气缸的工作状况相关。

柴油发动机燃油供给系统出现问题或柴油质量太差时,柴油发动机工作时也会出现粗暴、杂乱、忽高忽低、忽隐忽现的响声。这里只讨论燃油供给系统不良引起的柴油发动机异响。

1. 工作粗暴敲缸声

1) 故障现象

柴油发动机运转时发出"当当当"的金属敲击声,应依次对各缸进行断油检查。若异响间隔较大,且排气管有黑烟排出,断到某缸时粗暴异响消失,说明该缸(即个别缸)有工作粗暴异响;若异响没有明显变化,这时的异响是柴油发动机所有气缸都有工作粗暴敲击异响。

2) 故障原因及排除方法

(1) 供油时间过早,预燃期、速燃期提前,引起粗暴敲缸声,检查调整供油提前角。

(2) 供油提前角自动调节器失准,应拆修调试或换件。

(3) 个别缸供油量过大,检查调试喷油泵供油量和喷油器喷油压力。

(4) 喷油嘴针阀卡死在开启状态,不能停油,检查调整喷油器总成,更换针阀偶件。

(5) 柴油发动机多次启动不着火,使气缸内存留柴油太多。在启动成功后的短时间内会产生极粗暴的敲击声,经过一定时间将积留的多余柴油燃烧完毕后粗暴敲击声会逐渐消失。因此,对于难启动的柴油发动机应及时找出故障原因进行修理。

（6）柴油质量太差，发火性不好，延迟燃烧时间并产生柴油滞留，使燃烧的正常过程遭到破坏，产生粗暴敲击声。应更换质量好的柴油。

（7）质量差的柴油或机油进入燃烧室，使气缸内产生大量积炭，大量的积炭妨碍缸体散热，引起气缸顶部局部温度过高，而形成发火点，产生粗暴敲缸声。更换柴油，切断机油进入气缸路线，清除积炭。

2. 突然加速时柴油发动机有振抖和敲击声

1）故障现象

柴油发动机在突然加速时，响声急剧加大并且有振抖，随着转速的升高而减弱。

2）故障原因及排除方法

（1）各缸供油量严重不均。检查调整喷油泵供油量不均匀度是否超标，检查调整喷油器或更换喷油嘴偶件。

（2）喷油过早。调整推迟供油提前角，调整喷油压力。

（3）调速器调速性能不佳。检查调整调速器各项性能指标。

（4）柴油质量太差和气缸内严重积炭，急加速产生敲击声，排除方法同前。

3. 高压脉动敲击声

当喷油嘴卡死在关闭位置上，从高压油泵送来的高压柴油将无处喷射，会产生一种轻且均匀的"嗒嗒"声，用手可明显感觉到高压油管的脉动。这种脉动敲击声虽然较小，但柴油高压会继续升高，将使喷油泵零部件负荷增大，造成机件严重磨损或损坏。这种故障现象不可小视，要及时拆检维修喷油器或更换喷油嘴。

4. 喷油器针阀弯曲响

柴油发动机在 500～1 000 r/min 转速范围内运转时，在喷油器上能听到类似步枪撞针的敲击声，其敲击频率与该缸的喷油次数一致。这种状况往往会引起柴油发动机运转不稳，应及时拆检喷油器，必要时更换针阀偶件。

项目实训1　柱塞式喷油泵的拆装

一、实训内容、要求与安排

1. 实训内容与要求

（1）理解柱塞式喷油泵总成的基本结构原理。

（2）学会喷油泵专用拆装工具的选用。

（3）学会柱塞式喷油泵的拆装。

2. 主要实训条件

（1）汽车柴油发动机1台。

（2）柱塞式喷油泵总成（带调速器和提前器）1台。

（3）喷油泵专用拆装工具1套。

（4）清洗机1台。

（5）零部件存放盆1个，刷子、抹布等。

（6）相关的教具、视频和教学挂图。

(7) 多媒体教室 1 间。

3. 实训安排

(1) 实训时间:2 学时。

(2) 组织安排:每组 5~6 名学生,由老师指导,学生动手拆装。

二、实训步骤、操作方法及注意事项

1. 柱塞式喷油泵的拆卸

1) 清洁

用柴油清洗柱塞式喷油泵泵体外部。旋下调速器底部的放油螺钉,放尽泵内的润滑油。

2) 拆卸外部附件

将柱塞式喷油泵固定在专用拆装架上,如图 5-48 所示,拆下输油泵、检视窗盖板和油尺等外部附件。

3) 拆卸供油提前器固定螺钉

用专用工具拆卸供油提前器固定螺钉,如图 5-49 所示,取下供油提前器。

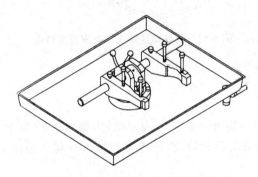

图 5-48 柱塞式喷油泵拆装架

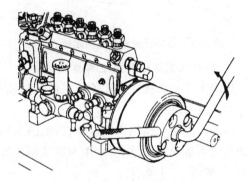

图 5-49 拆卸供油提前器固定螺钉

4) 固定滚轮总成

转动凸轮轴,使第一缸滚轮总成处于上止点,将滚轮插销插入滚轮总成锁孔中,如图 5-50(a)所示。用同样的方法固定所有的滚轮总成,使滚轮体和凸轮轴脱离接触。

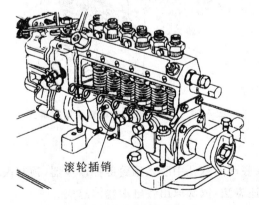

(a) 用插销固定滚轮体总成

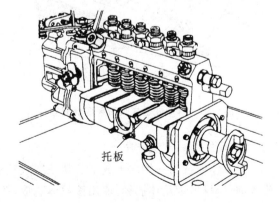

(b) 用托板固定滚轮体总成

图 5-50 固定滚轮体总成

有的柱塞式喷油泵的滚轮总成不是用插销固定,而是用托板固定的,如图 5-50(b)所示,,也是采用同样方法将各缸滚轮顶起,并用托板塞入柱塞弹簧下座进行固定。

5）拆卸调速器总成

拆下调速器后盖的固定螺钉,如图5-51所示,将调速器壳体后移并倾斜适当角度,拨开连接杆上的销夹和卡销,使供油齿杆和连接杆脱离,用尖嘴钳取下启动弹簧和调速器总成。

6）拆卸调速器飞块

固定凸轮轴,用专用工具拆下调速器飞块支座的固定螺母,如图5-52所示,用顶拔器拉出飞块支座总成。

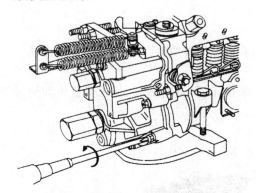
图5-51 拆卸调速器后盖固定螺钉

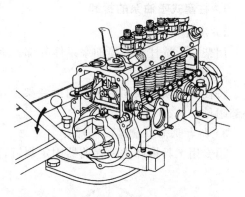
图5-52 拆卸调速器飞块支座固定螺母

7）拆卸柱塞式喷油泵底部螺塞

用套筒弯柄拆卸柱塞式喷油泵的底部螺塞,如图5-53所示。

8）拆卸凸轮轴

拆卸凸轮轴中间轴承固定螺钉,如图5-54所示。拆卸前轴承盖固定螺钉,如图5-55所示。拆卸前轴承盖及其调整垫片,用木槌从调速器一端敲击凸轮轴,将凸轮轴和轴承一起从泵体前端取下,如图5-56所示。

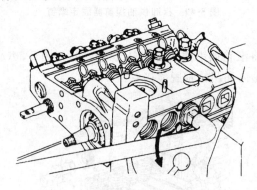
图5-53 拆卸柱塞式喷油泵底部螺塞

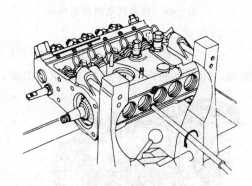
图5-54 拆卸凸轮轴中间轴承固定螺钉

9）拆卸柱塞等零部件

将泵体检视窗一侧向上放平。从柱塞式喷油泵底部的塞孔中装入滚轮挺柱顶拔器,顶起滚轮体部件,拔出滚轮体插销,取出滚轮体总成,按上述方法,依次取出各缸滚轮体总成。

用专用工具取出柱塞、柱塞弹簧、弹簧上下座及油量控制套筒泵齿圈等,如图5-57所示。

10）拆卸出油阀

拆卸出油阀压紧座,如图5-58所示,取出减容器、油阀偶件、出油阀弹簧、垫片和柱塞套等,按顺序放在专用盆中。

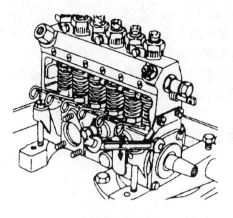

图 5-55 拆卸凸轮轴前轴承盖固定螺钉

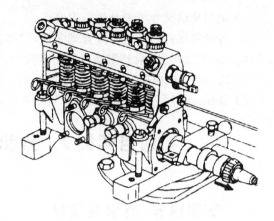

图 5-56 拆卸凸轮轴和轴承

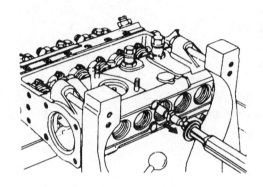

图 5-57 拆卸柱塞等零件

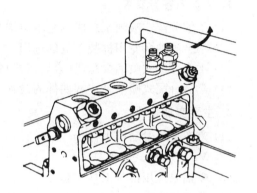

图 5-58 拆卸出油阀压紧座

11）拆卸供油齿杆

旋松供油齿杆的固定螺钉，取出供油齿杆，如图5-59所示。

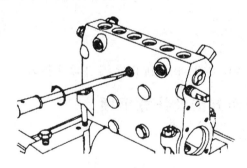

图 5-59 拆卸供油齿杆

2. 柱塞式喷油泵的安装

喷油泵的装配顺序与拆卸顺序相反，应注意如下问题。

（1）装配时应在高度清洁的柴油中清洗柱塞偶件、出油阀偶件，其配合间隙极小，稍有不慎，就会卡死。

（2）柱塞偶件、出油阀偶件不得互换。

（3）应该按照安装标记进行安装，如柱塞套筒定位槽应恰好卡在喷油泵体的定位销上，供油齿圈和油量控制套筒的记号要对准。

(4) 采用喷油泵专用工具进行安装。

(5) 各紧固螺钉的力矩应符合规定值,如出油阀压紧座的力矩为 25～35 N·m,过大会引起泵体开裂、柱塞咬死、齿杆阻滞及柱塞套变形,加剧柱塞偶件的磨损。

(6) 装回凸轮轴时应与中间支承轴承同时安装,否则凸轮轴装合后无法装上中间支承轴承。

(7) 装配完毕后,拉动供油齿杆应轻松灵活,不得有任何阻滞现象。

项目实训 2　分配式喷油泵的拆装

一、实训内容、要求与安排

1. 实训内容与要求

(1) 了解分配式喷油泵总成的基本结构与工作原理。
(2) 学会喷油泵专用拆装工具的选用。
(3) 学会分配式喷油泵总成(含调速器)的拆装。
(4) 学会分配式喷油泵柱塞偶件的检查。

2. 主要实训条件

(1) 汽车柴油发动机 1 台。
(2) VE 型分配式喷油泵 1 台。
(3) 喷油泵专用拆装工具 1 套。
(4) 清洗机 1 台。
(5) 零部件存放盆 1 个,刷子、抹布等。
(6) 相关的教具、视频和教学挂图。
(7) 多媒体教室 1 间。

3. 实训安排

(1) 实训时间:2 学时。
(2) 组织安排:每组 5～6 名学生,由老师指导,学生动手拆装。

二、实训步骤、操作方法及注意事项

1. 分配式喷油泵的拆卸

1) 清洁
用柴油清洗分配式喷油泵泵体外部。

2) 拆卸外部附件
将分配式喷油泵固定在专用夹具上,拆下外部油管、支架等附件。

3) 拆卸顶盖及调速弹簧部件
拆卸顶盖固定螺钉,提起顶盖,脱开调速弹簧挂钩,拆卸调速弹簧、稳定弹簧及弹簧座等零件,如图 5-60 所示。
如果是两极式调速器,则应拆卸操纵手柄部件,才可以提起顶盖,拆卸调速弹簧等零部件。

4) 拆卸调速轴组件
旋松调速轴紧固螺钉,旋出调速轴,取出调速器齿轮、飞块、调速滑套和垫片等零部件,如

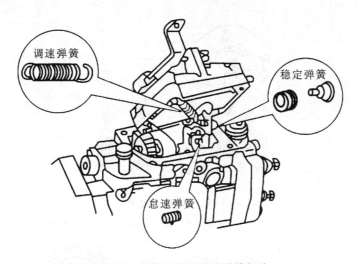

图 5-60 拆卸顶盖及调速弹簧部件

图 5-61 所示。

5）拆卸出油阀

拆卸出油阀压紧座，取出出油阀偶件、出油阀弹簧及垫片，按顺序放好，如图 5-62 所示。

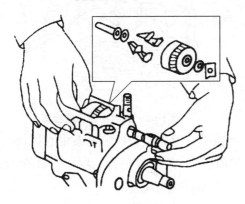

图 5-61 拆卸调速轴组件

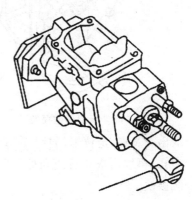

图 5-62 拆卸出油阀

6）拆卸电磁阀

用扳手拆卸电磁阀，取出阀芯，如图 5-63 所示。

7）拆卸泵头组件

拆卸泵头的紧固螺钉，垂直向上提起泵头，从泵头上拆下导向销、垫片、弹簧座及支承弹簧。取出柱塞、油量控制套筒、弹簧下座、减摩垫圈及柱塞调整垫片，如图 5-64 所示。

8）拆卸调速摇架

用专用工具拆卸喷油泵壳体两侧的三角支承螺钉，取出调速摇架，如图 5-65 所示。

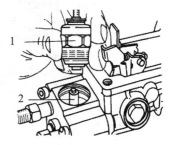

图 5-63 拆卸电磁阀

1—电磁阀；2—阀芯

9）拆卸平面凸轮圈

从喷油泵体内取出平面凸轮圈、联轴器和弹簧，如图 5-66 所示。

10）拆卸提前器活塞

旋松提前器端盖紧固螺钉，取下提前器端盖、提前器弹簧和 O 形密封圈，如图 5-67 所示。

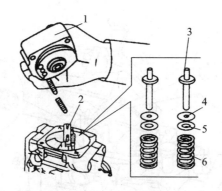

图 5-64　拆卸泵头组件

1—泵头；2—柱塞；3—导向销；4—垫片；5—弹簧座；6—支承弹簧

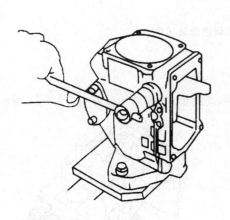

图 5-65　拆卸调速摇架

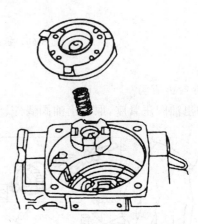

图 5-66　拆卸平面凸轮圈等

用尖嘴钳取出弹簧夹、定位销，如图 5-68 所示。用镊子将滚轮座销向喷油泵中心拉，使它脱开提前器活塞孔，再取出滚轮总成和提前器活塞，如图 5-69、图 5-70 所示。取出传动轴、垫片、齿轮和橡胶减振块。

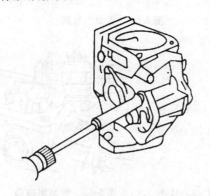

图 5-67　旋松提前器端盖紧固螺钉

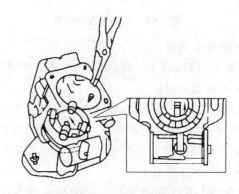

图 5-68　拆卸定位销

11）拆卸滑片式输油泵

用螺钉旋具拆下滑片式输油泵的固定螺钉，取出滑片式输油泵零部件，如图 5-71 所示。

注意：滑片式输油泵零部件与泵体的配合间隙较小，不可硬拉滑片式输油泵零部件，可以将传动轴连同齿轮插入滑片式输油泵孔，托住滑片式输油泵，将滑片式输油泵倒置，用木槌轻轻敲打泵体，慢慢放下传动轴使滑片式输油泵总成随轴一起拉出。

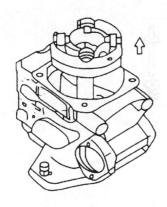

图 5-69 拆卸滚轮总成

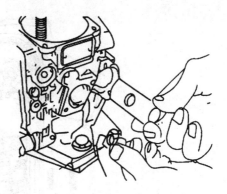

图 5-70 拆卸提前器活塞

12) 拆卸调压阀总成

用专用工具拆卸调压阀总成，取出调压阀、调压阀套、调压阀弹簧和 O 形密封圈，如图 5-72 所示。

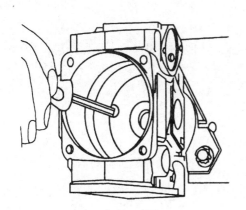

图 5-71 拆卸滑片式输油泵

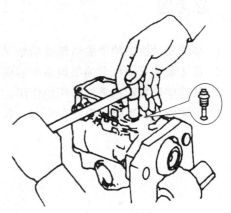

图 5-72 拆卸调压阀总成

2. 分配式喷油泵的安装

分配式喷油泵的装配顺序与拆卸顺序相反，装配时还应该注意以下几点。

（1）在安装柱塞部件时，如图 5-73 所示，应注意油量控制套筒的小孔应朝向柱塞大端，柱塞的定位槽应卡在平面凸轮圈的定位销上，柱塞垫块应在柱塞底部的凹坑内。

（2）在安装调速器摇架时应注意将其下部的球头对准油量控制套筒的孔。

（3）在安装泵头部件时，如图 5-74 所示，应在支承弹簧及弹簧导向销上涂上润滑脂，以防止脱落。

（4）各紧固螺钉的力矩应符合要求值。

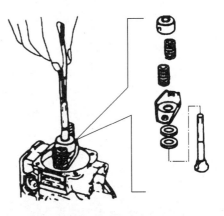

图 5-73 安装柱塞部件

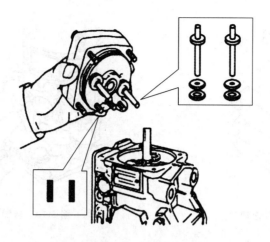

图 5-74 安装泵头部件

 思考题

1. 柴油发动机燃油供给系统的功用是什么?
2. 简述柴油发动机燃油供给系统的供给路线。
3. 简述柴油发动机进气增压的作用。
4. 柴油发动机燃烧室有几种类型?各有何特点?

项目 6
冷却系统的构造与检修

发动机冷却系统的功用就是对高温条件下的发动机零部件进行冷却,保证发动机在最适宜的温度下工作。冷却系统工作性能的好坏,对发动机性能有很大影响。本项目主要介绍冷却系统各装置的构造、工作原理和拆装检修方法。

◀ **知识要点**

(1) 冷却系统的作用和组成。
(2) 冷却系统的大、小循环。
(3) 冷却系统的常见故障。

◀ **学习目标**

(1) 熟悉冷却系统的类型、组成和工作原理。
(2) 掌握冷却系统主要部件的结构及检修方法。
(3) 了解冷却系统常见故障现象及其诊断方法。

◀ **知识导入**

发动机冷却液

任务 1　冷却系统的认知

一般汽车的冷却系统主要由水泵、散热器、膨胀水箱、风扇、节温器、气缸体及气缸盖内的循环水套、分水管和放水开关等零件组成。

一、冷却系统的作用和类型

1. 冷却系统的作用

发动机冷却系统的作用是保证发动机在所有工况下都保持在最适宜的温度范围内工作。这包括两方面的内容：发动机冷机工作时，冷却系统降低冷却强度从而保证发动机迅速升温达到正常工作温度；发动机热机工作后，为防止温度过高，冷却系统又要提高冷却强度，将发动机热量散失以降低发动机工作温度。

2. 冷却系统的类型

冷却系统根据冷却介质的不同分为风冷却系统和水冷却系统。

1) 风冷却系

风冷却系统发动机以空气作为冷却介质，利用风扇形成空气流，使高温零件的热量直接散发到大气中去。

2) 水冷却系

水冷却系统发动机以水（或冷却液）作为冷却介质，通过冷却液在发动机内不断地循环，将发动机中高温零件的热量先传给水（或冷却液），然后再散发到大气中去。

水冷却系统的冷却效果好，冷却均匀可靠，冷却强度容易调节，发动机运转噪声小，因此现代发动机中广泛采用强制循环式水冷却系统。

3. 冷却系统的工作温度

水冷却系统中，冷却水温度应保持在 80～90 ℃ 范围内，冷却液温度应保持在 90～150 ℃ 范围内。

风冷却系统中，铝气缸壁的温度在 150～180 ℃ 范围内，铝气缸盖的温度应保持在 160～200 ℃ 范围内。

由此可见，发动机冷却必须适度，过热或过冷都会给发动机带来危害。

(1) 发动机过热的危害如下：

① 降低充气效率，使发动机功率下降；

② 早燃和爆燃的倾向加大，使零件因承受额外冲击性负荷而造成早期损坏；

③ 运动件的正常间隙（热胀冷缩）被破坏，运动阻滞，磨损加剧，甚至损坏；

④ 润滑情况恶化，加剧了零件的摩擦磨损；

⑤ 零件的力学性能降低，导致变形或损坏。

(2) 发动机过冷的危害如下：

① 进入气缸的混合气（或空气）温度太低，可燃混合气品质差（雾化差），使点火困难或燃烧迟缓，导致发动机功率下降，燃料消耗量增加（热量流失过多，燃油凝结流进曲轴箱）；

② 燃烧生成物中的水蒸气易凝结成水而与酸性气体形成酸类，加重了对机体和零件的侵

蚀作用；
③ 未气化的燃料冲刷和稀释零件表面(气缸壁、活塞、活塞环等)上的油膜，使零件磨损加剧；
④ 润滑油黏度增大，流动性差，造成润滑不良，加剧机件磨损，增大功率消耗。

可见，发动机正常的工作温度是保证发动机良好的工作性能及其使用寿命的一个重要条件。

二、水冷却系统的组成和工作原理

1．水冷却系统的组成

目前汽车发动机普遍采用强制循环式水冷却系统，利用水泵强制地使水(或冷却液)在冷却系统中循环流动，不断地带走零件表面热量。水冷却系统主要由以下零件组成。

(1) 强制循环水供给装置，由散热器、水泵、水套、分水管等组成。
(2) 冷却强度调节装置，由百叶窗、节温器、风扇等组成。
(3) 水温指示装置，由水温传感器、水温表或水温过高指示灯等组成。

上海桑塔纳 JV 型发动机冷却系统的组成如图 6-1 所示。

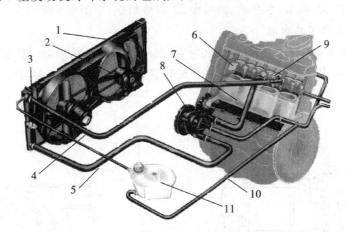

图 6-1　上海桑塔纳 JV 型发动机冷却系统的组成
1—散热器；2—电动风扇；3—电动风扇热敏双速开关；4—冷却水上橡胶软管；5—冷却水下橡胶软管；
6—气缸盖水套；7—气缸体水套；8—水泵；9—热敏开关；10—膨胀水箱管；11—膨胀水箱

2．水冷却系统的工作原理

发动机工作时，水泵将冷却水从散热器中吸入并加压，使冷却水经分水管流入气缸体和气缸盖的水套中，冷却水在水套内吸收热量后经节温器流入散热器。由于汽车行驶和冷却风扇的强力抽吸作用，空气从前往后高速流经散热器的过程中，使冷却水的热量不断地散失到大气中去，冷却过的冷却水流入散热器的底部后，又在水泵的作用下再压入水套，如此不断循环，从而保证发动机在最佳温度范围内工作。

多数汽车上装用的暖风装置，是利用冷却水带出的热量达到取暖的目的。为提高燃油气化程度，还可以利用冷却水的热量对进气管道内的混合气进行预热。图 6-1 也显示了上海桑塔纳 JV 型发动机冷却系统冷却液循环路线图：从发动机水套吸收热量后的冷却水，一部分直接流回散热器进行冷却，另一部分从气缸体水套流至混合气预热水道，对混合气进行预热后流回水泵。需取暖时，打开暖气控制阀，从气缸体水套流出的部分冷却水又可以流入暖风交换器供暖，然后流回水泵。

任务 2 冷却系统的构造与检修

一、水冷却系统的构造

水冷却系统的主要部件包括水泵、散热器、冷却强度调节装置、冷却水和防冻液等。

1. 水泵

1) 作用

水泵的作用是对冷却水加压,使之在冷却系统中循环流动。

由于离心式水泵具有尺寸小、出水量大、结构简单、损坏后不妨碍水在冷却系统中自然循环的特点,故为强制循环式冷却系统普遍采用。常见的有水泵在机体外安装并与风扇同轴驱动,也有装在机体内(内藏式)单独驱动的。

2) 结构

水泵由壳体、叶轮、泵盖、水泵轴、轴承座、水封等组成,如图 6-2 所示。

3) 离心式水泵的工作原理

(1) 压水。如图 6-3 所示,当叶轮旋转时,水泵中的水被叶轮带动一起旋转,由于离心力的作用,水被甩向叶轮边缘,在蜗形壳体内将动能转变为压力能,经外壳上与叶轮成切线方向的出水管被压送到发动机水套内。

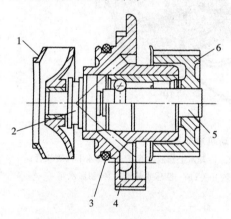

图 6-2 AJR 型发动机水泵的结构
1—叶轮;2—水封;3—O 形密封圈;
4—轴承座;5—水泵轴;6—带轮

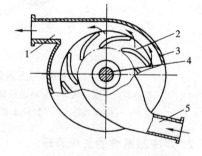

图 6-3 水泵工作原理示意图
1—出水管;2—叶轮;3—水泵壳体;
4—水泵轴;5—进水管

(2) 吸水。与压水同时,叶轮中心处压力降低,散热器中的水便经进水管被吸进叶轮中心部分。

2. 散热器

1) 散热器的作用

散热器用于增大散热面积,加速水的冷却。冷却水经过散热器后,其温度可降低 10~15 ℃。为了将散热器上的热量尽快带走,在散热器后面装有风扇与散热器配合工作。

2) 散热器的要求

散热器必须有足够的散热面积,而且所有材料导热性能要好,因此,散热器一般用铜或铝制成。

3) 散热器的组成

散热器由上储水室、散热器芯和下储水室等组成,如图 6-4 所示。散热器上储水室顶部有加水口,冷却水由此注入整个冷却系统并用散热器盖盖住。在上储水室和下储水室分别装有进水管和出水管,进水管和出水管分别用橡胶软管与气缸盖的出水管和水泵的进水管相连,这样便于安装,而且当发动机和散热器之间产生少量位移时不会漏水。在散热器下面一般装有减振垫,防止散热器受振动损坏。有的发动机的散热器下储水室的出水管上还有放水开关,必要时可将散热器内的冷却水放掉。

散热器芯由许多冷却管和散热片组成,散热器芯应该有尽可能大的散热面积,采用散热片是为了增加散热器芯的散热面积。散热器芯的构造形式有多种,常用的有管片式和管带式两种,如图 6-5 所示。

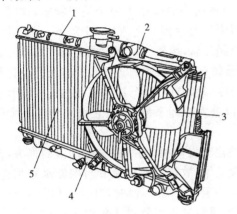

（a）管片式　　（b）管带式

图 6-4　散热器的结构
1—散热器盖;2—上储水室;3—电动冷却风扇;
4—下储水室;5—散热器芯

图 6-5　散热器芯

管片式散热器芯冷却管的断面大多为扁圆形,它连通上、下储水室,是冷却水的通道。与圆形断面的冷却管相比,不但散热面积大,而且一旦管内的冷却水结冰膨胀,扁管可以借其横断面变形而避免破裂。采用散热片不但可以增加散热面积,还可增大散热器的刚度和强度。这种散热器芯强度和刚度都好,而且耐高压,但制造工艺较复杂、成本高。

管带式散热器芯采用冷却管和散热带沿纵向间隔排列的方式,散热带上的小孔是为了破坏空气流在散热带上形成的附面层,使散热能力提高。这种散热器芯散热能力强、制造工艺简单、成本低,但结构刚度不如管片式的大。

4) 散热器盖

(1) 散热器盖的作用。冷却系统散热器上的加水口平时用散热器盖严密盖住,以防冷却水溅出。

(2) 散热器盖的要求。如果冷却系统中水蒸气过多,压力过大,可能导致散热器破裂,因此当发动机热状态正常时,散热器盖应将冷却系统水路与大气隔开,防止水蒸气逸出,并使冷却系统内的压力稍高于大气压力,从而提高冷却水的沸点。当冷却系统中的水蒸气凝结时,又会使系统内的压力低于外界压力,致使散热芯冷却管被大气压坏,因此冷却系统内的压力过高或过低时,散热器盖均应使冷却系统水路与大气相通。

(3) 散热器盖的结构。现代轿车发动机的散热器上广泛采用具有空气-蒸汽阀的散热器盖,其结构如图 6-6 所示。这种散热器盖主要由加水口盖、蒸汽阀、空气阀以及蒸汽阀弹簧和空气阀弹簧等组成。

(4) 散热器盖的工作原理。

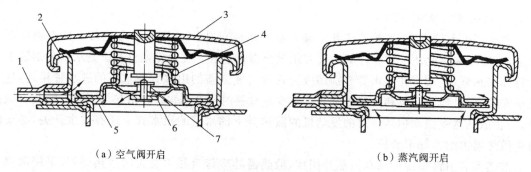

图 6-6 散热器盖的结构及原理

1—泄水口；2—阀座；3—加水口盖；4—蒸汽阀弹簧；5—蒸汽阀；6—空气阀；7—空气阀弹簧

当发动机热状态正常时，蒸汽阀和空气阀各自在弹簧压力的作用下处于关闭状态，这时冷却系统水路与大气隔开；当冷却系统水温升高，散热器中压力达到一定值（一般为 26~37 kPa，在此压力下冷却系统内水的沸点可达 108 ℃）时，蒸汽阀开启，水蒸气从蒸汽阀经通气口排入大气或副储水箱，使散热器内的压力下降到规定值。目前轿车散热器盖的蒸气阀开启压力设计得更高，可达 98 kPa，其冷却水的沸点可高达 120 ℃。当冷却水温度下降，冷却系统内的真空度达 10~20 kPa 时，空气阀被大气压力推开，空气从通气口进入冷却系统，以防止散热器芯被大气压坏。

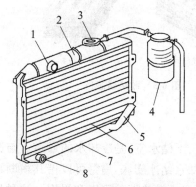

图 6-7 散热器盖与副储水箱的连接

1—进水管；2—上储水室；3—散热器盖；4—副储水箱；5—出水口；6—散热器芯；7—下储水室；8—放水开关

加注防冻液的汽车发动机，为了减少冷却液的损失，保证冷却系统的正常工作，散热器的溢流管与副储水箱相连。当散热器内蒸汽压力升高到某一值时，其盖上的压力阀打开，冷却液通过压力阀经过溢流管进入副储水箱；当温度下降时，冷却液又从副储水箱通过真空阀流回到散热器内部。这样可以防止冷却液损失。副储水箱内部印有两条液面高度标记线，副储水箱内的液面高度应位于这两条刻线之间，如图 6-7 所示。

3. 冷却强度调节装置

1）冷却强度的调节目的

强制式水冷却系统的冷却强度，一般受汽车的行驶速度、曲轴、水泵和风扇的转速及外界气温的影响。当使用条件变化时，如外界气温高，发动机在低速大负荷情况下工作，要求冷却强度要强，否则发动机易于过热。而当外界气温低，发动机负荷又不大时，其冷却强度应弱些，不然就会使发动机过冷。因此，要保证发动机在最佳的温度下工作，不出现过热或过冷现象，就必须能根据使用条件的变化自动调节发动机冷却强度。

2）冷却强度的调节方法

（1）改变流经散热器的空气流量和流速。

（2）改变冷却液的流量和循环路线。

3）冷却强度调节装置的组成

冷却强度调节装置主要包括节温器、风扇和百叶窗等。

（1）节温器。随发动机水温自动改变冷却液的流量和循环路线，保证发动机在适宜的温度下工作，减少燃料消耗和机件的磨损。

蜡式节温器由上支架、下支架、主阀门、副阀门、感温体、中心杆、橡胶管和弹簧等组成，如图

6-8所示。节温器的上支架和下支架与阀座铆成一体。中心杆上端固定在上支架的中心,其下部插入橡胶管的中心孔内,中心杆下端呈锥形。橡胶管与感应体外壳之间的空腔里装有石蜡。为了提高导热性,石蜡中常掺有铜粉和铝粉。感温体外壳上下部有联动的主阀门和旁通阀门。主阀门上有通气孔,它的作用是在加水时使水套内的空气经小孔排出,保证能加满水。为了防止通气孔阻塞,有的加装一个摆锤。

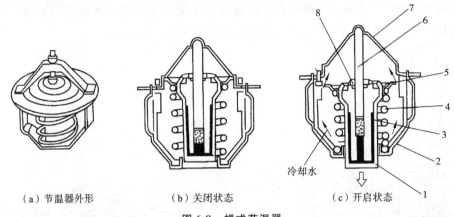

(a) 节温器外形　　　　(b) 关闭状态　　　　(c) 开启状态

图 6-8　蜡式节温器

1—感温体外壳;2—下支架;3—石蜡;4—弹簧;5—阀门;6—中心杆;7—上支架;8—钩阀

① 当水温低于 349 K(76 ℃)时,主阀门完全关闭,旁通阀完全开启,由气缸盖出来的水经旁通管直接进入水泵,故称小循环。由于水只是在水泵和水套之间流动,不经过散热器,且流量小,所以冷却强度弱。

② 当冷却水温度为 349～359 K(76～86 ℃)时,大、小循环同时进行,如图 6-9、图6-10所示。当发动机水温达 349 K(76 ℃)左右时,石蜡逐渐变成液态,体积随之增大,迫使橡胶管收缩,从而对中心杆下部锥面产生向上的推力。由于杆的上端固定,故中心杆对橡胶管及感应体产生向下的反推力,克服弹簧张力使主阀门逐渐打开,旁通阀开度逐渐减小。

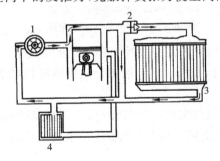

图 6-9　冷却水大循环

1—水泵;2—节温器;3—散热器;4—暖风加热器

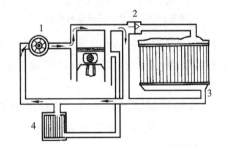

图 6-10　冷却水小循环

1—水泵;2—节温器;3—散热器;4—暖风加热器

③ 当发动机内水温升高到 359 K(86 ℃),主阀门完全开启,旁通阀完全关闭,冷却水全部流经散热器,称为大循环。由于此时冷却水流动路线长,流量大,故冷却强度强。

(2) 风扇。通常安装在散热器与发动机之间,其作用是利用风扇旋转时对空气产生吸力,并使之沿轴向流动,空气流由前向后穿过散热器芯并吹向发动机表面,使流经散热器芯的冷却水加速冷却,吸收并带走发动机表面的热量,加强冷却系统对发动机的冷却作用。

风扇的外径略小于散热器的宽度。风扇的扇风量、噪声及其所消耗的功率与风扇的直径、转速及叶片的数目、形状、安装角度等有关。轿车发动机基本上都是采用轴流式冷却风扇,其叶片断面多为弧形,叶片数目通常为4～6片,为减少叶片旋转时产生的噪声,叶片间的夹角一般不相等。叶片与风扇旋转平面的安装倾角一般为30°～45°。

车用发动机风扇的形式很多。按驱动的动力不同,发动机风扇可分为机械风扇和电动风扇。机械风扇装在水泵轴上,直接或间接地由水泵轴驱动,如图6-11所示,这种风扇不需另外的驱动装置。电动风扇用蓄电池做电源,由直流低压电动机驱动,采用传感器和电路系统来控制风扇的运转,如图6-12所示。目前有些高级轿车上采用了双电动风扇冷却系统。采用双电动风扇冷却,风扇噪声小、功率低、冷却效果好,但结构复杂、成本高。

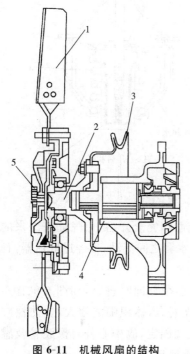
图6-11 机械风扇的结构
1—风扇叶片;2—带轮法兰盘;
3—带轮;4—水泵轴;5—风扇离合器

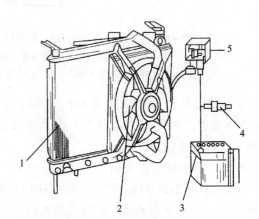
图6-12 电动风扇的结构
1—散热器;2—电动风扇;3—电源;
4—温度传感器(开关);5—继电器

按制造材料不同,发动机风扇又可分为金属叶片风扇和工程塑料风扇。传统风扇叶片一般用钢板冲压制成。现代发动机风扇通常采用塑料风扇,塑料风扇一般用合成树脂材料制成,以减少噪声。

① 风扇控制装置的作用。风扇控制装置用来控制风扇的运转与转速,改变流经散热器芯部的空气流量,从而调节冷却系统的冷却强度,保证发动机在最有利的温度范围内工作,提高发动机的使用寿命。

试验表明,无控制装置的普通机械风扇所消耗的功率占发动机总功率的5%～10%。而汽车行驶中需要风扇工作的时间不到10%。所以,采用风扇控制装置控制风扇的运转与转速,不仅可以调节冷却系统的冷却强度,还可以减少风扇的功率消耗,降低发动机噪声。

② 机械风扇控制装置。机械风扇控制装置的形式很多,目前采用的主要有硅油风扇离合器和电磁风扇离合器两种风扇控制装置。

硅油风扇离合器是一种以硅油为介质,利用吹过散热器芯、吹向风扇的气流的温度高低改变风扇转速的风扇控制装置。

电磁风扇离合器是一种根据冷却水温度,通过水温感应开关和电路控制风扇运转的装置。

图6-13所示为电磁风扇离合器的一种结构形式。该电磁风扇离合器由主动部分和从动部

分组成。主动部分由带V带槽的电磁壳体、线圈、滑环和摩擦片组成。线圈用环氧树脂固定在电磁壳体内,摩擦片和滑环分别固定在电磁壳体上,电磁壳体用螺母固定在水泵轴上。从动部分包括风扇毂、风扇、导销和衔铁等零件。风扇用螺栓固定在风扇毂上,风扇毂通过球面轴承装配在电磁壳体上。衔铁通过导销、弹簧以及开口销等装配在风扇毂上,并可随导销做轴向移动。引线壳体卡装在防护罩上,其中心孔内的炭刷在弹簧的作用下与滑环保持常接触状态,从水温感应开关引来的导线接在接线柱上。

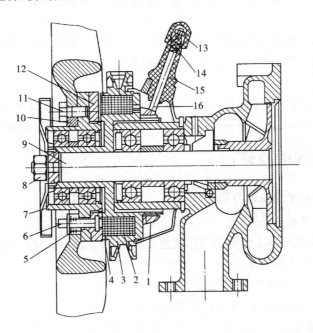

图 6-13 电磁风扇离合器的结构
1—滑环;2—线圈;3—电磁壳体;4—摩擦片;5—弹簧;6—导销;7—风扇毂;8—螺母;
9—水泵轴;10—风扇;11—螺钉;12—衔铁;13—接线柱;14—弹簧;15—引线壳体;16—电刷

发动机工作时,电磁壳体由V带带动运转,当冷却水温度低于某一规定值(一般为 87 ℃)时,水温感应开关电路断开,线圈不通电,衔铁在弹簧的作用下由导销拉向左方,离合器处于分离状态。当发动机水温超过某一规定值(一般为 92 ℃)时,水温开关电路自动接通,线圈通电,电磁壳体吸住衔铁将摩擦片压紧,离合器处于接合状态,风扇毂随电磁壳体一起转动。

③ 电动风扇控制装置。电动风扇的控制装置一般由继电器和水温感应器等元件组成,控制风扇的工作。当冷却水温度达到某一规定值(一般为 92 ℃)时,感应器接通继电器控制电路,将电动风扇电源接通,风扇转动;当冷却水温度降到某一规定值(一般为 87 ℃)时,感应器切断继电器控制电路,将风扇电源断开,风扇停止运转。

4. 冷却水和防冻液

1) 冷却水

冷却水最好选用软水,即含盐分少的水,如雨水、雪水、自来水等,否则在水套中易产生水垢,使气缸体、气缸盖传热效果变差,发动机容易过热。如果只有硬水,则需要经过软化后,方可注入冷却系统中使用。硬水软化的常用方法是:在 1 L 水中加入 0.5~1.5 g 碳酸钠或 0.5~0.8 g 氢氧化钠。

2) 防冻液

冬季气温下降到冰点以下,会发生汽车发动机因冷却系统内冷却水冻结、体积膨胀而使缸体或缸盖胀裂的现象。为了防止缸体和缸盖冻裂,必须采取防冻措施。较理想的方法是向冷却系统加注防冻液,以降低水的冰点。

常用的防冻液一般是在冷却水中加入适量的可降低水的冰点、提高沸点的乙二醇或酒精配制而成,随着加入冷却水的乙二醇或酒精比例的增加,冷却水的冰点随之降低。当加入的乙二醇的比例为54.7%时,冷却水的冰点可达-40 ℃,同时,由于乙二醇本身沸点较高,所以还可以提高冷却水的沸点。用酒精配制成的防冻液,配制方法简单、价格便宜,但沸点低、易挥发、冰点易升高。

在一般情况下,酒精含量以不超过4%为宜。采用乙二醇配制的防冻液使用时,蒸发损失的是水,因此在使用时应及时补充水,以调节其浓度。乙二醇有毒,在配制或使用时防止吸入人体内。

由于乙二醇还容易氧化生成酸性物质,会腐蚀金属,所以一般在配制时每升防冻液中加入2.5～3.5 g磷酸氢二钠,以防冷却系统受腐蚀。乙二醇吸水性强、易渗漏,故要求系统密封性好。

二、冷却系统的检修

1. 风扇皮带松紧度的检查与调整

1) 风扇皮带松紧度的检查

用40 N的力按下皮带或反转90°时,其挠度应为10～15 mm,如图6-14所示。

2) 风扇皮带松紧度的调整

(1) 松开发电机调节臂上的锁紧螺母。

(2) 扳动发电机,使皮带达到规定的松紧度。

(3) 拧紧锁紧螺母。

2. 硅油风扇离合器的检查

1) 冷状态检查

启动发动机,使其在冷状态下以中速运转1～2 min,以便使工作腔内硅油返回储油室,这时在发动机停转之后,用手拨动风扇应是较轻松的。

2) 热状态检查

启动发动机,使发动机温度接近90～95 ℃时,仔细听发动机风扇处响声变化,如几分钟内噪声明显增大,风扇转速迅速提高,以至达到全速时,将发动机停转,用手拨动风扇,感觉较费力时为正常。

3) 硅油风扇离合器损坏或渗漏检查

硅油风扇离合器是否损坏或渗漏,可按图6-15所示进行检查。如果漏油,随着油量减少,

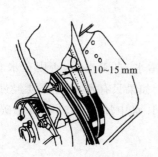

图6-14 风扇皮带松紧度的检查

图6-15 硅油风扇离合器的检查

风扇转速会降低,引起发动机过热。

3. 水泵的检查

1) 水泵轴承的检查

将发动机停转,手扳动风扇叶片,看其有无松旷,若松旷大,应更换轴承。

2) 水封的检查

观察水泵泄水孔,若有漏水,则为水封密封不严或损坏所致,应予更换。

3) 水泵的拆检

水泵的分解如图 6-16 所示。

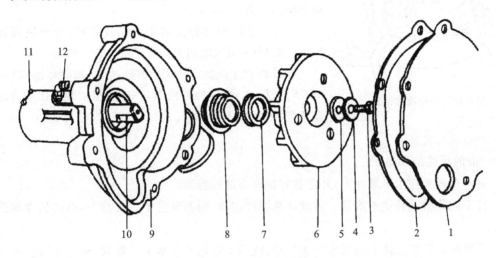

图 6-16　水泵的分解图

1—水泵盖;2—衬垫;3—螺栓;4—垫圈;5—叶轮密封圈;6—叶轮;
7—动环总成;8—静环总成;9—水泵壳;10—水泵轴;11—卡环;12—润滑脂嘴

拆检水泵步骤如下:

① 检查水泵壳有无破裂;

② 检查水封是否磨损、变形、老化;

③ 检查水泵轴是否弯曲,直线度应不超过 0.05 mm,螺纹不应有损坏;

④ 检查叶轮是否损坏;

⑤ 检查皮带轮载与水泵轴的配合情况,不应松旷;

⑥ 检查壳体、盖结合面的平面度,应不大于 0.15 mm;

⑦ 检查叶轮与端盖的间隙,应为 1.3～6.2 mm;

⑧ 检查叶轮与泵壳的间隙,应为 0.7～1.7 mm。

4) 水泵的润滑

用手压式润滑脂枪从枪嘴注入 4～5 次润滑脂即可。

4. 节温器的检查

检查时,将节温器放在水中,并将水逐渐加热,如图 6-17 所示。

记录在节温器开始工作和阀门全开时的温度,与标准对比。以 CA1092 和桑塔纳两种车型为例,节温器的工作是否正常的判定如表 6-1 所示。

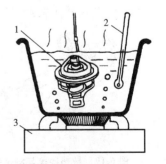

图 6-17　节温器的检查

1—节温器;2—温度计;
3—加热器

表 6-1 节温器工作是否正常的判定

车型	阀门开始打开时水温/℃	阀门全开时水温/℃	阀门升程/mm
CA1092	76±2	86±3	9
桑塔纳	87±2	102±3	7

5. 冷却液的检查与更换

1) 冷却液的检查

（1）对于只有散热器的循环系统，冷却液应处于散热器加液口位置。

（2）对于附加有补偿水箱的循环系统，冷却液面处于 MAX 和 MIN 两线之间为正常，如图 6-18 所示。

若液面位于或低于 MIN 线时，应添加冷却液，以达到 MAX 线为止。加注冷却液时，一定要搞清楚原用的冷却液属于何种类型，不能加错。

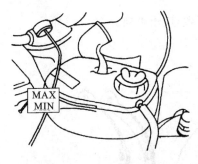

图 6-18 冷却液的检查

2) 冷却液的更换

冷却液的更换步骤如下：

① 将汽车停放在水平地面上，并准备好盛冷却液的容器；

② 拧下散热器或补偿水箱盖。若发动机温度过高，则不要急于将盖拧下，以防热冷却液喷出伤人；

③ 将散热器和气缸体上的放水开关拧松，或拆下散热器至水泵的软管，将冷却液放入容器中，直至放净；

④ 关好放水开关或拧紧软管夹箍，从散热器或补偿水箱口加入清水或四季通用的冷却液，直至加满为止。

6. 散热器的检查

1) 散热器盖的检查

（1）将散热器盖与测试器装在一起，如图 6-19 所示。

（2）用手推测试器，直到减压阀张开为止，减压阀应在压力 86.2~97.02 kPa 时张开。若压力过低，则应更换散热器盖。

2) 散热器的检查

（1）将散热器注满水，装上测试器，如图 6-20 所示。

图 6-19 散热器盖与测试器安装

图 6-20 散热器检查

（2）用手推测试器，使压力达到 100 kPa，检查压力是否下降，观察散热器外部有无漏水现象。

（3）外观检查散热片之间是否有堵塞，若堵塞，则应予疏通。

7. 冷却系统的清洗

（1）当水垢不多时，可把冷却液全部放出，在散热器内充大清洁的水，使发动机怠速运转。再次更换清水，如此重复4～5次。

（2）当水垢较多时，可在20 L水中放入50 g苏打配制成洗涤液注入循环系统。在正常的运转温度中，发动机连续运转20～30 min，然后将发动机熄火，排出洗涤液，换入清水，直至达到正常的运转温度。再次排水换入冷却液。

（3）当用上述方法洗涤后，还不能完全清除水垢，可注入重硫酸钠酸性洗涤剂，在正常的运转温度下，发动机运转20～30 min。再加入苏打水弱碱性洗涤剂进行中和，并用清水洗涤后加入冷却液。

8. 风扇电磁离合器温控开关的检查

1）车上检查

当散热器水温上升到93 ℃时，风扇应开始转动；当水温低于88 ℃时，风扇应停转。

2）车下检查

将温控开关拆下放在热水中，当水温为(93±2) ℃时，温控复合金属片的触点接通；当水温降至(88±2) ℃时，触点应张开。

任务3　冷却系统的故障诊断与排除

一、冷却水温度过低

1. 故障现象

运行中的汽车发动机升温慢或发动机工作温度低，会导致发动机动力不足，油耗增加。

2. 故障原因

节温器损坏或漏装、硅油风扇离合器中轴承抱死造成风扇转速过高；冬季保温装置不良或百叶窗不能完全关闭，造成散热器过度冷却。

3. 故障排除

（1）如为冬季，应首先检查汽车头部保温被是否被套装或盖严。

（2）启动发动机在中速下升温，用手触试缸盖出水管及节温器前后两端的温差与散热器上部温差。若温差很小或没温差，则说明节温器损坏或漏装，应及时更换装复。

（3）对于装有硅油风扇离合器的发动机，可在冷态启动发动机后观察风扇是否转动。如随发动机转速升高，风扇也由慢到快地进行转动，则说明硅油风扇离合器出了故障，应及时进行检修，使其正常工作。

二、冷却水温度过高

1. 故障现象

运行中的汽车的水温表经常指示在100 ℃以上，且散热器伴随有"开锅"现象；发动机易产生突爆或早燃；发动机熄火困难。

2. 故障原因

冷却水不足，仪表或水温感应塞损坏，风扇不转，节温器故障，节温器大循环阀门打不开，散热器性能下降,点火过迟或混合气过稀,燃烧室积炭严重,长时间在低挡大负荷工况下行驶,天气太热。

3. 故障排除

（1）检查散热器中冷却水的量,若不足,则应添加。

（2）若水温表显示过热,但散热器中冷却水温度正常,则表明水温感应塞或水温表有故障,应进行检修。

（3）检查风扇皮带张紧度和硅油风扇离合器工作情况。如不符合要求,则应调整或检修。

（4）若发动机温度过高而散热器温度不太高,或散热器上下水室温差大,则说明节温器有故障,应更换。

（5）检查散热器内水垢厚度或堵塞情况,必要时进行疏通。

（6）检查散热器冷却液循环情况。若循环不良,检查散热器下面软管有无凹痕或破裂。若有,则应及时更换。

（7）检查水泵出水量。若突然提高和降低发动机转速,冷却水液面无明显变化,则表明水泵损坏,更换或修复水泵。

（8）检查供油系或点火系。若混合气过稀或点火过迟,则应进行调整。

（9）检查火花塞中心电极和侧电极的积炭情况。若电极积炭较厚,则说明燃烧室积炭严重,提高了压缩比,引起早燃和爆燃,致使发动机过热。应除去积炭。

三、冷却液消耗过多

1. 故障现象

（1）冷却液消耗过多,需经常补充。

（2）在停车位有水迹,停车后,明显看到有冷却液滴落到地面上。

（3）有时候发现在油底壳内有水。

2. 故障原因

冷却系统是密封的,在正常情况下,不需要经常补充冷却液,否则说明有冷却液消耗异常故障。冷却液消耗异常的主要原因是系统有泄漏,具体原因如下。

（1）放水开关关闭不严。

（2）水泵水封损坏。

（3）气缸体变形或裂纹。

（4）散热器泄漏。

（5）气缸衬垫烧蚀,冷却液漏到外部或油底壳内。

（6）系统管道老化泄漏或接头松动泄漏。

（7）缸体水堵不严。

（8）湿式缸套阻水圈密封不良。

3. 故障诊断与排除

（1）仔细观察冷却液化有无外漏之处,如放水开关、管接头、散热器表面、水泵等处。一经发现应及时堵漏。

（2）发动机启动后,排气管有水滴喷出,则多为气缸垫损坏而使冷却水漏入气缸。气缸垫损坏应更换,在气缸体与气缸盖的水道口设有水封圈的发动机上,水封圈损坏或安装不正确也会造成冷却水漏入气缸的现象,此时应更换水封圈。

（3）油底壳机油液面有升高趋势,发动机熄火后,立即检查机油,若有乳化现象,表明气缸套阻水圈损坏或气缸体有裂纹、穴蚀孔。阻水圈损坏,应予以更换。气缸体有裂纹、穴蚀孔,应进行大修。

(4) 装有水冷式机油散热器的发动机,此时还应检查散热器芯是否损坏。若散热器芯损坏,应检修或更换。

项目实训　冷却系统的拆装与检查

一、实训内容、要求与安排

1. 实训内容与要求

(1) 掌握冷却系统的组成。
(2) 学会冷却系统主要零部件的拆装。
(3) 学会节温器的拆装与检查。
(4) 学会散热器的拆装。
(5) 学会冷却水泵的拆装。

2. 主要实训条件

(1) 桑塔纳2000GSi轿车AJR型发动机、LS400型发动机台架各1台,冷却水泵、节温器各1个。
(2) 冷却液温度计、加热装置、常用工具及量具各1套。
(3) 用具盘、洗件盘及毛刷各1个,抹布若干。
(4) 相关的教具、视频及教学挂图。
(5) 多媒体教室1间。

3. 实训安排

(1) 实训课时:2学时。
(2) 实训组织:每组5~6名学生,由老师指导,学生动手拆装。

二、实训步骤、操作方法及注意事项

1. 冷却液的排放与加注

以桑塔纳2000GSi轿车AJR型发动机的冷却系统为例来说明冷却液的排放与加注。

1) 排放
(1) 将仪表板上的暖风开关拨至右端,打开暖风控制阀。
(2) 在储液罐盖子上盖一块抹布,小心地旋开盖子。
(3) 在发动机下放置一个干净的收集盘。
(4) 松开夹箍,拔下散热器的下水管,放出冷却液。

2) 加注
(1) 加注冷却液至冷却液储液罐最高点标志处,旋紧储液罐盖子。
(2) 使发动机运转5~7 min,检查冷却液液面高度,必要时加注冷却液到最高标记。

注意:
① 在热态时不可立即取下冷却液储液罐的盖子,防止蒸汽喷出;

② 切勿混用不同牌号的冷却液；
③ 禁止使用以磷酸盐和亚硝酸盐作为防腐剂的冷却液。

2. 节温器的拆装

1）节温器的拆卸

节温器一般安装在发动机的前部（上水管附近），具体安装位置及结构如图 6-21 所示。

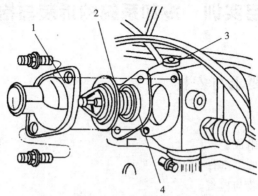

图 6-21　节温器的结构及安装位置图
1—节温器壳体；2—节温器；3—螺塞；4—垫片

节温器的拆卸步骤如下。

（1）断开蓄电池负极导线，放出冷却液。

（2）拆下节温器壳体。

（3）拆下节温器，卸下垫片。

2）节温器的安装

节温器的安装步骤如下。

（1）认真清洁所有零件，尤其是外壳结合表面，保持拧紧冷却套的螺栓不能生锈或损坏，清洁螺栓，以防损坏发动机上的螺孔。用冷却液涂抹垫片后，装上垫片。

（2）把节温器安装在壳体内，把壳体与发动机上的位置对准。

（3）添加冷却液到合适的位置。

（4）连接蓄电池负极导线，去掉散热器盖，发动机运转到使节温器打开，尽可能向散热器添加冷却液至规定的范围。

（5）安装散热器盖，关掉发动机使其冷却。待机体冷却后，再检查散热器和储水箱中的冷却液量。

3. 散热器的拆装

1）散热器的拆卸

散热器的拆卸步骤如下。

（1）待发动机及冷却系统冷却，排放出冷却液。

（2）断开蓄电池负极导线。

（3）从散热器上卸下上部管路和储水箱的管路。

（4）卸下冷却风扇。

（5）抬起车身，并牢固的支撑住。从散热器上卸下下部管路。

（6）卸下固定支架，拆出散热器。注意不要损坏散热片。

2）散热器的安装

散热器的安装步骤如下。

(1) 检查散热器管路,看是否有硬化、裂纹、膨胀变形或流动不畅的迹象。若有,则应更换。维修时,小心不要损坏散热器的进水口和出水口。布置好散热器管路。接口处大部分采用弹簧式管卡,如果要更换,应采用原来式样的弹簧卡。

(2) 将散热器落座进入原位。

(3) 安装固定支架,连接下部管路。

(4) 安装冷却风扇。

(5) 连接上部管路及储水箱管路。

(6) 加注冷却液。

(7) 连接蓄电池负极导线。启动发动机待节温器开通,将散热器加满冷却液。

(8) 待汽车冷却后,再检查冷却液液位。

4. 水泵的拆装

图 6-22 所示为离心式水泵的分解图。

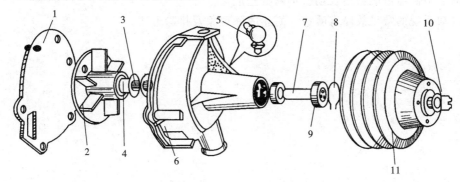

图 6-22 离心式水泵的分解图

1—水泵盖;2—叶轮;3—水泵轴;4—水封总成;5—油嘴;6—水泵壳体;
7—轴承隔管;8—锁环;9—轴承;10—螺母;11—带轮

1) 水泵的拆卸

首先放尽冷却液,拆下散热器进、出水软管及旁通软管,取出取暖器软管,卸下 V 带及带轮,然后拧下水泵的固定螺栓,拆下水泵总成。

(1) 清除水泵表面脏污,将水泵固定在夹具或台虎钳上。

(2) 拧松并拆下带轮紧固螺母,拆卸带轮。

(3) 用专用拉具拆卸水泵轴凸缘。

(4) 拧松并拆卸水泵前壳体的紧固螺栓,将前泵壳段整体卸下,并拆下衬垫。

(5) 用拉具拆卸水泵叶轮,应仔细操作,防止损坏叶轮。

(6) 从水泵叶轮上拆下锁环和水封总成。

(7) 如果水泵轴和轴承经检测需要更换,则应先将水泵加热到 75~85℃;然后用水泵轴承拆装器和压力机将其拆卸下来。

(8) 拆卸油封及有关衬垫,从壳体上拆下浮动座。

(9) 换位夹紧,拆卸进水管紧固螺栓,拆卸进水管。

(10) 拆卸密封圈、节温器。

(11) 安装时更换所有衬垫及密封圈。

(12) 将拆卸的零件放入清洗剂中清洗。

2）水泵的安装

水泵安装时基本顺序与拆卸顺序相反。但是，除更换衬垫及密封圈外，应首先对清洗好的零件进行检查测量，磨损严重的，必须更换新件，各零部件检查合格才能装复。

安装时，特别注意水泵叶轮与水泵壳体的轴向间隙和水泵叶轮与壳体的径向密封处的间隙，并注意轴承的润滑条件。

思考题

1. 冷却系统的功用是什么？由哪几部分组成。
2. 发动机温度过高或过低有哪些危害？
3. 简述发动机冷却水大、小循环时冷却水流经路线。
4. 试述蜡式节温器的工作原理。
5. 取下节温器可能会给发动机带来哪些危害？
6. 冷却系统的常见故障有哪些？简述故障现象及排除方法。

实训工单　冷却系统检测

姓名_____　组别_____　组长_____　组员_____

一、理论回顾

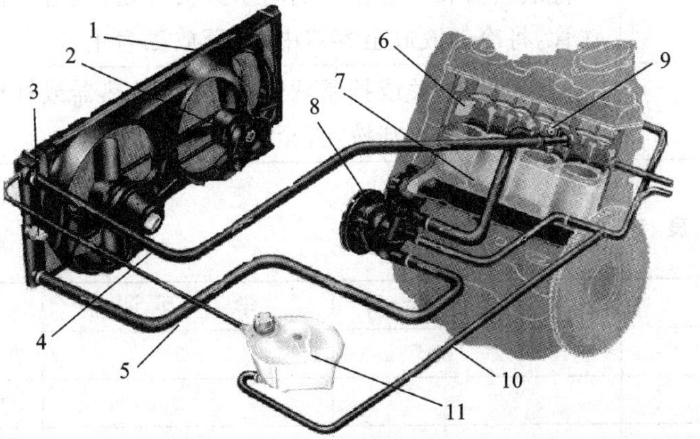

将上图中冷却系统各部件的序号填在对应括号内：(　)气缸盖水套；(　)气缸体水套；(　)水泵；(　)热敏开关；(　)膨胀水箱管；(　)膨胀水箱；(　)散热器；(　)电动风扇；(　)电动风扇热敏双速开关；(　)冷却水上橡胶软管；(　)冷却水下橡胶软管。

二、实操测验

1. 控制冷却系统大小循环切换的零件是(　)。
A. 水泵　　　　　　B. 散热器　　　　　　C. 节温器　　　　　　D. 膨胀水箱
2. 下图中，进行大循环的是(　)，进行小循环的是(　)。

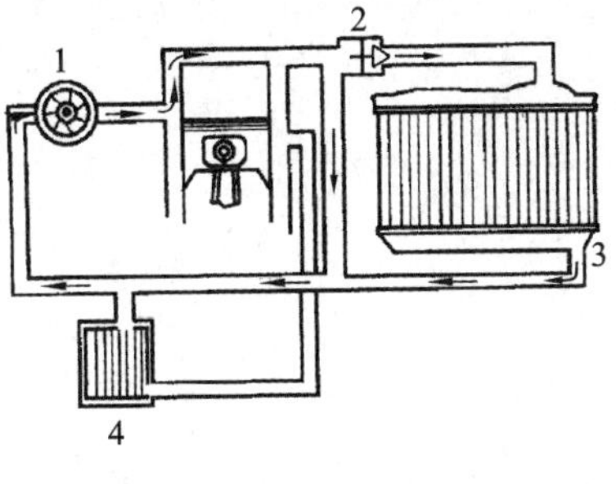

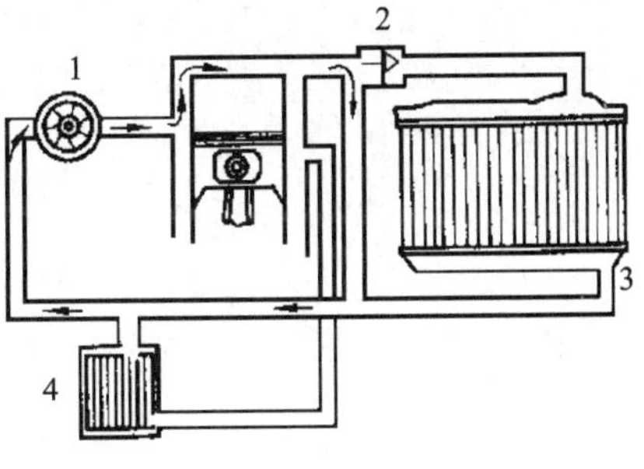

三、测量记录

1. 节温器检测		
项　目	室温/℃	沸水/℃
温度/℃		
阀门升程/mm		
结果分析		

2. 冷却液更换	
步　骤	具 体 操 作
1	将车辆停放在水平地面上，并准备好盛冷却液的容器。
2	拧下散热器或补偿水箱盖。
3	将散热器和气缸体上的防水开关拧松，或拆下散热器至水泵间的软管，将冷却液放至容器中，直至放尽为止。
4	关好放水开关或拧紧软管夹箍，从散热器或补偿水箱口加入清水或四季通用的冷却液，直至加满为止。

四、评价（优、良、中、合格、不合格）

项　目	自我评价	学生互评	老师评价
实训态度			
实训操作			
实训结论			
卫生打扫			
总评			

项目 7
润滑系统的构造与检修

为了减小发动机工作时各运动零件之间的摩擦与磨损,延长发动机的使用寿命,发动机都必须有润滑系统,润滑系统是汽车发动机的重要组成部分。本项目主要介绍润滑系统各装置的构造、工作原理和拆装检修方法。

◀ 知识要点

(1) 润滑系统的功用及基本组成。
(2) 润滑系统主要零部件的结构和工作原理。
(3) 润滑系统的主要故障。

◀ 学习目标

(1) 了解润滑系统的功用及基本组成。
(2) 了解润滑系统的润滑方式和滤清方式。
(3) 了解润滑系统主要零部件的形式、结构、工作原理及检修方法。
(4) 掌握润滑系统的主要故障现象、原因及诊断方法。
(5) 掌握润滑系统各部件的装配方法、连接方法和油路走向。

◀ 知识导入

发动机润滑油

任务1　润滑系统的认知

发动机工作时，传力零件相对运动表面之间不能直接接触。因为，任何零件的工作表面，即使经过极为精密的加工，也难免存在一定程度的表面粗糙度。在它们接触且相对运动时，必然产生摩擦和磨损。而摩擦产生的阻力既消耗动力、阻碍零件的运动，又使零件发热，甚至导致工作表面烧损。因此，必须进行润滑，即在两零件的工作表面之间加入一层润滑油使其形成油膜，将零件完全隔开，处于完全的液体摩擦状态。这样，功率消耗和磨损就会大为减少，可延长发动机使用寿命，降低维修成本。

一、润滑系统的作用

1. 润滑

润滑油不断地供给各零件的摩擦表面，可形成润滑油膜，以减小零件的摩擦、磨损和发动机的功率消耗。

2. 清洁

发动机工作时，不可避免地要产生金属磨屑、空气所带入的尘埃及燃烧所产生的固体杂质等。这些颗粒若进入零件的工作表面，就会形成磨料，大大加剧零件的磨损。而润滑系统通过润滑油的流动将这些磨料从零件表面冲洗下来，带回到曲轴箱，大的颗粒沉到油底壳底部，小的颗粒被机油滤清器滤出，从而起到清洁的作用。

3. 冷却

由于运动零件的摩擦和混合气的燃烧，使某些零件产生较高的温度。而润滑油流经零件表面时可吸收其热量并将部分热量带回到油底壳散入大气中，故可起到冷却作用。

4. 密封

发动机气缸壁与活塞、活塞环与环槽之间间隙中的油膜减少了气体的泄漏，保证气缸的应有压力，起到了密封作用。

5. 防蚀

由于润滑油黏附在零件表面上，避免了零件与水、空气、燃气等的直接接触，起到了防止或减轻零件锈蚀和化学腐蚀的作用。

6. 液压作用

润滑油还可用作液压油，如在液力挺柱中，起液压作用。

7. 减振缓冲作用

在运动零件表面形成油膜，吸收冲击并减小振动，起减振缓冲作用。

二、发动机的润滑方式

发动机工作时，由于各运动零件的工作条件不同，因而要求的润滑强度和方式也不同。零件表面的润滑，按其供油方式可分为压力润滑、飞溅润滑和定期润滑。

1. 压力润滑

利用机油泵,将具有一定压力的润滑油源源不断地送往摩擦表面。例如,曲轴主轴承、连杆轴承及凸轮轴轴承等处承受的载荷及相对运动速度较大,需要以一定压力将机油输送到摩擦面的间隙中,方能形成油膜以保证润滑。这种润滑方式称为压力润滑。

2. 飞溅润滑

利用发动机工作时运动零件飞溅起来的油滴或油雾来润滑摩擦表面的润滑方式称为飞溅润滑。这种润滑方式可使裸露在外面承受载荷较轻的气缸壁、相对滑动速度较小的活塞销以及配气机构的凸轮表面、挺柱等得到润滑。

3. 定期润滑

发动机辅助系统中有些零件则只需定期加注润滑脂(黄油)进行润滑,例如水泵及发电机轴承就是采用这种方式定期润滑。近年来在发动机上采用含有耐磨润滑材料(如尼龙、二硫化钼等)的轴承来代替加注润滑脂的轴承。

三、润滑系统的组成

润滑系统一般由机油泵、油底壳、机油滤清器、机油散热器、各种阀和传感器、机油压力表、压力过低指示灯等组成。

图 7-1 所示为桑塔纳轿车发动机润滑系统结构及油路示意图。油底壳内的润滑油经集滤器滤掉粗大的机械杂质后,被机油泵压入机油滤清器后分三路送出:第一路经主油道送入曲轴主轴承分油道,润滑主轴承,经曲轴内油道润滑连杆大端轴承,再经连杆内油道润滑连杆小端轴承后,通过飞溅润滑将润滑油从活塞销座孔运送至气缸壁上,对气缸壁和活塞进行润滑,最后沿气缸壁回流到油底壳;第二路从主油道进入凸轮轴的轴承后再润滑气门机构,然后流回至油底壳;第三路在主油道油压太高或流量太大的情况下,润滑油冲开安全阀,分流回油底壳。

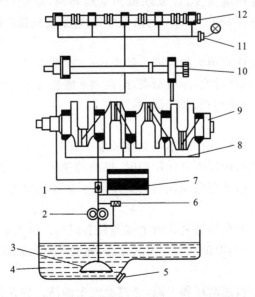

图 7-1 桑塔纳轿车发动机润滑系统结构及油路示意图

1—旁通阀;2—机油泵;3—集滤器;4—油底壳;5—放油塞;6—安全阀;7—机油滤清器;
8—主油道;9—曲轴;10—中间轴;11—限压阀;12—凸轮轴

1. 润滑油储存与输送装置

润滑油储存与输送装置包括油底壳、机油泵、输油管和气缸体与气缸盖上的油道等。其作用是保证润滑油的储存、加压和循环流动。

2. 润滑油滤清装置

润滑油滤清装置包括集滤器、粗滤器和细滤器（现代轿车一般装用复合式滤清器）等。其作用是滤除润滑油中的金属磨屑、机械杂质和胶质等，防止堵塞油道和油管。

3. 润滑油冷却装置

一些热负荷较高的发动机设有机油散热器，以加强润滑油的冷却，确保润滑油在最佳温度范围（70～90 ℃）内工作。

4. 安全和限压装置

设在机油泵上或主油道上的限压阀、粗滤器或细滤器上的旁通阀，可以限制润滑系统中的最高油压，保证润滑系统工作时有足够的润滑油油量。

5. 润滑系统工作检查装置

润滑系统工作检查装置包括机油压力表、油温表、机油标尺和机油压力过低指示灯等，以便驾驶员能随时掌握润滑系统的工作情况。

四、机油

1. 机油的性能要求

汽车发动机机油在润滑系统内循环流动，循环次数每小时可达100次。机油的工作条件十分恶劣，在循环过程中，机油与高温的金属壁面及空气频频接触，不断氧化变质。窜入曲轴箱内的燃油蒸气、废气以及金属磨屑和积炭等，使机油受到严重污染。另外，机油的工作温度变化范围很大：在发动机启动时为环境温度；在发动机正常运转时，曲轴箱中机油的平均温度可达95 ℃或更高。同时，机油还与180～300 ℃的高温零件接触，受到强烈的加热。

1）适当的黏度

机油黏度对发动机的工作有很大的影响。黏度过小，在高温、高压下容易从摩擦表面流失，不能形成足够厚度的油膜；黏度过大，冷启动困难，机油不能被泵送到摩擦表面。机油的黏度随温度而变化。温度升高，黏度减小；温度降低，黏度增大。

2）优异的氧化安定性

氧化安定性是指机油抵抗氧化作用不使其性质发生永久变化的能力。当机油在使用与储存过程中与空气中的氧气接触而发生氧化作用时，机油的颜色变暗，黏度增加，酸性增大，并产生胶状沉积物。氧化变质的机油将腐蚀发动机零件，甚至破坏发动机的工作。

3）良好的防腐性

机油在使用过程中不可避免地被氧化而生成各种有机酸。这类酸性物质对金属零件有腐蚀作用，可能使铜铅和镉镍一类的轴承表面出现斑点、麻坑或使合金层剥落。

4）较低的起泡性

由于机油在润滑系统中快速循环和飞溅，必然会产生泡沫。如果泡沫太多，或泡沫不能迅速消除，将造成摩擦表面供油不足。控制泡沫生成的方法，是在机油中添加泡沫抑制剂。

5）强烈的清净分散性

机油的清净分散性是指机油分散、疏松和移走附着在零件表面上的积炭和污垢的能力。为使机油具有清净分散性,必须加入清净分散添加剂。

2. 机油的分类

国际上广泛采用美国汽车工程师协会(SAE)黏度分类法和美国石油学会(API)使用分类法,而且它们已被国际标准化组织(ISO)确认。SAE按照机油的黏度等级,把机油分为冬季用机油和非冬季用机油。冬季用机油按低温黏度、低温泵送性划分,有 SAE0W、SAE5W、SAE10W、SAE15W、SAE20W 和 SAE25W 6种牌号,牌号越小的,适应的温度越低。非冬季用机油按100℃时的运动黏度划分,有 SAE20、SAE30、SAE40、SAE50 和 SAE60 5种牌号,牌号越大的,适应的温度越高。

API使用分类法是根据机油的性能及其最适合的使用场合,把机油分为S系列和C系列两种。S系列为汽油发动机机油,目前有 SA、SB、SC、SD、SE、SF、SG 和 SH 8种牌号。C系列为柴油发动机机油,目前有 CA、CB、CC、CD 和 CE 5种牌号。牌号越靠后,使用性能越好,适用的类型越新或强化程度越高。其中,SA、SB、SC 和 CA 等牌号的机油,除非汽车制造厂特别推荐,否则将不再使用。

3. 机油质量的鉴别

1) 新机油质量的鉴别与选用

当需要购买机油时,如果不具备质量鉴别和牌号识别能力,应请专门的技术人员或经验丰富的技工帮助选择。

(1) 观察机油颜色。国产正牌散装机油多为浅蓝色,具有明亮的光泽,流动均匀。凡是颜色不均、流动时带有异色线条者均为伪劣或变质机油,若使用此类机油,将严重损害发动机。进口机油的颜色为金黄略带蓝色,晶莹透明,否则为假货。

(2) 识别机油牌号和试验黏度。以丰田纯正机油为例:高级轿车应使用 5W-40 全天候机油,虽然价格较高,但它能确保高级轿车的润滑效果;增压柴油发动机应使用 CD-30 机油;一般车辆冬季使用 SG10W-30 机油,夏季使用 SG-30 机油。

(3) 闻气味。合格的机油应无特别的气味,只略带芳香。凡是对嗅觉刺激大且有异味的机油均为变质或劣质机油,绝对不可使用。

2) 使用中机油质量的鉴别

鉴别使用中机油的质量,是确定是否需要更换机油的依据。

(1) 搓捻鉴别。取出油底壳中的少许机油,放在手指上搓捻。搓捻时,如有黏稠感觉,并有拉丝现象,说明机油未变质,仍可继续使用,否则应更换。

(2) 油尺鉴别。抽出机油标尺对着光亮处观察刻度线是否清晰,当透过油尺上的机油看不清刻线时,则说明机油过脏,需立即更换。

(3) 倾倒鉴别。取油底壳中的少量机油注入一容器内,然后从容器中慢慢倒出,观察油流的光泽和黏度。若油流能保持细长且均匀,说明机油内没有胶质及杂质,还可使用一段时间,否则应更换。

(4) 油滴检查。在白纸上滴一滴油底壳中的机油,若油滴中心黑点很大,呈黑褐色且均匀无颗粒,周围黄色浸润很小,说明机油变质应更换。若油滴中心黑点小而且颜色较浅,周围的黄色浸润痕迹较大,表明机油还可以使用。

以上检查均应在发动机停机后机油还未沉淀时进行,否则有可能得不到正确结论。因为机油沉淀后,浮在上面的往往是好的机油,这样检查的只是表面现象,而变质机油或杂质存留在油底壳的底部,从而可能造成误检。

任务2 润滑系统的构造与检修

一、润滑系统的构造

润滑系统的主要部件有机油泵、机油滤清器,各种阀、机油散热器以及检视装置。

1. 机油泵

机油泵的作用是提高机油压力,保证机油在润滑系统内不断循环。

1) 齿轮式机油泵

齿轮式机油泵分为外齿轮式机油泵和内齿轮式机油泵。

(1) 外齿轮式机油泵。

如图 7-2 所示,外齿轮式机油泵主要由泵体、泵盖、主动齿轮、从动齿轮、限压阀、齿轮轴等零件组成。

如图 7-3 所示,当发动机工作时,机油泵主动齿轮由经凸轮轴上的螺旋齿轮驱动的主动齿轮轴带动旋转,并带动从动齿轮按图示方向旋转;在油泵进油口处产生真空度,机油从进油口被吸入,随着齿轮的转动,沿齿轮与泵壳之间的空间被轮齿带到油泵出油口处,压入机油滤清器或主油道,当机油泵出油压力超过规定的供油压力时,限压阀被打开;这时一部分机油经限压阀流回油底壳,从而保持一定的供油压力。

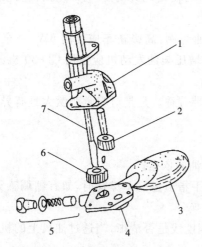

图 7-2 外齿轮式机油泵的结构
1—泵体;2—从动齿轮;3—集滤器;4—泵盖;
5—限压阀;6—主动齿轮;7—齿轮轴

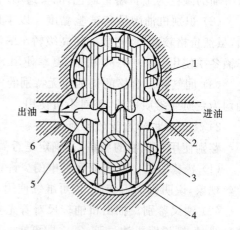

图 7-3 外齿轮式机油泵的工作原理
1—主动齿轮;2—进油口;3—从动齿轮;
4—泵壳;5—限压阀;6—出油口

外齿轮式机油泵结构简单,机械加工方便且工作可靠,使用寿命长,能产生较高的供油压力。

(2) 内齿轮式机油泵。

如图 7-4 所示,内齿轮式机油泵主要由主动齿轮、从动齿轮、限压阀、泵盖和泵壳等零件组成。

内齿轮式机油泵的工作原理如图 7-5 所示,当发动机工作时,主动齿轮随驱动轴一起转动并带动从动齿轮以相同的方向旋转。内外齿轮在转到进油口处时开始逐渐脱离啮合,并沿旋转

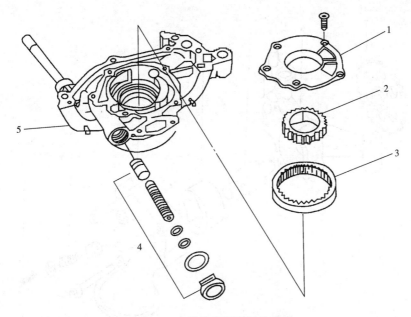

图 7-4 内齿轮式机油泵的结构
1—泵盖；2—主动齿轮；3—从动齿轮；4—限压阀；5—泵壳

方向二者形成的空间逐渐增大，产生一定的真空度，将油从油泵进油门吸入。随着齿轮的继续旋转，月牙块将内、外齿轮隔开，齿轮旋转时把齿间所存的油带往出油口。在靠近出油口处，内、外齿轮间的空间逐渐减小，油压升高，油从油泵出油口送往发动机油道中，内、外齿轮又重新啮合。

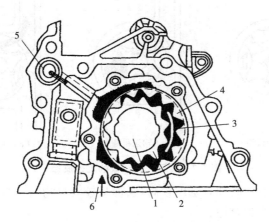

图 7-5 内齿轮式机油泵的工作原理
1—油泵轴；2—主动齿轮；3—月牙块；4—从动齿轮；5—出油口；6—进油口

2）转子式机油泵

转子式机油泵也称为偏心内啮合式转子式机油泵，其结构如图 7-6 所示。转子式机油泵主要由泵体、泵盖、内转子、外转子、油泵轴和限压阀等零件组成。

转子式机油泵的工作原理如图 7-7 所示。主动的内转子和从动的外转子都装在油泵壳体内。内转子固定在主轴上，外转子在油泵壳体内可自由转动，二者之间有一定的偏心距。当内转子旋转时，带动外转子旋转。转子齿形齿廓设计使转子转到任何角度时，内、外转子每个齿总能互动成点接触。这样，内、外转子间便形成四个工作腔。由于内转子的速度大于外转子，所以外转子总是慢于内转子，形成了容积的变化。当某一工作腔从进油孔转过时，容积增大，产生

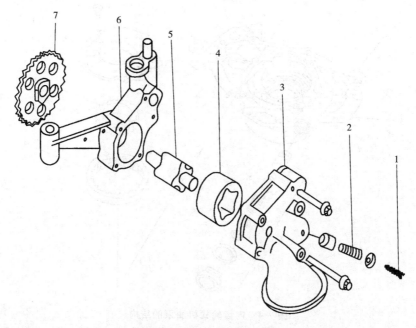

图 7-6 转子式机油泵的结构
1—开口销；2—限压阀；3—机油泵盖；4—外转子；5—内转子；6—机油泵壳；7—链轮

真空，机油便经进油口吸入；转子继续旋转，当该工作腔与出油孔相通时，容积减小，油压升高，机油经出油孔压出。

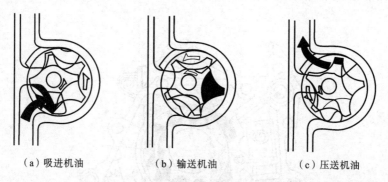

（a）吸进机油　　　（b）输送机油　　　（c）压送机油

图 7-7 转子式机油泵的工作原理

转子式机油泵结构紧凑，吸油真空度较高，泵油量较大且均匀。当机油泵装在曲轴箱外且位置较高时，用此种机油泵较合适。

为使机油泵的供油量在任何困难的工作条件下都能大于润滑系统需要的循环油量，以保证润滑的可靠，一般机油泵的实际供油量比润滑系统的循环油量大 2～3 倍。机油泵供给的多余机油通过润滑系统中的限压阀直接流回油底壳。

2. 机油滤清器

1）作用

机油滤清器的作用是使循环流动的机油在送往运动零件表面之前，滤去机油中的金属屑、大气中的尘埃及燃料燃烧不完全所产生的颗粒。

2）分类

机油滤清器根据滤清效果不同可以分为集滤器、粗滤器、细滤器、复合式滤清器。

(1) 机油集滤器。

机油集滤器一般采用金属网式结构,装在机油泵进油口之前,用来滤除润滑油中较大颗粒的杂质。目前汽车发动机所用的集滤器有浮式和固定式两种。

浮式机油集滤器的结构如图 7-8 所示。它由浮子、滤网、罩、固定管和焊接在浮子上的吸油管等零件组成。固定管固装在机油泵吸油口端,固定管中的吸油口活套,使中空的浮子能随油面自由升降。浮子下面装有金属滤网,其中央有一环口,因滤网有一定的弹性,使环口紧压在罩上。罩的边缘有缺口,与浮子装合后形成狭缝。

机油泵工作时,润滑油从罩与浮子间的狭缝被吸入,经过滤网滤除较大的杂质后,通过吸油管进入机油泵,如图 7-9 所示。当滤网被油污堵塞时,滤网上方的真空度增大,并克服滤网的弹力,使滤网上升离开罩,此时润滑油不经过滤网过滤,直接从滤网中央的环口进入吸油管内,以保证润滑系统的供油不会中断。

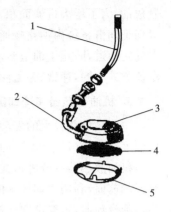

图 7-8 浮式机油集滤器

1—固定管;2—吸油管;3—浮子;4—金属滤网;5—罩

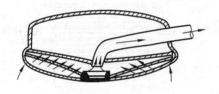
(a) 正常工作时

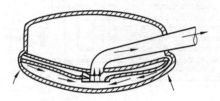
(b) 滤网堵塞时

图 7-9 浮式机油集滤器的工作原理

浮式机油集滤器能吸入油面上较清洁的润滑油,但油面上的泡沫也容易被吸入机油泵,使润滑油的压力降低,导致润滑的可靠性下降。

固定式机油集滤器结构简单,装在油面下,其吸入的润滑油清洁度稍逊于浮式滤清器,但可防止泡沫的吸入,保证润滑的可靠。现代的汽车发动机广泛采用固定式机油集滤器,如图7-10所示。

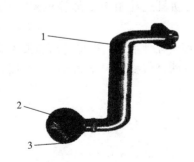

图 7-10 固定式机油集滤器

1—固定管;2—滤网;3—卡箍

图 7-11 纸质机油滤清器

(2) 机油滤清器。

机油滤清器用于滤除润滑系统循环油中的各种异物,如金属屑、机油中的胶质和落到机油中的积炭。

机油滤清器有多种形式,但以纸质滤清器使用最为广泛。纸质滤清器的滤芯是用微孔滤纸制成的,为了增大过滤面积,微孔滤纸一般都折叠成扇形和波纹形,如图7-11所示。旁通阀用以保证润滑系统内油路畅通,当机油滤清器堵塞时,机油通过并联在其上的旁通阀直接进入润滑的主油道,防止主油道断油。旁通阀与限压阀的结构基本相同,只是其安装位置、控制压力、溢流方向不同,通常,旁通阀弹簧刚度比限压阀弹簧刚度小得多。

3. 机油散热器和冷却器

一些热负荷较大的发动机上还装有机油散热器,以对机油进行强制冷却,使机油保持在最佳温度范围内(70～90 ℃)工作。

机油散热器有两种形式:风冷式和水冷式。风冷式机油散热器一般安装在发动机冷却水散热器的前面,利用冷却风扇的风力使机油冷却,其结构如图7-12所示。水冷式机油散热器又称为机油冷却器,一般串联在机油粗滤器前,装在发动机冷却水路中,用冷却水的温度来控制机油的温度,其结构如图7-13所示,柴油发动机多采用这种机油冷却方式。该装置的冷却器芯为管栅式结构,装在发动机缸体左侧水套内。机油在通过冷却器芯时,热量经芯壁与散热片传导给冷却水。

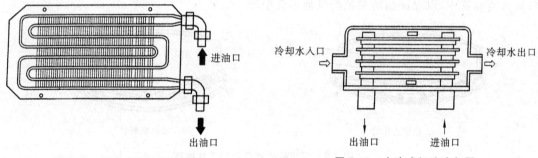

图 7-12　风冷式机油散热器　　　　图 7-13　水冷式机油冷却器

4. 机油标尺

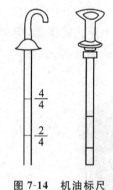

机油标尺用来检查油底壳中机油的存量。如图 7-14 所示,它是一根扁平杆,插在气缸体油平面检查孔内。标尺的一端刻有2/4、4/4 的刻线,机油的液面应处于 2/4 与 4/4 范围内,低于 2/4 表示机油不足,将影响润滑效果,甚至引起烧瓦、抱轴等机械事故,应及时补充;高于4/4 则表示油面过高,将造成机油激溅加剧、发动机运动阻力增加等现象,应及时放出过多的机油。

检查机油油面时,应将汽车停于水平位置,并在启动前或发动机熄火一段时间后进行检查,先拉出机油标尺,擦净尺上机油,重新插入检查孔内,然后拉出检查油面高度。

图 7-14　机油标尺

二、润滑系统的检修

1. 机油泵的检查

机油泵有齿轮式和转子式两种形式,下面以齿轮式机油泵为例。

1) 机油泵盖与齿轮端面间隙的检查

用平尺直边紧靠在带齿轮的泵体端面上,如图7-15所示,将塞尺插入两者之间的缝隙进行测量,其标准值为 0.05 mm,使用极限值为 0.15 mm。若不符,可以通过增减泵盖与泵体之间的垫片来进行调整。

2) 主、从动齿轮与泵腔内壁间隙的检查

用塞尺插入两者之间的缝隙进行测量,如图 7-16 所示,超过 0.30 mm 时应换新件。

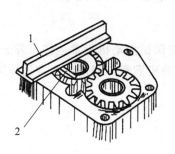

图 7-15　机油泵盖与齿轮端面间隙检查
1—平尺;2—塞尺

图 7-16　主、从动齿轮与泵腔内壁间隙检查

3) 主、从动齿轮啮合间隙的检查

用塞尺插入啮合齿间,如图 7-17 所示,每旋转 120°测量齿侧间隙,标准值为 0.05 mm,使用极限值为 0.20 mm。

2. 机油压力开关的检测

以桑塔纳 2000GSi 轿车为例,测试机油压力开关前应保证润滑油液面高度正常,当点火开关接通时机油警告灯应该闪亮,发动机润滑油温度约为 80 ℃。

(1) 拔下低压开关(0.025 MPa,棕色绝缘层),将其拧到专用机油开关测试仪上,如图 7-18 所示。

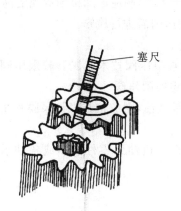

图 7-17　主、从动齿轮啮合间隙检查

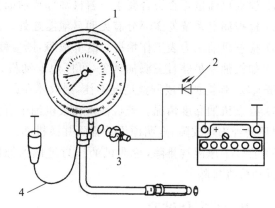

图 7-18　机油压力开关的检测
1—专用机油开关测试仪;2—发光二极管;
3—机油压力开关;4—棕色导线

(2) 将测试仪拧到机油滤清器支架的机油压力开关的位置上。测试仪的棕色导线搭铁。

(3) 将二极管测试灯连接到机油压力开关和蓄电池正极上,发光二极管必须发亮。

(4) 启动发动机,并缓慢提高发动机转速。当润滑油压力为 0.015～0.045 MPa 时,二极管测试灯必须熄灭,否则更换机油压力开关。

(5) 将二极管测试灯拧在高压油压开关上(0.18 MPa,白色绝缘层)。当润滑油压力为 0.16～0.2 MPa 时,发光二极管必须发亮,否则更换机油压力开关。

(6) 继续提高发动机转速,在 2 000 r/min 和 80 ℃ 的条件下,润滑油压力应至少维持在 0.2 MPa。

任务 3　润滑系统的故障诊断与排除

发动机润滑系统的机油必须维持一定的压力,才能保证发动机正常运转。若油压过高,将冲裂机油滤清器及机油传感器;油压过低,又会影响发动机润滑。润滑系统常见故障有机油压力过高、机油压力过低、机油消耗过大、机油变质等。

一、机油压力过低

1. 故障现象

发动机在正常温度和转速下,机油压力过低指示灯亮。

2. 故障原因

(1) 机油泵各零件磨损造成工作间隙过大,导致发动机怠速油压偏低;或机油泵限压阀弹簧调整不当,弹力减小,高速时油压偏低。

(2) 曲轴、凸轮轴的各轴颈与轴承的配合间隙过大,使机油流失过多,机油升压困难。

(3) 机油量不足或集滤器堵塞,油管破裂、接头不密封等造成机油泵吸空或吸不足现象。

(4) 机油黏度太低。

3. 故障诊断与排除

(1) 检查机油量是否符合要求。若机油标尺油面低于下限,则应添加机油到规定高度。

(2) 检查润滑系统外露部分有无明显泄露之处。若有,则需进行检修。

(3) 检查机油压力表工作情况。若有故障,则应修复。

(4) 如机油量足够且无漏油现象,可停熄发动机,检查限压阀技术状况。若限压阀磨损严重、弹簧太软、弹簧折断或调整情况不佳,则故障在此,可更换限压阀。

(5) 检查机油黏度情况。若机油太稀或机油中有大量汽油,则应检查汽油泵膜片是否破裂或活塞环是否出现故障,查明原因后排除并换机油。

(6) 若以上原因均排除,说明机油压力过低的原因在于机油泵零件磨损或各轴承间隙过大,应拆卸检查排除。

二、机油压力过高

1. 故障现象

发动机在正常温度和转速下,主油道油压高出正常值。

2. 故障原因

机油黏度过大,减压阀调整不当;气缸体润滑油道堵塞;新装的发动机主轴承或连杆轴承间隙过小,机油滤清器滤芯堵塞且旁通阀开启困难;机油表或压力表传感器工作不良。

3. 故障诊断与排除

(1) 若发现机油压力过高,应熄火查明原因;否则容易冲裂机油滤清器盖或机油传感器。

(2) 检查机油黏度是否过大(可用手捻试机油黏度并与规定标号新机油进行对比)。若黏度过大,则说明牌号不对,应立即换成规定使用的机油牌号。

（3）检查限压阀的技术状况。如限压阀调整不佳、阀门发卡，则故障在于此，应更换调压阀。

（4）如无上述问题，则故障可能是轴承间隙太小，应重新检查和调整轴承间隙。

三、机油消耗过大

1. 故障现象

机油消耗逐渐增多，发动机排气管冒蓝烟。

2. 故障原因

（1）气缸磨损严重，气缸的圆度偏差太大或新缸体气缸表面粗糙度太大，机油易窜入燃烧室。

（2）活塞环安装不正确或活塞环与环槽的间隙太大，造成泵油现象。油环磨损过大，将使刮油性能下降，也易造成机油窜入燃烧室。

（3）曲轴箱通风换气装置失效，气缸内的部分高压气体窜入曲轴箱后，迫使机油从曲轴箱与进气歧管相连的气管吸入燃烧室。

（4）气门密封胶圈老化失效，机油沿着气门杆与气门导管的间隙处随着气门的上下运动而流入进排气室及燃烧室。

（5）漏油。

3. 故障诊断与排除

润滑油是被烧掉还是被泄露，一是外观检查，二是观察排气颜色。若产生有机油流入燃烧室现象，则必须查清原因并加以排除。

四、机油变质

1. 故障现象

将机油滴在白纸上或目测，机油呈黑色，且用手指捻试，有杂质感；机油油面增高，且呈浑浊乳白色，伴有发动机过热或个别缸不工作的现象；机油变稀，且有汽油味，并伴有混合气过稀现象。

2. 故障原因

机油变质主要是由高温氧化或混入冷却液、汽油及其他杂质所致，具体原因如下。

（1）机油使用时间过长，未定期更换，高温氧化而变质。

（2）气缸活塞组漏气，曲轴箱通风不良，机油受燃烧废气污染而变质。

（3）燃烧炭渣、金属屑或其他杂质过多，落入油底壳使机油变质。

（4）汽油压力调节器破裂，汽油漏入油底壳而稀释机油。

（5）气缸垫损坏，气缸体或气缸盖破裂，冷却液漏入油底壳使机油变为乳白色。

（6）机油散热器不良，发动机过热，使机油温度超过规定温度，加速机油的高温氧化。

3. 故障诊断与排除

（1）根据机油的颜色和症状特征判断机油是否变质，也可以利用机油清洁性分析仪、机油黏度检测仪测定机油的黏度、颜色，并判断有无汽油、水分和其他杂质等。

(2) 根据机油变质后的症状,确定故障原因和故障部位。若机油呈浑浊乳白色且油面增高,说明气缸内进水。若机油中掺有汽油,说明汽油压力调节器破裂漏油。

(3) 检查机油是否使用时间过长,未定期更换机油。

(4) 检查曲轴箱通风阀,失效则更换。

(5) 检查曲轴箱通风口是否冒烟及排气管是否冒蓝烟,并检测缸压,判断气缸活塞组是否漏气窜油,导致机油污染变质。

◆ 项目实训　润滑系统的拆装与检查 ◆

一、实训内容、要求与安排

1. 实训内容与要求

(1) 了解润滑系统的组成与工作原理。

(2) 学会润滑系统主要部件的拆装。

(3) 学会润滑系统主要部件的检查。

(4) 学会正确维护润滑系统。

2. 主要实训条件

(1) 桑塔纳 2000GSi 轿车 AJR 型发动机 1 台。

(2) 汽车润滑系统齿轮式和转子式机油泵各 1 个。

(3) 机油滤清器 1 个。

(4) 汽车常用拆装工具 1 套。

(5) 用具盘、洗件盘及毛刷各 1 个,抹布若干。

(6) 相关的教具、视频及教学挂图。

(7) 多媒体教室 1 间。

3. 实训安排

(1) 实训课时:2 学时。

(2) 实训组织:每组 5~6 名学生,由老师指导,学生动手拆装。

双柱式举升机的使用

二、实训步骤、操作方法及注意事项

1. 润滑系统的工作原理

图 7-19 所示为桑塔纳 2000GSi 轿车发动机润滑系统,下面以桑塔纳 2000GSi 轿车发动机润滑系统为例介绍其工作原理。

当发动机工作时,机油泵运转,油底壳内的润滑油被吸上来,经过滤网滤除大杂质,再经过机油滤清器进一步过滤,通过滤清后的润滑油在机油滤清器支架内分为三路。

第一路进入气缸体主油道,气缸体主油道将润滑油分配到各曲轴主轴承,再由曲轴上的斜油孔通往各连杆轴承,由连杆体上的油孔通往连杆小头衬套。

第二路通过安装在机油滤清器的一个单向阀进入气缸体上的一个通向气缸体上平面的油

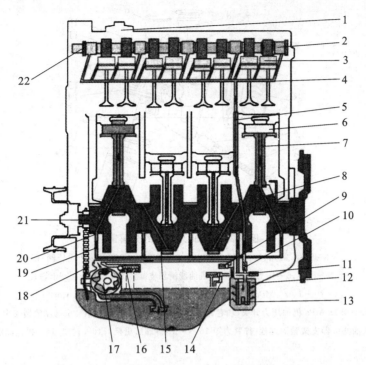

图 7-19 桑塔纳 2000GSi 轿车发动机润滑系统

1—加机油口盖；2—凸轮轴轴颈；3—液压挺杆；4—气缸盖主油道；5—气缸盖连通气缸体主油道；6—活塞销；
7—连杆油道；8—曲轴油道；9—油压开关；10—单向阀；11—油压开关；12—机油滤清器；13—旁通安全阀；14—限压阀；
15—气缸体主油道；16—溢流阀；17—机油泵；18—机油泵链轮；19—链条；20—曲轴链轮；21—曲轴；22—凸轮轴

道，经气缸盖上的油孔进入气缸体主油道，由此将机油分配到各凸轮轴轴颈和液压挺杆。单向阀的作用是在发动机停机时保持气缸体主油道内的存油，防止发动机再次启动时气缸体供油不足，导致液压挺杆不能正常工作。

第三路通往一个限压阀，油道内的压力过大时该阀打开，将部分润滑油旁通流回油底壳。

同时曲轴旋转带动连杆摆动，连杆大头撞击润滑油，使润滑油溅到活塞和气缸表面进行润滑。

2. 润滑系统主要零部件的拆装

以桑塔纳 2000GSi 轿车为例，其润滑系统的主要零部件有机油滤清器、机油泵和油底壳等。

1）机油滤清器的拆装

机油滤清器的分解如图 7-20 所示。拆装机油滤清器时应使用机油滤清器扳手，机油滤清器螺栓的拧紧力矩为 20 N·m。

2）油底壳的拆装

(1) 使发动机前端位于维修工作台上，排出发动机的润滑油。

(2) 拆卸离合器防尘罩板。

(3) 如图 7-21 中的箭头所示，旋下副梁螺栓和发动机橡胶支承，缓缓放下副梁。

(4) 旋下油底壳上的所有螺栓，拆卸油底壳，必要时用橡胶锤子轻轻敲击。

(5) 按拆卸相反次序安装油底壳。

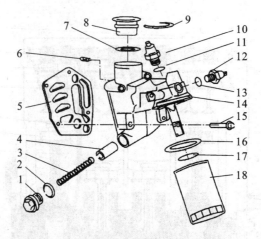

图 7-20　机油滤清器的分解图

1—螺塞；2、7、11、13、17—密封圈；3—弹簧；4—柱塞（用于泄压阀）；
5—衬垫；6—压力单向阀（在机油滤清器支架内）；8—盖子；9—卡箍；
10—0.025 MPa 机油压力开关（棕色绝缘，拧紧力矩 15 N·m）；
12—0.18 MPa 机油压力开关（白色绝缘，拧紧力矩 25 N·m）；14—机油滤清器支架；
15—机油滤清器支架紧固螺栓（拧紧力矩 16 N·m，拆卸后更换）；16—衬垫；18—机油滤清器壳

注意：

① 正式维修润滑系统时，应更换油底壳衬垫；

② 紧固油底壳螺栓时应交替对角拧紧；

③ 主要部件的螺栓应按规定力矩拧紧。

3）机油泵的拆装

（1）拆下油底壳。

（2）旋下图 7-22 所示箭头所指的螺栓。

（3）将链轮和机油泵一起拆下来。

（4）按拆卸相反次序安装机油泵。

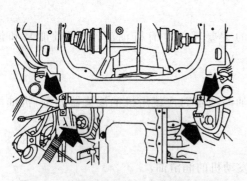

图 7-21　旋下副梁螺栓和发动机橡胶支承

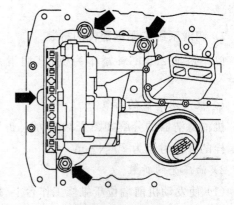

图 7-22　旋下螺栓

注意：

① 安装机油泵时，应将销插入到机油泵上端，机油泵轴与链轮的安装位置要正确；

② 主要部件的螺栓应按规定力矩拧紧。

 **思考题**

1. 润滑系统的功用有哪些？主要由哪几部分组成？
2. 限压阀与旁通阀各有什么作用？
3. 试用方框图示标明桑塔纳 2000 轿车发动机润滑系统中机油的流经路线。
4. 为什么机油泵输出的机油不全部流经细滤器？
5. 如何检查发动机内的机油量？油量过多或过少有何害处？
6. 润滑系统常见故障有哪些？简述故障原因与排除方法。

实训工单　润滑系统检测

姓名_____　组别_____　组长_____　组员_____

一、理论回顾

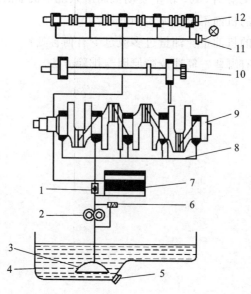

将上图中润滑系统各部件的序号填在对应括号内:(　　)旁通阀;(　　)机油泵;(　　)集滤器;(　　)油底壳;(　　)放油塞;(　　)安全阀;(　　)机油滤清器;(　　)主油道;(　　)曲轴;(　　)中间轴;(　　)限压阀;(　　)凸轮轴。

二、实操测验

1. 机油的润滑方式有(　　)。
A. 压力润滑　　B. 飞溅润滑　　C. 定期润滑　　D. 不定期润滑
2. 下列不同牌号的机油中,其温度适应范围最广的是(　　)。
A. 0 W-10　　B. 5 W-10　　C. 5 W-40　　D. 0 W-40

三、测量记录

机油的更换	
步骤	具体操作
1	用举升机将车辆上升到合适位置,然后在车辆发动机舱下部的油底壳下方放置旧机油收集容器。
2	用专用的扳手拧开机油滤芯,并取出,同时选择新的机油滤芯备用。
3	将油底壳的放油螺栓慢慢拧开,放出旧机油。

4	放尽旧机油后,拧紧放油螺栓,更换新的机油滤芯重新装配。
5	选择合适的机油,并将新机油从机油加注口倒进发动机。加注完毕后,用机油标尺检查机油液位是否合适。
6	启动汽车,怠速运转2分钟,然后熄火。重新将车辆举升起来,检查放油螺栓和机油滤清器处是否漏机油。
7	放下车辆后,静置10分钟,用机油标尺再次检查机油液位是否合适。
8	以上检查结果正常,则操作完成。

四、评价(优、良、中、合格、不合格)

项 目	自我评价	学生互评	老师评价
实训态度			
实训操作			
实训结论			
卫生打扫			
总评			

项目 8
点火系统的构造与检修

本项目通过介绍电控点火系统的组成、工作原理、检修保养等知识,加深学生对点火系统的构造与检修的认识。

◀ **知识要点**

(1) 点火系统的分类及组成。
(2) 点火系统的工作原理。
(3) 计算机控制点火系统的工作原理及控制电路。
(4) 点火系统的检测方法。

◀ **学习目标**

(1) 掌握点火系统的分类及组成。
(2) 了解电子点火的控制电路。
(3) 掌握计算机控制点火的结构原理及控制方法。
(4) 掌握点火系统的检测方法。
(5) 掌握点火系统的辅助控制。

◀ **知识导入**

磁电点火装置

任务1　点火系统的认知

一、点火系统的功用

在汽油发动机中，气缸内的混合气由高压电火花点燃，而产生电火花的功能由点火系来完成。点火系统将电源的低电压变成高电压，再按照发动机点火顺序轮流送至各气缸，点燃压缩混合气；并能适应发动机工况和使用条件的变化，自动调节点火时刻，实现可靠而准确的点火。

二、点火系统的类型

1. 传统点火系统

汽车蓄电池或发电机向点火系统提供电能，机械触点控制点火时刻，点火时刻的调节采用机械式自动调节机构，储能方式为电感储能。传统点火系统结构简单，成本低，是一种应用较早的点火系统。但该点火系统工作可靠性差，需要经常维修、调整。随着汽车技术的发展，传统点火系统已不适应现代发动机对点火的要求。

2. 电子点火系统

汽车蓄电池或发电机向点火系统提供电能，晶体管控制点火时刻，点火时刻的调节采用机械式调节机构或电子调节机构，储能方式有电感储能和电容储能两种。电子点火系统的点火电压和点火能量高，受发动机工况和使用条件的影响小，结构简单，工作可靠，维护、调整工作量小，能节约燃油，减小污染。但该点火系统内的分电器等零件会造成一定的点火能量损失，同时点火时刻调节的精度难以满足日益严格的尾气排放标准，故已逐渐被市场所淘汰。

3. 微机电控点火系统

微机电控点火系统（简称电控点火系统）可分为非直接点火系统和直接点火系统（无分电器点火系统）。目前大多采用直接点火系统，火花的产生与分配完全由发动机 ECU 来完成，而且与电控汽油喷射系统共用 ECU 和部分传感器，点火控制作为发动机综合控制系统的一个子系统，点火能量更高，点火时刻调节更加精准，已被广泛应用到发动机上。

三、点火系统的要求

无论是哪一类的点火装置，均有共同的技术性能要求，即应在发动机各种工况和使用条件下保证可靠而准确地点火，为此应满足以下三个方面的要求：① 能产生足以击穿火花塞间隙的电压；② 火花应具有足够的能量；③ 点火时刻应适应发动机的工作情况。

任务2　电控点火系统的组成与工作原理

一、电控点火系统的类型

1. 非直接点火系统

非直接点火系统仍然保留分电器，点火线圈产生的高压电是经过分电器中的配电器进行分配的,即由分火头和分电器盖组成的配电器,依照点火顺序适时地将高压电分配至各气缸,使各缸火花塞依次点火。

2. 直接点火系统

直接点火系统(无分电器点火系统)取消了分电器,该系统中点火线圈上的高压线直接与火花塞相连,工作时,点火线圈产生的高压电直接送至各缸火花塞,由微机根据各传感器输入的信息,依照发动机的点火顺序,适时控制各缸火花塞点火。无分电器点火系统由于废除了分电器,因此不存在分火头和旁电极间跳火的问题,减小了能量损失,不存在分火头与旁电极之间产生火花问题,电磁干扰小,节省了安装空间。

根据点火线圈的数量和高压电的分配方式不同,无分电器点火系统又可以分为单独点火方式、同时点火方式和二极管配电点火方式三种类型。

二、电控点火系统的组成

电控点火系统一般由四个部分组成:① 电源和点火开关,② 监测发动机运行状况的传感器,③ 处理信号并发出工作指令的电控单元(ECU),④ 执行 ECU 指令的执行器。

1. 电源和点火开关

电控点火系统的电源和点火开关与普通电子点火系统的相同。电源为蓄电池或发电机,其功用是给点火系统提供所需的电能,点火开关则用来接通或断开电源电路。

2. 传感器

电控点火系统中的传感器用于检测发动机各种运行参数的变化,为 ECU 提供点火提前角的依据。主要传感器有凸轮轴位置传感器、曲轴位置传感器、爆震传感器等。

3. 电控单元(ECU)

电控单元(ECU)是电控点火系统的核心。在发动机工作时,ECU 不断接收各传感器输送来的信号,并按内存的程序对接收到的信号进行运算、存储和分析处理,最后向点火器发出控制指令,以完成对点火提前角、通电时间及爆震的控制。

4. 执行器

1)点火器

点火器是电控点火系统的执行元件,其功用是对 ECU 输送来的控制指令进行功率放大,以便驱动点火线圈工作。点火器有分立式和组合式两种。

2)点火线圈

点火线圈又称变压器,它是点火系统中的核心部件,其结构如图 8-1 所示。它的工作原理是当初级绕组中通过脉冲电流时,次级绕组中便产生 15~30 kV 的高压电。在所有类型的电感储能式点火系统中,点火线圈的功用是相同的:在不需要点火时,以磁场能的形式储存点火所需的能量;在需要点火时,释放点火能量,并将电源提供的 12~14 V 低压电转变为足以击穿火花塞电极间隙的高压电。

3)火花塞

火花塞的作用是将高压电引入燃烧室,产生电火花,点燃混合气。火花塞拧装在发动机气缸盖的座孔内,下部电极伸入燃烧室内,要求火花塞具有良好的热特性、力学强度、绝缘强度、耐腐蚀和密封性等。

(1)结构。火花塞主要由接触头、瓷绝缘体、中心电极、侧电极和壳体等部分组成,如图 8-2

所示。火花塞电极间隙多为0.6～0.7 mm。火花塞与气缸盖座孔之间应保证密封,密封方式有平面密封和锥面密封两种。平面密封时,在火花塞与气缸盖座孔之间应加装铜包石棉垫圈;锥面密封是靠火花塞壳体的锥形面与气缸盖之间相应的锥形面进行密封。

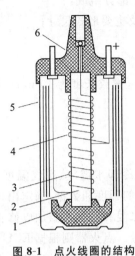 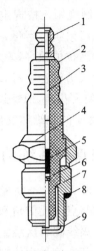

图 8-1　点火线圈的结构

1—绝缘座;2—铁芯;3—初级绕组;
4—次级绕组;5—外壳;6—胶木盖

图 8-2　火花塞的结构

1—接触头;2—瓷绝缘体;3—导电金属杆;
4—壳体;5—导电玻璃;6—中心电极;
7—紫铜垫圈;8—密封垫圈;9—侧电极

（2）火花塞的热特性。要使火花塞能正常工作,其下部绝缘体——裙部的温度应保持在500～700 ℃,这样才能使落在裙部上的油滴立即烧掉,不致形成积炭,通常称这个温度为火花塞的"自净温度"。如果温度低于自净温度,就可能使油雾聚积成油层,引起积炭而不能跳火;如果温度过高(超过850 ℃),会形成炽热点,发生表面点火,使发动机损坏。火花塞裙部的工作温度取决于火花塞热特性和发动机气缸的工作温度。火花塞热特性是指火花塞发火部位的热量向发动机冷却系统散发的性能。影响火花塞热特性的主要因素是火花塞裙部的长度。裙部较长时,受热面积大,吸收热量多,而散热路径长,散热少,裙部温度较高,把这种火花塞称为"热型"火花塞;反之,当裙部较短时,吸热少,散热多,裙部温度较低,把这种火花塞称为"冷型"火花塞,如图 8-3 所示。我国以火花塞裙部的长度来标定火花塞的热特性,并分别用热值来表示:1、2、3 为低热值火花塞,4、5、6 为中热值火花塞,7、8、9 及以上为高热值火花塞。热值数越高,表示散热性越好。因而,小数字为热型火花塞,大数字为冷型火花塞。

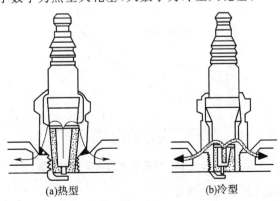

(a)热型　　(b)冷型

图 8-3　热型火花塞和冷型火花塞

火花塞裙部温度还与发动机气缸内的工作温度有关。对于大功率、高压缩比和高转速的发动机来说,燃烧室内温度高,火花塞裙部温度就高;反之,小功率、小压缩比、低转速发动机的燃烧室内温度低,火花塞裙部温度就低。因此不同类型的发动机应选用不同热特性的火花塞。

(3) 型号编制规则。按规定,火花塞的型号由以下三部分组成:

第一部分为汉语拼音字母,表示火花塞的结构类型及主要形式尺寸;

第二部分为阿拉伯数字,表示火花塞的热值;

第三部分为汉语拼音字母,表示火花塞的结构特征等。

例如,F4T 型火花塞,即螺纹规格为 M14×1.25、旋入螺纹长度为 19 mm、壳体六角对边为 20.8 mm、热值为 4 的绝缘体突出型平座火花塞。

三、电控点火系统的工作原理

发动机工作时,ECU 不断采集发动机的转速、负荷、冷却水温度、进气温度等信号,并根据存储器中存放的与点火提前角和初级电路导通时间有关的程度和数据,确定出该工况下的最佳点火提前角和点火线圈一次绕组通电时间,并根据冷却水温和进气水温加以修正。再以曲轴位置传感器的点火基准信号为依据,向点火器发出控制信号。点火器则根据 ECU 的控制指令,控制点火线圈一次绕组回路的接通和切断。当点火线圈一次绕组回路被接通时,点火线圈将点火能量以磁场能的形式储存起来。当一次绕组回路被切断时,在点火线圈二次绕组中就会产生很高的互感电动势(15~20 kV),经分电器或直接送至工作气缸的火花塞。点火能量经火花塞电极瞬间释放,产生的电火花点燃气缸内的混合气,使发动机完成做功过程。

此外,在具有爆震控制功能的电控点火系统中,ECU 还根据爆震传感器的信号来判断发动机有无爆震及爆震的强度,并对点火提前角进行闭环控制。

四、电控点火系统的控制功能

1. 点火提前角控制

1) 怠速工况基本点火提前角的确定

发动机处于怠速工况时,ECU 根据节气门位置传感器信号(IDL 信号)、发动机曲轴位置传感器信号(Ne 信号)和空调开关信号(A/C 信号)确定基本点火提前角,如图 8-4 所示。怠速工况时的基本点火提前角可根据空调是否工作及发动机的怠速转速略有不同来确定。

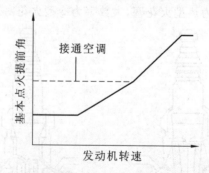

图 8-4　怠速工况时基本点火提前角的确定

2) 非怠速工况基本点火提前角的确定

发动机处于非怠速工况时,ECU 主要是依据发动机的转速和负荷(用进气量表示)来确定基本点火提前角。发动机处于非怠速工况时,控制点火提前角的信号主要有:进气歧管绝对压力传感器信号(PIM信号)或空气流量计信号(Vs信号)、发动机转速信号(Ne信号)、节气门位置传感器信号(IDL信号)、燃油选择开关或插头信号(R-P信号)、爆震信号(KNK信号)等。

3) 发动机启动后对点火提前角的修正方法

不同的发动机控制系统中,对点火提前角的修正方法是不同的,主要有以下两种。

(1) 修正系数法。如在日产汽车ECCS系统中,实际点火提前角等于基本点火提前角与点火提前角修正系数之积,即

$$实际点火提前角 = 基本点火提前角 \times 点火提前角修正系数$$

(2) 修正点火提前角法。如在丰田汽车TCCS系统中,实际点火提前角等于初始点火提前角、基本点火提前角和修正点火提前角之和,即

$$实际点火提前角 = 初始点火提前角 + 基本点火提前角 + 修正点火提前角$$

修正系数或修正点火提前角都是存储在ECU中,发动机工作时,ECU根据初始点火提前角、基本点火提前角和修正系数(或修正点火提前角)计算实际点火提前角。

2. 通电时间(闭合角)控制

在电控点火系统中,点火线圈一次绕组回路接通后,其一次电流是按指数规律增长的,必须有足够的通电时间才能使一次电流达到饱和。如果一次绕组通电时间不足,点火线圈一次绕组回路被断开瞬间,一次电流达不到额定值,将导致点火线圈二次绕组产生的最高电压下降,影响点火系统工作的可靠性。但点火线圈一次绕组的通电时间也不能过长,否则会导致点火线圈发热并增大电能消耗。点火线圈一次绕组的通电时间由通电时间控制模型来控制。通电时间控制模型存储在ECU内,发动机工作时,ECU根据发动机转速信号和电源电压信号确定合适的通电时间,并向点火器输出执行信号,以控制点火器中晶体管的导通时间。随发动机转速提高和电源电压下降,通电时间增长。

在电控点火系统中,为了减小转速对二次电压的影响,提高点火能量,采用了一次绕组电阻很小的高能点火线圈,其一次电流最高可达30 A以上。为了防止一次电流过大烧坏点火线圈,在部分电控点火系统中,除对点火线圈一次绕组的通电时间进行控制外,还增加了对其一次电流进行控制的恒流控制电路,以保证在任何转速下的一次电流均为规定值(7 A)。

3. 爆震控制

爆震是汽油发动机工作时的一种不正常燃烧现象,轻微的爆震可使发动机功率上升,油耗下降,但爆震现象严重时,气缸内发出特别尖锐的金属敲击声,且会导致冷却水过热,功率下降,耗油率上升,成为汽油发动机运行中最有害的一种故障现象。因此,汽油发动机工作时,应对爆震加以控制。

点火提前角是影响爆震的主要因素之一,推迟点火(即减小点火提前角)是消除爆震的最有效措施。在电控点火系统中,ECU根据爆震传感器信号,判定有无发生爆震及爆震的强度,并根据其判定结果对点火提前角进行反馈控制,使发动机处于爆震的边缘工作,既能防止爆震发生,又能有效地提高发动机动力性和经济性。

爆震控制过程如图8-5所示,爆震传感器安装在气缸体或气缸盖上,其功用是将爆震时传到气缸体或气缸盖上的机械振动转换成电压信号输送给ECU,ECU则根据此电压信号判断发动机是否发生爆震及爆震的强度。有爆震时,则逐渐减小点火提前角(推迟点火),直到爆震消失为止。无爆震时,则逐渐增大点火提前角(提前点火),当再次出现爆震时,ECU又开始逐渐减小点火提前角,爆震控制过程就是对点火提前角进行反复调整的过程。

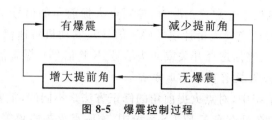

图 8-5 爆震控制过程

任务 3 电控点火系统的检修与保养

一、电控点火系统的检修

1. 火花塞的检修

1）外观检查

火花塞外观检查项目包括火花塞的螺纹、绝缘体和中心电极。拆下火花塞,检查火花塞的螺纹及绝缘体有无损坏,如有异常,应更换火花塞;检查火花塞中心电极颜色,正常情况下,中心电极为砖红色,如果中心电极变成白色或黑色,表面油垢过多或出现辐射状红色条纹,则均需更换火花塞。

火花塞拆装与检测

2）间隙检查

检查火花塞电极间隙如图 8-6 所示,不同车型发动机的火花塞电极间隙不同,在维修时应查阅维修手册。如桑塔纳 AFE 发动机火花塞间隙为 0.7～0.8 mm,可通过弯曲负电极来调整火花塞电极间隙,使用过的火花塞电极间隙一般不调整。若火花塞电极间隙不在规定的范围内,应更换火花塞。

3）电阻检查

测量火花塞绝缘电阻。用兆欧表测量火花塞绝缘电阻,如图 8-7 所示,电阻值应为 10 MΩ 或更大,若不符合要求则更换。

若火花塞电极有湿炭痕迹,待其干燥后用火花塞清洁器,以低于 588 kPa 的压力、20 s 左右的时间清洁火花塞电极。若有机油痕迹,在使用火花塞清洁器之前,先用汽油清除机油。

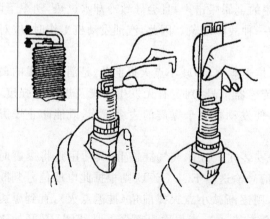

图 8-6 检查火花塞电极间隙

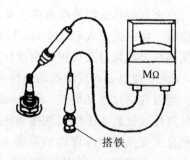

图 8-7 测量火花塞绝缘电阻

2. 点火线圈的检修

1) 外观检验

目测点火线圈若有绝缘盖破裂或外壳碰裂,就会受潮而失去点火能力,应予以更换。

2) 初次级绕组断路、短路和搭铁检验

(1) 测量电阻法。用万用表测量点火线圈的初级绕组、次级绕组以及附加电阻的电阻值,应符合技术标准,否则说明有故障,应予以更换。

(2) 试灯检验法。用试灯,接在初级绕组的两接线柱上,若灯不亮则是断路;当检查绕组是否有搭铁故障时,可将试灯的一端与初级绕组相连,一端接外壳,如灯亮,便表示有搭铁故障;短路故障用试灯不易查出。

3) 次级绕组的检验

因为次级绕组的一端接于高压插孔,另一端与初级绕组相连,所以检验中,当试灯的一个触针接高压插孔,另一触针接低压接线柱时,若试灯发出亮光,说明有短路故障;若试灯暗红,说明无短路故障;若试灯根本不发红,则应注意观察,当将触针从接线柱上移开时,看有无火花发生,如没有火花,说明绕组已断路。

因为次级绕组和初级绕组是相通的,若次级绕组有搭铁故障,在检查初级绕组时就已反映出来了,无须检查。

3. 爆震传感器的检修

1) 万用表检测

动态信号:拔下连接器,怠速运行(或敲击缸体),测量插座两接脚电压,如图 8-8 所示,应与表 8-1 规定相符(交流电压信号)。

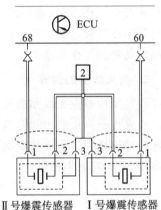

图 8-8 爆震传感器的检测

表 8-1 爆震传感器的检修标准

检测项目	检测条件	检测部位	标 准 值
爆震传感器的电阻	关闭点火开关,拔下传感器插头	传感器插座上端子"1"与"2"	>1 MΩ
		传感器插座上端子"1"与"3"	>1 MΩ
		传感器插座上端子"2"与"3"	>1 MΩ
传感器信号正极线	拔下控制器、传感器插头	控制器"60"端子至传感器插头"1"端子	<0.5 Ω
		控制器"68"端子至传感器插头"1"端子	<0.5 Ω
传感器信号负极线	拔下控制器、传感器插头	控制器"67"端子至传感器插头"2"端子	<0.5 Ω
传感器信号屏蔽线	拔下控制器、传感器插头	发动机搭铁点(控制器模块旁边)至传感器插头"3"端子	<0.5 Ω

静态电阻:测量传感器电阻,应与表 8-1 规定相符(>1 MΩ 或 1、2、3 间不导通)。

线路检测:测量导线电阻,应为 0 Ω。

2）示波器检测

模拟检测，用木槌敲击传感器附近的缸体，应显示有一振动波形，敲击越重，振动幅度就越大；随车检测，信号波形的峰值电压和频率随发动机负载和转速的增加而增加。

爆震传感器极耐用，最常见的失效方式是传感器不产生信号，波形显示一条直线，这通常是因为传感器被碰伤，造成物理损坏。

二、电控点火系统的保养

1. 火花塞的保养

除了正确选择适合自己车型的火花塞之外，还有一些措施可以有效控制各种积污，充分发挥火花塞的作用。例如：避免长时间低速、低负荷运行；减少怠速运行时间，越来越多的专家认为怠速着车损伤汽车；避免超高速、超负荷运行；燃油要保持一定的纯净度；避免急加速、急减速运行等不良驾驶习惯。只有这样，才能有效地控制火花塞的各种积污，延长火花塞的使用寿命，提高发动机的工作效率。

2. 点火线圈的保养

应定期检查点火线圈的外观，外表面应保持清洁，内部应避免受潮，以保持其良好的绝缘性能。点火线圈高压引出螺钉与高压线的连接应牢固可靠，若连接松动，容易发生放电跳火，会导致连接部位烧损。点火线圈次级绕组的一端经高压线、火花塞帽与火花塞相连，在使用中要防止高压线、火花塞帽松脱。

思考题

1. 汽车点火系统的作用是什么？
2. 简述电控点火系统的工作原理。
3. 电控点火系统中的主要传感器有哪些？
4. 电控点火系统的检修注意事项有哪些？

实训工单 点火系统检测

姓名_____ 组别_____ 组长_____ 组员_____

一、理论回顾

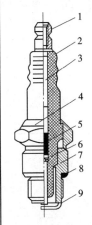

将左图中火花塞各部件的序号填在对应括号内:(　　)接触头;(　　)瓷绝缘体;(　　)导电金属杆;(　　)壳体;(　　)导电玻璃;(　　)中心电极;(　　)紫铜垫圈;(　　)密封垫圈;(　　)侧电极。

二、实操测验

1. 目前汽车上应用最为广泛的点火系统是(　　)。
A. 传统点火系统　　　　　　　B. 电控点火系统
2. 冷型火花塞的热值范围为(　　)。
A. 1～3　　　　B. 4～6　　　　C. 7～9　　　　D. 1～9

三、测量记录

火花塞的检测	
步骤	具体操作
1	确认火花塞位置,拆卸气缸盖罩。
2	断开点火线圈插接器。 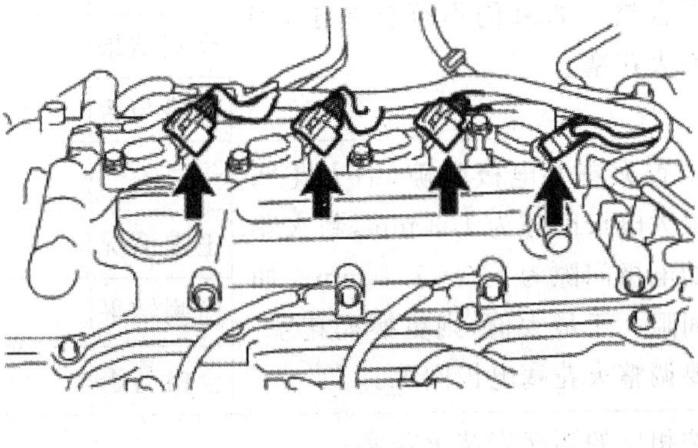

3	拧下点火线圈螺栓,拆下点火线圈,不要损坏发动机缸盖罩开口上的火花塞盖或火花塞套管顶部边缘。				
4	用 14 mm 火花塞扳手和 100 mm 加长杆拆下火花塞。				
5	目测检查火花塞螺纹、绝缘体和中央电极,如果有任何损坏,则更换火花塞。		螺纹	绝缘体	中央电极
		正常情况			
		检测结果			
		合格与否			
6	用兆欧表测量绝缘电阻,其标准电阻值应大于 10 MΩ,检查其电阻是否合格。如果仍不符合要求,则更换火花塞。		接触头与中心电极电阻/MΩ		接触头与侧电极电阻/MΩ
		正常情况			
		检测结果			
		合格与否			
7	检查火花塞电极间隙,旧火花塞的最大电极间隙为 1.3 mm,新火花塞的电极间隙为 1.0~1.1 mm。如果间隙大于最大值,则更换火花塞。不要调整火花塞电极间隙。		火花塞电极间隙/mm		
		正常情况			
		检测结果			
		合格与否			
8	按相反的顺序安装火花塞。				

四、评价（优、良、中、合格、不合格）

项　　目	自我评价	学生互评	老师评价
实训态度			
实训操作			
实训结论			
卫生打扫			
总评			

项目 9
启动系统的构造与检修

本项目通过介绍启动系统的功用及启动过程等基本知识,加深学生对发动机启动系统的构造及工作原理的认识。

◀ **知识要点**

(1) 启动系统的结构和组成。
(2) 启动系统的维修。
(3) 启动系统控制电路。

◀ **学习目标**

(1) 掌握启动系统的功用及组成。
(2) 掌握启动机的类型与要求。
(3) 掌握电磁控制装置的构造及工作原理。
(4) 能够对启动系统的一些典型的故障进行诊断并排除。

◀ **知识导入**

无钥匙启动系统

◀ 任务 1　启动系统的认知 ▶

一、启动系统的功用与组成

1. 启动系统的功用

要使发动机从静止状态过渡到工作状态，必须依靠外力带动曲轴旋转后，才能进入正常工作状态。通常把汽车发动机曲轴在外力作用下，从开始转动到怠速运转的全过程，称为发动机的启动。

启动系统的功用是利用电动机将蓄电池的电能转换成机械能并输出转矩，再通过传动机构使发动机达到一定转速并进入自由运转状态。

2. 启动方式

汽车发动机常用的启动方式有人力启动和电力启动机启动等两种形式。人力启动是用手摇柄转动曲轴使之旋转或在无手摇柄时由人力推动汽车启动。现代发动机都采用电动机启动方式，具有启动快捷、方便、省力、安全等优点。

3. 启动系统的组成

现代汽车发动机以电动机作为启动动力，启动系统主要由蓄电池、点火（启动）开关、启动机、启动继电器和启动线路等组成，如图 9-1 所示。

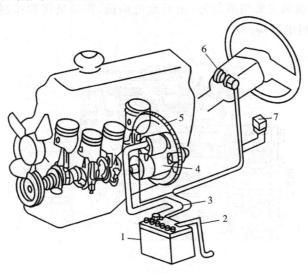

图 9-1　启动系统的组成
1—蓄电池；2—搭铁电缆；3—启动机电缆；
4—启动机；5—飞轮；6—点火开关；7—启动继电器

二、启动系统的基本要求

要保证发动机能迅速启动运转，对启动系统有以下要求。

1. 足够的启动转矩

启动发动机时,必须克服气缸内被压缩气体的阻力和发动机本身相对运动零件之间的摩擦阻力。克服这些阻力所需的力矩称为启动转矩。要使曲轴运转,必须提供足够的启动转矩。

2. 足够的启动转速

能使发动机顺利启动所必需的曲轴转速称为启动转速。

汽油发动机在0~20 ℃的气温下,一般最低启动转速为30~40 r/min。在更低的气温下迅速启动,要求启动转速达50~70 r/min。如转速过低,使热量损失大,进气流速低,汽油雾化不良,导致气缸内混合气不易点火。柴油发动机启动要求转速较高,达150~300 r/min。这是为了防止热量散失过多,以保证气缸内有足够高的压力、温度和喷油压力,形成足够强的空气涡流,使柴油雾化混合良好,易于着火。

由于柴油发动机的压缩比远大于汽油发动机,因而启动转矩较大,比汽油发动机启动难,启动转速也较汽油发动机高,所以柴油发动机所需的启动功率比汽油发动机的大。

在满足上述要求的情况下,要求启动装置尽可能小型轻量化。

任务2　启动机的构造与检修

一、启动机的构造

启动机是启动系统的主要组成部分,由直流电动机、传动机构和控制装置三大部分组成。如图9-2所示为启动机的结构。

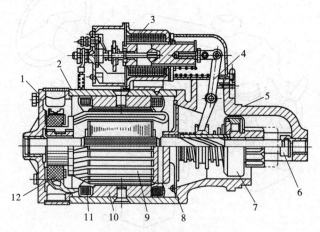

图9-2　启动机的结构

1—前端盖;2—机壳;3—电磁开关;4—拨叉;5—后端盖;6—限位螺母;
7—单向离合器;8—中间支承板;9—电枢;10—磁极;11—励磁绕组;12—电刷

1. 直流电动机

直流电动机的作用是将蓄电池输入的电能转换为机械能,产生电磁转矩。

依据励磁绕组和电枢绕组连接方式的不同,启动用直流电动机可分为并励、串励和复励三种形式,如图9-3所示。汽车启动机一般采用串励式,大功率启动机多采用复励式。

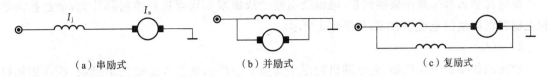

(a)串励式　　　　(b)并励式　　　　(c)复励式

图 9-3　直流电动机的励磁方法

直流电动机是启动机最主要的组成部分,它的工作原理和特性决定了启动机的工作原理和特性。直流电动机主要由电枢、磁极、换向器、电刷和外壳等部件组成,如图 9-4 所示。

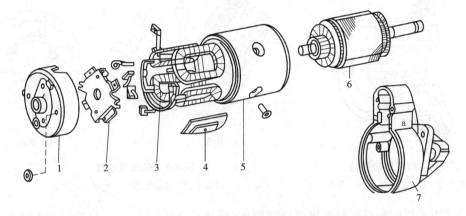

图 9-4　串励式直流电动机的结构

1—前端盖;2—电刷架;3—励磁绕组;4—磁极铁芯;5—外壳;6—电枢;7—启动机后端盖

1) 电枢

电枢是直流电动机的旋转部分,包括电枢轴、换向器、铁芯和电枢绕组等部件,如图 9-5 所示。为了获得足够的电磁转矩,通过电枢绕组的电流一般为 200~600 A,因此电枢绕组采用较粗的矩形裸铜线绕制成成型绕组。为了防止裸铜线绕组间短路,在铜线与铜线之间、铜线与铁芯之间用绝缘性能较好的绝缘纸隔开。

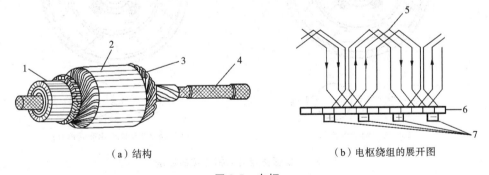

(a)结构　　　　　　　　(b)电枢绕组的展开图

图 9-5　电枢

1、6—换向器;2—铁芯;3、5—电枢绕组;4—电枢轴;7—电刷

电枢绕组的绕制方式有叠绕法和波绕法两种。叠绕法绕组的两端线头分别连接相邻的两个换向器铜片(换向片),一对正、负电刷之间的导线可采用这种绕法,电流方向一致。波绕法指绕组一端线头接的换向片与另一端线头接的换向片相隔 90°或 180°的绕法,采用此种绕法的电枢转到某一位置时,因为某些绕组两端线头接到同极性电刷上,会造成一些绕组没有电流。但由于波绕法的绕组电阻较低,所以常采用。

换向片和云母片叠压成换向器,电枢绕组每个线圈端头均焊接在换向器片上,通过换向器和电刷将蓄电池的电流引出来,如图9-6所示。

2)磁极

磁极的作用是产生磁场,是电动机的定子部分。磁极由铁芯和励磁绕组组成,铁芯用螺钉固定在壳体的内壁上,磁极一般是4个,为增大电磁转矩,大功率启动机采用6个磁极。磁极与磁路如图9-7所示。

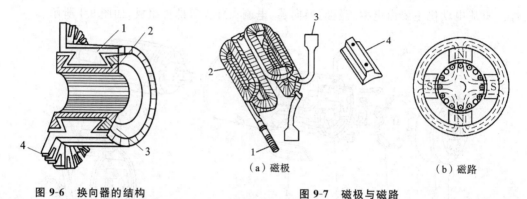

图9-6 换向器的结构
1—铜片;2—轴套;3—压环;4—接线

图9-7 磁极与磁路
1—接线柱;2—励磁绕组;3—电刷;4—铁芯

励磁绕组采用较粗的矩形裸铜线绕制而成(电流达200~600 A),励磁绕组与电枢绕组常见的连接方式如图9-8所示。由于励磁绕组与电枢绕组串联,故称为串励式直流电动机。

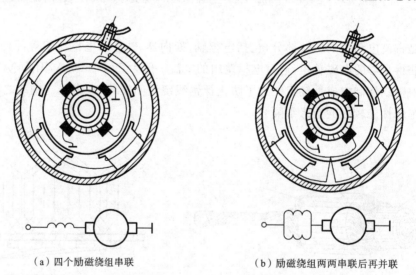

(a)四个励磁绕组串联　　(b)励磁绕组两两串联后再并联

图9-8 励磁绕组与电枢绕组的接法

励磁绕组一端接在外壳的绝缘接线柱上,另一端与两个非搭铁电刷相连,当启动开关接通时,启动机的电路为:蓄电池正极→接线柱→励磁绕组→电刷→电枢绕组→搭铁电刷→搭铁→蓄电池负极。

3)电刷和换向器

电刷和装在电枢轴上的换向器用来连接励磁绕组和电枢绕组的电路,并使电枢轴上的电磁力矩保持固定方向。

电刷由铜粉与石墨粉压制而成,呈棕红色。电刷置于电刷架中。电刷架一般为框式结构,如图 9-9 所示。其中正极刷架与端盖绝缘固装,负极刷架直接搭铁。刷架上装有弹性较好的盘形弹簧。电刷的高度一般不应低于标准的 2/3,电刷的接触面积不应少于碳刷总面积的 75%,并且要求电刷在电刷架内无卡滞现象,否则需要修磨或更换。

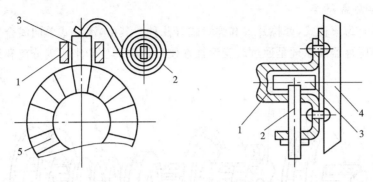

图 9-9 电刷与架的组合
1—框式电刷架;2—盘形弹簧;3—电刷;4—前端盖;5—换向器

2. 传动机构

传动机构又称为启动机离合器、啮合器,其作用是在发动机启动时,将启动机轴上的小齿轮推入飞轮齿圈,把启动机的电磁转矩传递给发动机曲轴;但在发动机启动后又能使启动机轴上的小齿轮与飞轮齿圈自动打滑,即启动机与飞轮间只能单向传力。

1) 发动机对启动机传动机构的要求

(1) 启动机的驱动齿轮与发动机的飞轮齿圈啮合时要平稳,不能发生冲击现象。

(2) 由于发动机的驱动齿轮与发动机的飞轮齿圈的速比很大(一般大于 15),因此发动机启动后,驱动齿轮应能自动打滑或脱离啮合,以免发动机带动启动机电枢高速旋转,造成电枢绕组"飞散"的事故。

(3) 因为启动机是由点火开关控制的,所以当发动机工作时,要防止点火开关误操作,使启动机的驱动齿轮再次与发动机的飞轮啮合,导致启动机与发动机的飞轮齿圈的损坏。

图 9-10(a)所示为启动机不工作时所处的位置;图 9-10(b)所示为在电磁开关的作用下,驱动齿轮与飞轮齿圈正在啮合,因此启动机的主要电路还没有接通;图 9-10(c)所示为驱动齿轮与发动机飞轮齿圈完全啮合,主电路接通,电枢轴开始带动发动机曲轴旋转。发动机启动后,驱动齿轮仍处于啮合状态,单向离合器打滑,驱动齿轮在飞轮的带动下空转。启动结束后,驱动齿轮在电磁开关回位弹簧的作用下,与发动机飞轮齿圈脱离啮合。

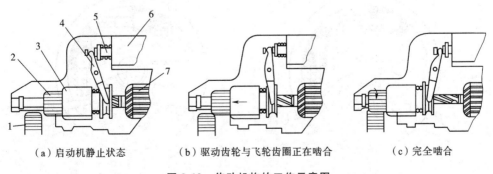

(a) 启动机静止状态　　(b) 驱动齿轮与飞轮齿圈正在啮合　　(c) 完全啮合

图 9-10 传动机构的工作示意图
1—飞轮;2—驱动齿轮;3—单向离合器;4—拨叉;5—活动铁芯;6—电磁开关;7—电枢

启动机传动机构中的关键部件是单向离合器。其作用是在启动时将电枢产生的电磁转矩传递给发动机飞轮;而当发动机启动后,单向离合器立刻打滑,防止发动机飞轮带动电枢高速旋转,造成电枢绕组"飞散"的事故。

2)启动机单向离合器

单向离合器分为滚柱式、摩擦片式和弹簧式等几种。其中,滚柱式单向离合器应用最多。

滚柱式单向离合器的原理是通过改变滚柱在楔形槽中的位置来实现分离和结合的,其结构如图9-11所示。

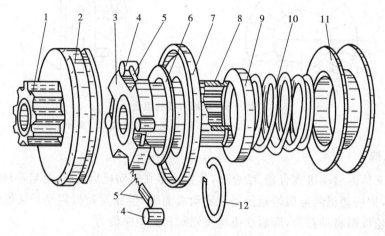

图 9-11　滚柱式单向离合器的结构

1—驱动齿轮;2—外壳;3—十字块;4—滚柱;5—弹簧与压帽;6—挡圈;
7—护盖;8—传动套筒;9—弹簧座;10—弹簧;11—移动衬套;12—卡簧

滚柱式单向离合器的外壳2与驱动齿轮1为一体,外壳2与十字块3之间形成四个楔形槽,每个槽中有一个滚柱4,十字块3与传动套筒8为一体,传动套筒8内侧带键槽,套在电枢轴的花键上。

其工作过程如下:当启动机开始工作时,拨叉拨动移动衬套11,使驱动齿轮1与发动机飞轮齿圈啮合,电磁转矩由电枢轴传到传动套筒8与十字块3,使十字块3与电枢轴一同旋转。此时,再加上飞轮齿圈给驱动齿轮1的反作用,滚柱在摩擦力矩的作用下,滚入楔形槽的窄端而卡死,如图9-12(a)所示,于是驱动齿轮1和传动套筒8为一个整体,带动飞轮,启动发动机。当发动机启动后,发动机飞轮带动驱动齿轮1旋转,外壳2的转速高于十字块3的转速,因此滚柱

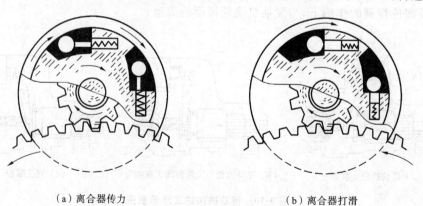

(a)离合器传力　　　　　　　　　　　(b)离合器打滑

图 9-12　滚柱式单向离合器工作原理

滚向楔形槽的宽端而打滑,如图9-12(b)所示。这样发动机的转矩就不能通过驱动齿轮1传递给电枢轴,防止了电枢轴因高速旋转而造成电枢绕组"飞散"事故的发生。

滚柱式单向离合器结构简单,在中、小功率的启动机上广泛应用。但在传递较大转矩时,滚柱易变形而卡死,因此滚柱式单向离合器不宜用于功率较大的柴油启动机上。

3. 控制装置

启动机的控制装置主要用来控制启动机驱动齿轮与发动机飞轮齿圈的啮合与分离,即控制启动机主电路的通、断。有些启动机的电磁开关还能在启动时将点火线圈的附加电阻短路,以提高启动时的点火电压。

1)控制装置的结构

如图9-13所示为控制装置的结构与工作原理。控制装置主要由吸拉线圈、保持线圈、活动铁芯、接触盘等组成。其中吸拉线圈与电动机串联,保持线圈与电动机并联,直接搭铁。活动铁芯一端通过接触盘控制主电路的导通;另一端通过拨叉控制驱动齿轮的啮合。在启动机控制装置上有三个接线柱:主接线柱(接蓄电池的启动电缆线)、启动接线柱(接点火开关ST挡(启动挡)或启动继电器)和点火线圈附加电阻短路接线柱(接点火线圈)。

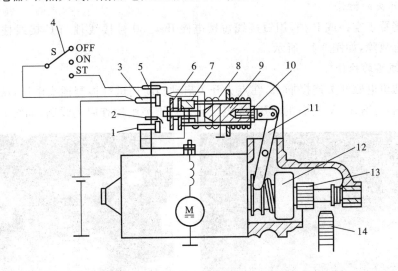

图9-13 控制装置的结构与工作原理

1、3—主接线柱;2—附加电阻短路接线柱;4—点火开关;5—启动接线柱;6—接触盘;7—吸拉线圈;
8—保持线圈;9—活动铁芯;10—调整螺钉;11—拨叉;12—单向离合器;13—驱动齿轮;14—飞轮

2)控制装置的工作过程

(1)如图9-13所示,启动时,将点火开关S打到ST挡,电磁开关通电,其电路如下:蓄电池正极→主接线柱→点火开关ST挡→启动接线柱(电流流入启动接线柱后,分为两路,一路经保持线圈直接搭铁;另一路经吸拉线圈→主接线柱→励磁绕组→电枢绕组→搭铁)。此时,吸拉线圈与保持线圈的电流流向相同,磁场方向相同,活动铁芯在两个线圈磁场力的共同作用下克服回位弹簧的作用向左移动,通过拨叉使驱动齿轮与发动机飞轮啮合后,接触盘将主接线柱与内侧触头接通,于是启动机的主电路接通(电流为200~600 A),电路如下:蓄电池正极→主接线柱→接触盘→主接线柱→励磁绕组→绝缘电刷→电枢绕组→搭铁电刷→搭铁→蓄电池负极。这时直流电动机产生电磁转矩,通过单向离合器带动曲轴旋转,启动发动机。

(2) 发动机启动后,单向离合器打滑。

(3) 松开点火开关 S,点火开关 S 从 ST 挡回到 ON 挡,这时从点火开关 S 到启动接线柱之间已没有电流,吸拉线圈与保持线圈的电路变为:蓄电池正极→主接线柱→接触盘→主接线柱→吸拉线圈→保持线圈→搭铁。

此时,由于吸拉线圈与保持线圈的电流流向相反,磁场方向相反,电磁力抵消,活动铁芯在回位弹簧的作用下,迅速右移,使主电路断开,驱动齿轮与飞轮脱离啮合,启动机停止工作。

在接触盘接通主电路之前,由于电流经吸拉线圈到励磁绕组与电枢绕组,所以电枢产生了一个较小的电磁转矩,使驱动齿轮在缓慢旋转状态下与飞轮平稳啮合。主电路接通后,吸拉线圈被短路,活动铁芯的位置由保持线圈产生的磁吸力来保持。主电路接通的同时,接触盘将接线柱接通,使点火线圈的附加电阻短接,提高点火电压。现在附加电阻已经很少采用,所以这个接线柱或不接线或已经取消。

二、启动机的检修

1. 启动机的就车检修

1) 电磁开关的检修

将变速器置于空挡或 P 挡,用短接线短接电磁开关 30 号接线柱与 C 接线柱,若启动机不运转则说明有故障,如图 9-14 所示。

2) 启动线路的检修

拔下启动机电磁开关连接插头,在点火开关启动挡时用试灯检测插头电压,试灯应点亮;或用万用表检测,应有 12 V 左右的电压,无电压或试灯不亮则检查启动线路,如图 9-15 所示。

图 9-14 电磁开关的检测

图 9-15 启动线路的检测

2. 启动机解体后的检查及技术要求

1) 电枢总成的检修

(1) 电枢轴。用游标卡尺检测轴颈外径与衬套内径,配合间隙应为 0.035～0.077 mm,最大不超过 0.15 mm,间隙过大应更换衬套并重新铰配。电枢轴弯曲可用百分表检测,其径向跳动应不大于 0.10～0.15 mm,否则应予以校正,如图 9-16 所示。

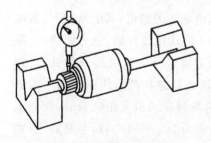

图 9-16 电枢轴的检查

(2) 换向器。检查换向器表面有无烧蚀和圆度误差是否合格。轻微烧蚀用 00 号砂纸打磨,严重时应车削,换向器与电枢轴的同轴度误差不大于

0.03 mm,否则应在车床上修整。换向器直径不小于标准值1.10 mm,换向片高出云母片0.40~0.80 mm,如图9-17所示。

(3) 电枢。

① 电枢线圈搭铁的检查。用万用表检查时,其表笔分别搭在换向器和铁心(或电枢轴)上,阻值应为无穷大;若阻值为零,则为搭铁,应更换,如图9-18所示。

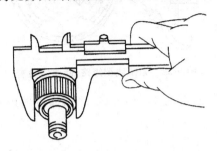

图9-17 换向器直径的检查

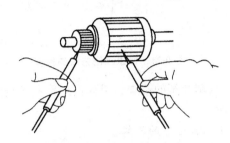

图9-18 电枢线圈搭铁的检查

② 电枢线圈短路的检修。把电枢放在万能试验台检验器上,接通电源,将锯片放在检验器上并转动电枢。锯片不振动表明电枢线圈无短路,否则为电枢线圈短路,应予以修理或更换,如图9-19所示。

③ 电枢线圈断路的检查。检视电枢线圈的导线是否甩出或脱焊。用万用表两表笔分别依次与相邻换向器接触,其读数应一致,否则说明电枢线圈断路,应更换,如图9-20所示。

图9-19 电枢线圈短路的检查

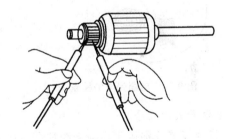

图9-20 电枢线圈断路的检查

2) 定子绕组的检修

(1) 励磁线圈搭铁的检修。用万用表的两表笔分别接励磁接线柱和外壳,若阻值为无穷大,则正常;若阻值为零,则说明有搭铁故障,如图9-21所示。

(2) 定子绕组短路、断路的检修。蓄电池正极接启动机接线柱,负极接正电刷,将旋具放在每个磁极上迅速检查磁极对旋具的吸力,应相同。磁极吸力弱的为匝间短路,各磁极均无吸力为断路,如图9-22所示。若用万用表置于电阻挡,测接线柱与正电刷的导通情况,如不导通,说明断路。

3) 电刷总成的检修

(1) 电刷高度的检查。电刷磨损后的高度不应小于电刷原高度的一半,但不小于10 mm。电刷在架内活动自如,无卡滞,电刷与换向器的接触面积不低于80%。

(2) 电刷架的检查。用万用表的电阻挡位测两绝缘电刷架与电刷架座盖,阻值应为无穷大,否则说明绝缘体损坏;相同方法测两搭铁电刷架与电刷架座盖,阻值应为零,否则说明电刷架松动,搭铁不良。

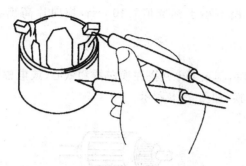
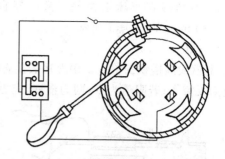

图 9-21　励磁线圈搭铁的检查　　　　图 9-22　励磁线圈短路、断路的检查

(3) 电刷弹簧的检查。用弹簧秤检查弹簧的弹力,应为 11.76～14.7 N,如过弱应更换,如图 9-23 所示。

4) 单向离合器的检修

按顺时针转动驱动齿轮,应自由转动;逆时针转动时应该被锁住,如图 9-24 所示。

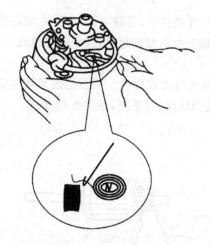
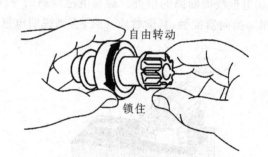

图 9-23　电刷弹簧的检查　　　　图 9-24　单向离合器的检查

5) 电磁开关的检修

(1) 将两表笔分别接于励磁接线柱和电磁开关外壳,若有电阻,说明保持线圈良好;若电阻为零,则为短路;若电阻无穷大,则为断路,短路或断路都应更换,如图 9-25 所示。

(2) 两表笔分别接于励磁接线柱和启动机接线柱,若有电阻,说明吸拉线圈良好;若电阻为零,则为短路;若电阻无穷大,则为断路,短路或断路都应更换,如图 9-26 所示。

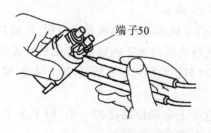
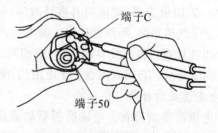

图 9-25　保持线圈的检查　　　　图 9-26　吸拉线圈的检查

(3) 用手将接触盘铁心压住,让电磁开关上的电源接线柱与启动机接线柱连通,测量的两接线柱间的电阻值应为零,否则为接触不良。

任务3　启动系统的故障诊断与排除

一、启动系统故障诊断与排除

汽车启动机常见的故障主要为启动机不运转或运转无力。

1. 故障现象

启动发动机时，将点火开关转到"启动"挡，启动机不运转。

2. 故障原因

启动机不运转的故障可以归纳为三类，即电源及线路部分、启动继电器、启动机故障。

1）电源及线路部分的故障
(1) 蓄电池严重亏电。
(2) 蓄电池正、负极桩上的电缆接头松动或接触不良。
(3) 控制线路断路。

2）启动继电器的故障
(1) 继电器线圈绕组烧毁或断路。
(2) 继电器触点严重烧蚀或触点不能闭合。

3）启动机的故障
(1) 启动机电磁开关触点严重烧蚀或两触点高度调整不当，从而导致触点表面不在同一平面内，使接触盘不能将两个触点接通。
(2) 换向器严重烧蚀而导致电刷与换向器接触不良。
(3) 电刷弹簧压力过小或电刷卡死在电刷架中。
(4) 电刷与励磁绕组断路或电刷搭铁。
(5) 励磁绕组或电枢绕组有断路、短路或搭铁故障。
(6) 电枢轴的铜衬套磨损过多，使电枢轴偏心或电枢轴弯曲，导致电枢铁心"扫膛"（即电枢铁心与磁极发生摩擦或碰撞）。

3. 故障诊断与排除方法

在未接通启动开关前，打开前照灯，观察灯光亮度。如果灯光暗淡，则可能是蓄电池亏电过多或连接线松脱所致。在蓄电池正常的情况下，启动机不工作故障按图9-27进行诊断。

二、启动系统电路分析

无启动继电器的启动线路中，由点火开关直接控制启动机的电磁开关。例如，桑塔纳轿车的启动系统线路如图9-28所示。

当点火开关置于启动挡时，接通启动机电磁开关内的吸引和保持线圈，其电磁开关电流走向为：蓄电池正极→红色导线→中央线路板单端子插座P端子2→中央线路板内部线路→中央线路板单端子插座P端子6→红色导线→点火开关30端子→点火开关50端子→红黑双色导线→中央线路板B8端子→中央线路板内部线路→中央线路板C18端子→启动机50端子→进入电磁开关→搭铁→蓄电池负极；产生电磁力接通启动机主电路，其主电路电流走向为：蓄电池正极→蓄电池黑色导线→启动机接线柱→电磁开关接触盘→启动机→搭铁→蓄电池负极。

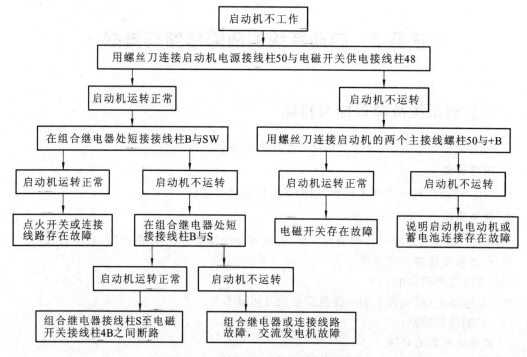

图 9-27 启动机不工作故障诊断方法

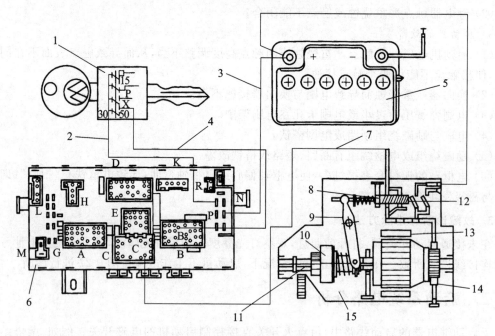

图 9-28 桑塔纳轿车启动线路

1—点火开关;2、3、7—红色导线;4—红黑双色导线;5—黑色导线;6—中央线路板;8—复位弹簧;9—拨叉;10—单向离合器;11—驱动齿轮;12—电磁开关;13—磁极;14—电枢;15—启动机总成

三、启动机故障实例

1. 故障现象

一辆桑塔纳 2000 型轿车,在启动机不运转时,电磁开关也没有"嗒嗒"的吸合声。

2. 故障检修

检修时,首先检查蓄电池,确认其电量充足。在机舱内蓄电池右侧找到启动机电磁开关驱动线,将其连接器脱开。从蓄电池直接引火线接通电磁开关驱动线,此时启动机正常驱动发动机。初步判断可能是点火开关启动挡的触点有时接触不良而引发上述故障。换装一只新的点火开关后,再打启动机,启动机完全恢复了正常功能。故障完全排除。

3. 故障分析

点火开关内部触点接触不良,有接触电阻,会降低电磁开关的电流,电磁开关产生的吸引力就弱,不足以克服弹簧弹力,导致内部触点无法接触,启动机不能运转,发动机则无法启动。

思考题

1. 启动机由哪些部分组成?各组成部分的作用是什么?
2. 启动机是如何分类的?
3. 启动机单向离合器有哪几种?
4. 简述启动机的工作过程。
5. 启动机不运转的故障是哪些原因引起的?怎样判断与排除?
6. 简述启动机电磁开关电流走向。

实训工单　启动系统检测

姓名_____　组别_____　组长_____　组员_____

一、理论回顾

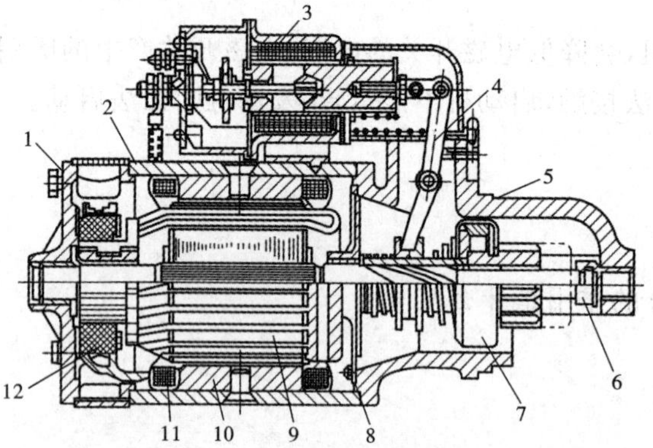

将左图中润滑系统各部件的序号填在对应括号内：（　）前端盖；（　）机壳；（　）电磁开关；（　）拨叉；（　）后端盖；（　）限位螺母；（　）单向离合器；（　）中间支撑板；（　）电枢；（　）磁极；（　）励磁绕组；（　）电刷。

二、实操测验

1. 启动机检测的方式有（　　）。
   A. 总成检测　　　　　　　　　　B. 解体检测
2. 启动机单向离合器检查时，顺时针转动驱动齿轮，正常情况下驱动齿轮应（　　）。
   A. 自由转动　　B. 锁止　　C. 时断时续转动　　D. 不确定

三、测量记录

启动机总成的检测	
步骤	具体操作
1	吸引线圈的性能测试。接线方法如下图所示：将电磁开关上与启动机连接的端子(C)断开，与蓄电池负极连接，电磁开关壳体与蓄电池负极连接，将电磁开关上与点火开关连接的端子(50)与蓄电池正极连接，此时，启动机驱动齿轮应向外移出；否则，说明电磁开关有故障，应予以修理或更换。 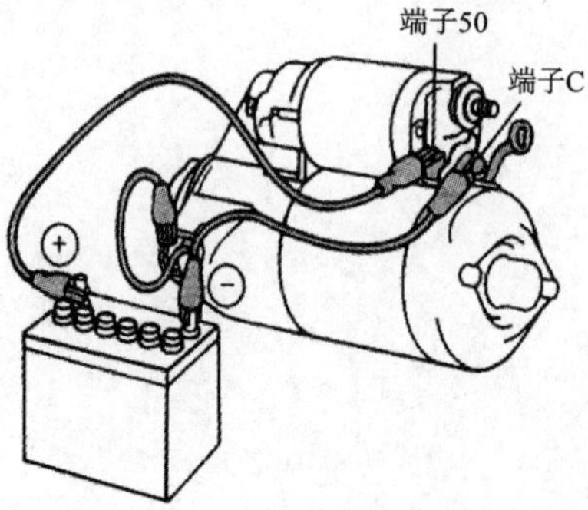 是否正常

2	保持线圈的性能测试。接线方法如下图所示：在吸引线圈性能测试的基础上，拆下电磁开关（C）端子上的线，此时，驱动齿轮应保持在伸出位置不动；否则，说明保持线圈损坏或搭铁不正常，应修理或更换电磁开关。 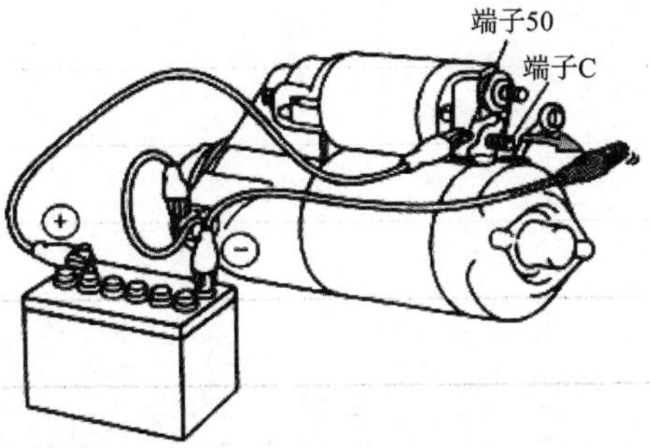 端子50　端子C	是否正常
3	驱动齿轮回位测试。测试方法如下图所示：在上述试验的基础上，再拆下壳体上的连接线，此时驱动齿轮应迅速复位；否则，说明复位弹簧失效，应予以更换。 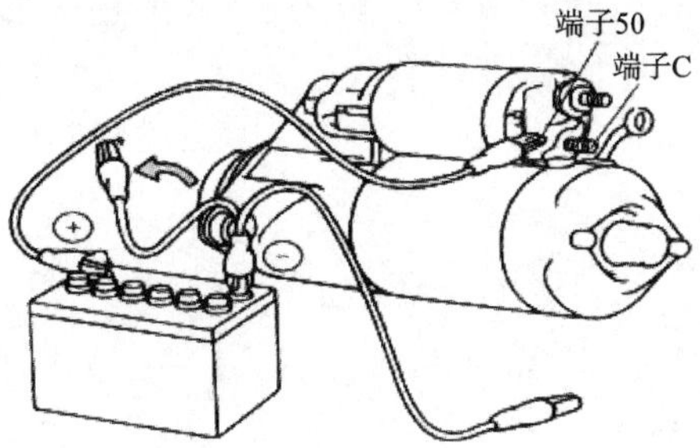 端子50　端子C	是否正常
4	单向离合器的检测。握住电枢，当转动单向离合器外座圈时，驱动齿轮总成应能沿电枢轴自如滑动，检查小齿轮和花键及飞轮齿圈有无磨损和损坏，在确保驱动齿轮无损坏的情况下，握住外座圈，转动驱动齿轮，应能自由转动；反转时应锁住，否则应更换单向离合器。 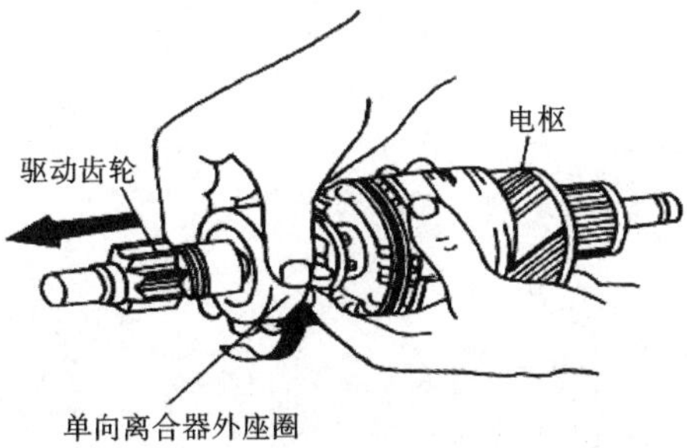 驱动齿轮　电枢 单向离合器外座圈	是否正常
结果分析		

四、评价（优、良、中、合格、不合格）

项　　目	自我评价	学生互评	老师评价
实训态度			
实训操作			
实训结论			
卫生打扫			
总评			

参考文献

[1] 同济大学. 汽车构造发动机分册[M]. 北京:人民交通出版社,2010.
[2] 蔡兴旺. 汽车构造与原理习题集[M]. 北京:机械工业出版社,2006.
[3] 陆刚. 汽车发动机维护与维修实例[M]. 北京:电子工业出版社,2006.
[4] 汤定国. 汽车发动机构造与维修[M]. 北京:人民交通出版社,2007.
[5] 张西振,韩梅. 汽车发动机构造与维修[M]. 北京:机械工业出版社,2005.
[6] 谭本忠. 汽车发动机构造与维修图解教程[M]. 北京:机械工业出版社,2008.
[7] 扶爱民. 汽车发动机构造与维修[M]. 北京:电子工业出版社,2009.
[8] 王永伦,杨晓波. 汽车发动机构造与检修[M]. 武汉:华中科技大学出版社,2011.
[9] 阳文辉,等. 汽车发动机机械系统检修[M]. 武汉:华中科技大学出版社,2015.